대학을 바꾸는 자 소서

사교육 빼기

대학을 바꾸는 자소서

목표 대학 업그레이드 프로젝트!

대학 항목별 평가기준 완벽 반영!
자소서 실제 첨삭 사례 수록!
전국 주요대학 합격 자소서 분석!

자소서로 대학 레벨 한 급간 올리기!

봄풀

몇 년 전 고등학생들의 자기소개서 쓰기를 돕기 시작할 때였다. 자기소개서의 본질, 의미, 전달에 대해 내가 생각했던 궁금증들을 해결하기 위해 관련된 책들을 찾아보았다. 하지만 정작 깨달음은 책이 아니라 학생들의 자기소개서를 지도하는 과정에서 얻었다.

지극히 평범한 자기소개서를 써온 학생에게 큰 방향을 잡아주면서 자신만의 글을 쓰도록 독려해 주었을 뿐인데, 학창시절의 경험이 잘 드러나는 자기소개서로 탈바꿈되는 걸 보고는 니체의 "너 자신이 되어라."라는 말이 떠올랐다. 그랬다. 자기소개서는 자기 삶을 이야기로 써 내려가는 일이다. 일반적인 이야기가 아닌, 자기 자신만의 이야기 쓰기가 본질이고 의미이고 전달이었다.

고등학교 시절을 어떻게 보내야 하는지에 대한 정답이란 없다고 생각한다. 마찬가지로 자기소개서에도 정답은 없다. 하지만 개개인의 삶에는 고유한 가치가 있듯 자기소개서에는 각자의 개성이 담긴다.

그렇다면 나는 무엇을 해주는 걸까? 학생들에게 올바른 방향을 제시하고, 자신의 이야기를 쓸 수 있게 도와주는 것뿐이다. 자기소개서의 완성은 쓰는 이에게 달려 있다. 자신의 이야기를, 가치관을, 생각을, 감정을 보여주지 않는다면 나 같은 조언자가 해줄 수 있는 건 아무것도 없다.

여기 실린 자기소개서들은 단순히 합격만을 위한 게 아니다. 개개인의 삶과 가치를 보여주는 각자의 이야기들이다. 이 책에 실린 삶의 이야기를 읽으면서 내 삶의 어떤 부분을 보여줄지 고민하고 찾아내기만 하면 입학사정관의 마음을 흔들어 놓을 나만의 자기소개서를 충분히 완성할 수 있으리라 믿어 의심치 않는다.

주현식

Contents

3장 대학을 바꾸는 자소서 1번 문항 쓰기

4장 대학을 바꾸는 자소서 2번 문항 쓰기

5장 대학을 바꾸는 자소서 3번 문항 쓰기

6장 대학을 바꾸는 자소서 4번 문항 쓰기

7장 교대 자소서 쓰기

부록 : 자소서 셀프 체크 리스트

1장

자소서를 알아야
자소서를 쓴다

자소서일까,
자소설일까?

    대입 수시전형에는 여러 가지가 있지만 그중 가장 많은 학생들이 학생부 종합전형에 지원한다. 대학이 학생을 서류로 평가해 뽑는 전형이다. 그리고 이때 반드시 제출해야 하는 서류가 보통 학생부와 자소서라고 부르는 학교생활기록부와 자기소개서다. 수시에 지원 가능한 원서 6장 중 학생부 종합전형에 하나라도 지원한다면 써서 내야 하는 게 바로 자소서인 것이다.

    특정 대학 특정 과에 지원하는 학생들은 그 수가 아무리 많아도 성적, 교내활동, 수상내역 등 학생부 내용에 큰 차이가 없다. 특히, 합격권에 있는 학생들이라면 성적이나 교내활동, 수상내역 등이 월등하지 않을 가능성이 크다는 말이다. 그럼 무엇이 합격과 불합격에 큰 영향을 줄까? 나는 학생부와 잘 연결해 쓴 자소서라고 생각한다. 게다가 자소서를 잘 쓰면 다닐 대학의 레벨이 한 등급 올라갈 수도 있다는 사실은 이제 비밀도 아니다.

    수시 시즌이 되면 선생님이 자소서를 써오라고 한다. 하지만 막상 쓰려고 책상 앞에 앉으면 고등학교 3년 동안의 공부와 활동, 학생부 내용이 머릿속에서 뱅뱅 돌

뿐 시작을 할 수가 없다. 어떻게 써야 할지 감이 안 잡힌다. 막막하고 답답하다.

왜 그런 걸까? 자소서의 A, B, C를 모르기 때문이다. 아니, 자소서가 글쓰기의 어떤 영역에 속하는지조차 모른다. 그걸 알아야 죽이 되든 밥이 되든 시작이라도 할 텐데 모르니 컴퓨터 앞에 앉아 끙끙댈 수밖에!

자소서를 포함한 모든 글쓰기는 언어영역, 즉 국어에 속한다. 그리고 국어는 크게 문학과 비문학으로 나눈다. 그 기준이 뭘까?

문학 사상, 감정을 언어로 표현한 예술. 시, 소설, 희곡, 수필, 평론 따위.
비문학 문학과 관련되지 않거나 문학의 특성을 지니지 않은 글.

'시, 소설, 희곡, 수필, 평론 따위'가 아니면 비문학이라는 말인데, 늘 이런 '따위' 같은 게 들어 있어 골치다. 자소서는 '따위'에 포함될까? 아니면 소설처럼 지어내 쓰는 바람에 '자소설'이라고도 하니 문학일까?

아니다. 이유는 글을 쓰는 목적에 있다. 자소서는 '입학사정관, 면접관에게 내가 어떤 사람인지 설명하고 이 대학에 맞는 인재임을 설득하기 위해 쓰는 글'이다. 설명하고 설득하는 글? 맞다. 설명문과 논설문이다. 자소서는 설명문과 논설문의 범주에 들어가는 비문학이다.

설명문 어떤 정보를 전달하고 이해시키기 위한 글.
논설문 설득을 위해 주장이나 의견을 말하고 근거를 제시하는 글.

어떻게 쓰는지만 알려주면 되는데 왜 군이 문학, 비문학을 들먹여가며 이야기를 할까? 자소서 쓰려면 먼저 큰 틀의 구성을 잡아야 하고, 그러려면 자소서가 어떤 글인지 알아야 하기 때문이다.

그럼 자소서는 어떻게 구성하고 어떤 내용을 넣어야 할까? 앞에서 설명하고 설득하는 설명문과 논설문의 성격을 지녔다고 말했으니 그런 글들이 어떻게 구성되는지 살펴보자.

설명문의 구성 머리말, 본문, 맺음말
논설문의 구성 서론, 본론, 결론

그러고 보니 둘의 구성이 같다. 머리말과 서론, 본문과 본론, 맺음말과 결론은 같은 말이라고 해도 무방하다.

서론 사건에 대한 배경 서술, 활동하게 된 계기 서술.
본론 활동내용, 핵심사건, 에피소드.
결론 배우고 느낀 점.

자소서는 마음 가는 대로 쓰는 일기가 아니다. 구성에 맞게 써야 자소서 본래의 목적을 달성할 수 있다.

핵심체크

자소서의 목적은 '나에 대한 설명'과 '입학사정관 설득'이다.
설명문과 논설문 구성에 맞게 서론, 본론, 결론의 형식으로 써야 한다.

자소서의
7가지 특성

글의 성격에 따른 구성을 알면 쓰기를 시작할 수 있다. 하지만 그런다고 잘 쓸 수 있는 건 아니다. 내용을 잘 쓰려면 글의 종류에 따른 특성을 알아야 한다.

설명문의 특성 사실성, 명료성, 유용성.
논설문의 특성 타당성, 독창성, 체계성.

자소서는 설명문의 특성에 맞게 학생부(생기부)를 바탕으로 사실에 근거해 써야 하고, 명확하게 전달될 수 있어야 하며, 나를 알리는 정보를 담아야 한다. 역사학과를 지망하는데 리코더를 잘 분다는 설명은 나에 대한 유용한 정보가 아니다.

또 논설문의 특성처럼 내가 주장하는 말에 따른 타당한 근거가 들어가야 한다. '컴퓨터에 관심이 많다.'라고 썼다면 컴퓨터 과목을 배웠거나, 관련 책을 읽었거나, 관련 동아리에서 활동했거나, 관련된 수행평가를 했다거나 하는 내용이 학생부에 담겨야 한다. 또 누구나 쓸 수 있는 내용이 아니라 나만의 이야기를 담은 차별화된 내용을 써야 하며, 글이 체계를 갖추고 논리적으로 흘러가야 한다.

그럼 자소서가 갖추어야 할 특성에는 무엇이 있고, 각각의 특성에 맞추려면 어떻게 써야 할까?

타당성 내가 주장한 내 강점이 어떻게 타당한지 근거를 담아야 한다.

사실성 학생부에 확인 가능한 근거가 있어야 한다.(객관성)

간결성 문장이 간결해야 가독성이 좋다.

명료성 이야기가 분명하고 뚜렷해야 내용 파악이 쉽고 읽기 편하다.

일관성 하나의 문항에 하나의 주제로 내용이 일관되어야 한다.

체계성 완결된 글로써 기본 구성요소를 갖춰야 한다.(통일성, 완결성)

주도성 목적의식을 갖고 주도적으로 살고 있음이 보여야 한다.(주체성)

유용성 나에 대한 정보가 유용해야 한다.

독창성 나만의 이야기를 쓰되 식상한 내용은 지양해야 한다.(참신성)

진정성 진심이 묻어나야 한다.

보고 나니 어디선가 들어보았다. 맞다. 국어시간에 한 번쯤은 나왔던 말들이다. 자소서는 무작정 쓰는 게 아니다. 이렇게 학생부를 기반으로 형식을 갖추고, 성격에 따른 특성이 담긴 글이어야 한다.

실제 자소서를 예로 각각의 특성을 어떻게 담는지 알아보자.

타당한 근거를 넣자

처음 보는 사람에게 내가 "노트북은 가성비로 치면 ○○이 좋아요."라고 했다면 상대가 뭐라고 할까? "왜 그렇죠?"라고 물을 것이다. 그때 여러 브랜드 노트북들의 성능과 가격 비교표를 보여주면 근거가 된다. 하지만 보여주지 못하면 앞에서는 믿는 척해도 속으로는 믿지 않을 가능성이 크다. 신뢰가 형성되지 않은 상태에서의 근거가 없거나 빈약한 주장은 공허한 외침에 가깝다.

설명문과 논설문의 교집합인 자소서에도 내가 뭔가를 주장하는 글을 썼다면 그 주장을 뒷받침할 근거를 충분하고도 적절하게 보여주어야 한다. 그렇지 않으면 나와 신뢰가 형성되지 않은 입학사정관 누구도 내 말을 믿지 않는다.

> "활동 중 집과 학교, 기숙사의 평면도를 그리기 위해 평소 다니는 곳도 다른 시각으로 보며 건물의 구조가 어떻게 생겼는지 확실하게 인식할 수 있었고, 관찰력을 길렀습니다."

"관찰력을 길렀습니다."는 글쓴이의 주장일 뿐 정말 관찰력이 길러졌는지 아닌지는 본인만 안다. '관찰력이 뛰어나다, 창의적이다, 착하다, 지혜롭다, 열정적이다, 성실하다, 센스가 좋다.' 등의 말은 말만으로는 아무도 믿어주지 않는다. 입학사정관을 믿게 하려면 '근거'가 필요하다.

'평소 다니는 곳도 다른 시각으로 보았다.'는 말도 또 하나의 주장일 뿐 근거가 아니다. 근거는 구체적인 예로 써야 한다. '백화점에는 창문이 없다는 사실을 발견했다.'처럼 말이다. 창의적인 사람임을 알리고 싶다면 '나는 창의적입니다.'가 아니라 실제로 창의력을 발휘했던 활동을 글로 보여주어야 한다.

"제게 있어 간호사라는 직업은 환자의 아픔을 나누고 공감하며 필요한 부분에 있어서는 도움을 줘야 하는 사람이라고 <u>생각되었으며</u>, 그것은 고등학교에 들어와서도 크게 변화하지 않았습니다. 그러나 자신이 겪지 않은 일에 대해서는 직접 겪어본 일보다 무지할 수밖에 없으며, 의도하지 않았더라도 작은 실수가 큰 문제를 일으키는 원인의 불씨가 될 수 있다는 사실을 알고 있었기에 사회에 있는 다양한 일들에 대해서도 관심을 가져야 한다고 <u>생각했습니다</u>. 그리고 그중에서도 폭력은 현대 사회에서 가장 논란이 되는 부분이자 아직까지 해결되지 않은 문제이며, 제가 간호사가 되었을 때 그들의 외상을 제외한 다른 부분을 치료할 수 없다는 <u>생각이 드는 부분</u> 중 하나였습니다."

밑줄은 모두 '생각'이라는 말로 끝난다. 찬찬히 읽어보면 근거는 없이 글쓴이의 생각만 들어 있다. 생각도 주장이다. "영희는 착한 사람이라고 생각해."라고 말한다면 당연히 "왜? 어째서?"라고 되묻는 것처럼 자소서도 똑같다. 생각만 적으면 입학사정관들은 설득당하지도 공감하지도 않는다. 생각을 썼다면 그 생각의 근거를 반드시 덧붙여야 한다.

핵심체크

자소서=주장+근거

특성2
간결하고 쉬운 문장을 만들자

짧고 간결한 문장으로 내용을 명쾌하게 표현하는 문체를 간결체라고 한다. '짧고 간결한 문장'이란 뜻이 연결되는 선에서 단번에 읽고 이해할 수 있을 만큼 문장의 길이가 짧은 걸 의미하는데, 문장의 호흡이 짧다고도 표현한다. 입학사정관의 한눈에 쏙 들어야 하는 자소서는 이 같은 간결체로 써야 한다.

> "이러한 아이의 모습을 보며 어떻게 하면 규빈이가 친구들과 잘 어울릴 수 있을까 고민하다 아이들의 규빈이에 대한 인식을 바꾸는 게 먼저 할 일이라고 생각되어 인종차별에 관한 만화영상을 보여주니 아이들은 다름을 인정하게 되었으나 막상 아이들은 어떻게 다가가야 하는지 어려워해 아이들을 위해 애니메이션을 보고 역할극을 하며 자연스럽게 아이들이 친해질 계기를 마련했습니다."

실제 자소서의 일부이다. 한 문장이 너무 길어 어디서 끊어 읽어야 할지 숨이 가쁘다. 학창시절 영어시험 중 가장 어려운 건 문장 하나가 긴 지문이었다. 한 문장이 5~6줄이나 되면 도대체 어디서 끝나는지, 어떻게 해석해야 맞는지 알 수가 없었다. 주어, 동사, 가주어, 관계사, 수식어구까지 다 찾아 정리한 후에야 문장 이해와 핵심 파악이 가능했다.

한글도 마찬가지다. 너무 길면 한눈에 들어오지 않고 핵심 파악이 쉽지 않다. 자소서 문장은 항상 간결해야 한다. 간결할수록 가독성이 좋아져 핵심 파악이 빨라진다. 그래야 입학사정관이 눈길을 준다.

두 개의 자소서 비교를 통해 문장을 어떻게 끊는지 알아보자.

"중학교에서는 개념을 외우기만 해도 상위권을 유지했었기에 고등학교에서도 당연히 똑같은 방식으로 **상위권**을 유지할 수 있을 것이라 생각했던 저는 고등학교 입학 후 첫 중간고사를 치르고 나서, 제가 느끼던 자부심이 자만심에 불과했다는 사실을 깨닫게 되었습니다."

중학교에서는 개념을 외우기만 해도 상위권을 유지했습니다. / 그래서 고등학교에서도 당연히 똑같은 방식으로 상위권을 유지할 수 있으리라 생각했습니다. / 그러나 고등학교 입학 후 첫 중간고사를 치르고 나서 제가 느끼던 자부심이 자만심에 불과했다는 사실을 깨닫게 되었습니다.

"저는 고등학교 2학년 때《빛의 물리학》을 읽고 아인슈타인이 '호기심을 갖는 태도'로 상대성 이론을 만들어가는 모습이 학문에 대한 진정한 이해를 위한 방법이라고 느껴 저의 학습방향을 '호기심 갖기'로 정하여 학습에 적용하기 시작하였고, 제가 얻게 되는 지식의 깊이와 질이 달라졌습니다."

고등학교 2학년 때,《빛의 물리학》을 읽고 아인슈타인이 '호기심을 갖는 태도'로 상대성 이론을 만들어가는 모습이야말로 진정한 학문적 이해를 위한 방법이라 느꼈습니다. / 그래서 제 학습방향을 '호기심 갖기'로 정해 학습에 적용하기 시작했고, 이를 통해 제가 얻게 되는 지식의 깊이가 달라졌습니다.

둘 중 어떤 게 읽기 쉽고 눈에 잘 들어오는가? 문장은 늘 간결해야 한다.

또 자소서를 쓰다 보면 종종 어려운 단어나 영어 또는 전문용어를 넣는다. 뭔가 있어 보이고, 멋있어 보이고, 전문가처럼 느껴지지 않을까 싶어서다. 혹 그럴지는 모르겠으나 좋은 글이 되기는 힘들다. 쉬운 단어로 쓰여 누구나 읽고 쉽게 이해할 수 있어야 좋은 글이다. 물론, 보고서 등 전문용어가 필요한 글이라면 모르지만 자소서는 굳이 그럴 필요가 없다. 하나도 안 멋지다.

> "이 점에서 우리의 기획내용 전달에서 착오가 있었단 것을 깨닫고 기획서를 다시 작성하며 앞서 언급한 디자인 방향을 어떻게 도달하게 되었는지, 향후 계획, 내외국인들을 대상으로 한 마케팅전략 등을 추가해 체계적으로 <u>프레젠테이션</u>하기로 결정했고, 디자인팀은 그러한 목적을 충분히 이해하여 우리의 <u>아이덴티티</u>와 맞는 디자인을 고안할 수 있었습니다."

문장이 장황해 한눈에 들어오지 않는 데다 "아이덴티티", "프레젠테이션"이라는 단어가 보인다. '의도'나 '정체성', '발표'라고 써도 되는데 굳이 이 단어를 왜 선택했을까?

> "이 점에서 우리의 기획내용 전달이 제대로 되지 않았다는 것을 깨닫고 디자인의 방향, 향후 계획 등을 다시 작성하여 발표했습니다. 이후 디자인팀은 우리의 목적을 충분히 이해하고 의도에 맞는 디자인을 해주었습니다."

글을 간단히 정리하고 용어를 바꾸었다. 읽기가 훨씬 편해졌음을 느낄 수 있다. 있어 보이려, 유식함을 보여주려 일부러 영어나 어려운 전문용어를 쓸 필요 없다. 그런다고 글이 유려해지지 않는다.

핵심체크

자소서의 문장은 짧게, 간결하게 써야 가독성이 좋다!
어려운 말이나 영어보다는 쉬운 말, 우리말이 가독성이 좋다!

특성3
일관성을 유지하자

글에서 일관성이란 한 가지 소재나 태도가 처음부터 끝까지 한결같이 이어지는 걸 말한다. 그러려면 서론, 본론, 결론이 하나의 이야기를 해야 한다.

불고기버거에는 불고기 패티만 들어가고 새우버거에는 새우패티만 들어간다. 그런데 어느 날 좋아하는 재료들을 햄버거 안에 다 넣으면 더 맛있지 않을까 하는 생각이 들었다. 그래서 소고기, 삼겹살, 참치, 딸기, 수박, 새우, 치즈 등을 하나의 햄버거 안에 넣었다. 맛있을까? 좋아하는 재료를 다 넣는다고 맛있는 햄버거가 될까?

자소서도 그와 같다. 학생부에 적힌 많은 활동과 받은 상들 모두를 다 넣고 싶다며 욕심부리는 학생들을 종종 본다. 하지만 그들의 자소서는 대개 햄버거 안에 맛있는 재료만 몽땅 넣은, 핵심 없는 짬뽕 자소서가 된다. 과욕은 화를 부른다. 어렵더라도 나를 가장 잘 보여줄 수 있는 소재 한두 개를 고르는 선택과 집중으로 감칠맛나는 자소서를 만들어야 한다.

이랬다저랬다 일관성 없는 드라마를 막장 드라마라고 부른다. 자소서도 일관성이 없으면 막장 자소서가 된다. 학생들의 실제 자소서를 통해 왜 일관성 없는 글인지, 그 글이 어떻게 일관성을 유지하는 글로 바뀌는지 보자.

"2학년 때 '동행' 동아리를 통해 환경을 위해 할 수 있는 일이 무엇인지 생각해 보고 폐품으로 생활용품을 만드는 시간을 가졌습니다. 내가 만든 물건이 소외된 이웃에게 도움이 되었으면 좋겠다고 생각하여 가난한 이들을 위한 재활용에 대해 알아보았습니다."

↓

"2학년 때 '동행' 동아리에서 재활용품으로 생활용품을 만드는 시간을 가졌습니다. 내가 만든 물건이 소외된 이웃에게 도움이 되었으면 좋겠다고 생각해 가난한 이들을 위한 재활용에 대해 알아보았습니다. 그 과정에서 니콜라스 고메즈라는 사람이 파라과이의 빈민 마을인 카테우라의 아이들을 위해 재활용 바이올린을 만들어 선물한 사건을 알게 되었습니다. 문화생활을 즐길 수 없는 아이들에게 재활용 악기는 특별한 선물이 될 수 있다고 생각했습니다. 그래서 병뚜껑과 폐지 등 구하기 쉬운 재료를 사용하여 캐스터네츠와 핸드 드럼을 직접 만들어 보았습니다. 이 방법을 활용하여 동아리 친구들과 지역아동센터를 방문해 아이들과 함께 악기를 제작하였고 직접 만든 악기로 신나게 연주하는 아이들을 보니 매우 뿌듯했습니다.”

'환경을 위해 재활용품 만들기를 소재로 글을 쓰겠다.'고 했다가 '가난한 이들을 돕는 재활용품 만들기에 대해 쓰겠다.'고 한다. 둘 다 의미 있는 소재이긴 하지만 하나의 글에는 하나의 의미를 잘 담는 게 중요하다. 이렇게 쓰면 '일관성'이 없어진다.

앞의 환경을 위한다는 문장을 수정해 가난한 이들을 위한 재활용에 초점을 맞추었다. 또 실제 사례를 찾고 직접 만들어 본 후 봉사활동까지 했다는 이야기를 일관성 있게 적었다. 하나의 글에는 소재와 주제를 하나로 잡아야 한다.

"현재 한국에서의 국제 마케팅은 상업적인 부분만을 지향하지 않고 한류와 같이 문화나 역사를 활용하여 큰 성과를 거두고 있습니다. 특히, 맥도날드를 보았을 때 한국에서는 소고기가 들어간 버거를 파는 반면 종교적 이유로 인도에서는 다른 고기가 들어간 버거를 파는 것처럼 무역에도 해당 국가의 사회와 문화가 기반이 되어야 한다는 점을 알게 되었습니다.”

↓

"현재 한국에서의 국제 마케팅은 상업적인 부분만을 지향하지 않고 한류와 같이 문화나 역사를 활용하여 큰 성과를 거두고 있습니다. 특히, 스타벅스가 우리나라에서는 쌀을 이용한 음료를 개발해 파는 것처럼 무역에도 해당 국가의 사회와 문화가 기반이 되어야 한다는 점을 알게 되었습니다."

⬇

"국제 마케팅은 상업적인 부분만을 지향하지 않고 문화나 역사를 활용하여 큰 성과를 거두고 있습니다. 특히, 맥도날드를 보았을 때 한국에서는 소고기가 들어간 버거를 파는 반면 종교적 이유로 인도에서는 다른 고기가 들어간 버거를 파는 것처럼 무역에도 해당 국가의 사회와 문화가 기반이 되어야 한다는 점을 알게 되었습니다."

한국에서의 국제 마케팅이 한국의 문화, 역사를 활용해 큰 성과를 거두고 있다고 했다. 그렇다면 외국 기업이 우리나라의 문화, 역사를 활용해 성과를 거둔 사례가 나와야 하는데, 처음 맥도날드 예에서는 인도의 문화와 역사를 배려한 햄버거가 나온다. 그렇게 쓰려면 첫 문장을 바꿔야 한다. 일관성은 예에도 적용되며, 앞에서 한 이야기에 맞는 예를 들어야 일관성이 유지된다. 잘못된 예는 글을 혼란스럽게 만든다.

맥도날드의 인도 예를 스타벅스라는 다국적 기업이 한국의 특성을 활용한 음료를 개발했다는 예로 바꾸면 일관성 있게 흘러가는 글이 된다. 또 첫 문장에서 한국, 한류라는 단어를 빼고 국제 마케팅이라고만 쓰면 맥도날드의 인도 예가 앞의 문장과 연결되며 일관성을 띠게 된다.

"초등학생 때 다큐 프로그램 '전염병의 역습'을 시청한 적이 있습니다. 당시엔 너무 어려서 세상에 얼마나 끔찍한 병들이 있는지 몰랐던 제가 에이즈, 사스, 말라리아 같은 병들을 프로그램을 통해 처음 접하게 되었는데 그러한 병의 증상, 치사율 등의 특징들은 너무 충격적이었고 또 전 세계적으로 인류에 미친 영향은 매우 끔찍했습니다. 셀 수 없이 많은 사람들이 병으로 죽거나 극심한 고통을 받았습니다. 에드워드 제너의 백신과 알렉산더 플레밍의 페니실린은 이러한 병들을 치료하는 데 많은 도움을 주어 인류의 평화를 안겨 주었습니다."

↓

"초등학생 때 다큐 프로그램 '전염병의 역습'을 시청한 적이 있습니다. 당시엔 너무 어려서 세상에 얼마나 끔찍한 병들이 있는지 몰랐던 제가 에이즈, 사스, 말라리아 같은 병들을 프로그램을 통해 처음 접하게 되었습니다. 이러한 병의 증상, 치사율 등의 특징들은 너무 충격적이었고 전 세계적으로 인류에 미친 영향은 매우 끔찍했습니다. 셀 수 없이 많은 사람들이 병으로 죽거나 극심한 고통을 받았습니다. 하지만 수년이 지난 지금 에이즈나 사스처럼 아직까지도 백신이 개발되지 않은 병들이 많아 안타까웠습니다. 그래서 저는 치료제를 개발하여 전 세계에서 불치병으로 인해 아파하는 사람들의 고통을 줄여주고 싶다는 생각을 하게 되었습니다."

앞에서 에이즈, 사스, 말라리아 등을 얘기했으므로 치료에서도 그 병에 대한 치료제 이야기를 써야 하는데, 제너의 백신과 플레밍의 페니실린은 에이즈, 사스, 말라리아 등의 치료제가 아니다. 그런 측면에서 백신이 개발되지 않았음을 보여주고, 치료제를 개발하고 싶다고 수정해 일관성을 유지했다.

일관성 있는 글과 없는 글의 차이가 느껴지는가? 아무리 잘 써도 일관성이 유지되지 않으면 핵심을 알 수 없는 막장 자소서가 된다.

핵심체크

자소서는 하나의 소재를 하나의 이야기로 보여주어야 한다.

특성4
주체적이고 주도적인 모습을 보여주자

자소서에는 항상 주체적이고 주도적인 내 모습이 들어가야 한다. 그래야 목표가 확고하고 분명한 긍정의 나를 보여줄 수 있다. 그럼에도 종속적인 표현을 아무 문제의식 없이 쓸 때가 많다. 어떤 표현이 주체적이고 주도적인 모습을 가리는지, 무엇이 잘못이고 어떻게 써야 하는지 알아보자.

① 입학하게 된다면? "○○대학교에 입학하게 된다면 안전한 건축물을 설계의 기반을 다지기 위하여 건축구조역학개론, 설계와 구조를 깊이 있게 공부할 것입니다."

'~한다면 ~을 할 것입니다.'라는 표현은 지양해야 한다. 특히, '~에 입학하게 된다면'은 '떨어진다면 안 하겠다는 것'으로도 읽을 수 있다. 그래서는 안 된다. 목적이 분명하게 드러나야 한다. 그러려면 '당연히 ○○대학교에서 무엇을 공부하겠다.', 즉 "안전한 건축물을 설계하기 위해 ○○대학교에서 건축구조역학개론, 설계와 구조를 깊이 있게 공부할 것입니다."처럼 'N수를 해서라도 내가 생각하는 가치를 이루겠다.'는 의지를 보여주어야 한다.

② 선생님이 시켜서? "1학년 사회시간에 관광상품 개발 프로젝트 수업을 진행하였습니다. 조별 과제로 진행된 프로젝트에서 선생님께서 강조하신 핵심은 크게 2가지였습니다. 첫 번째는 각 조가 여행사의 입장에서 어떤 프로그램으로 기획할 것인가였고, 두 번째는 어떤 국가를 선택할 것인지였습니다."

내 자소서에 주체적이고 주도적인 내 모습이 아닌 선생님의 주체성, 주도성을 보여준다. 선생님이 강조한 포인트가 아니라 내가 잡은 포인트를 써야 한다. 윗글은 선생님을 소개하는 내용이지 '나'를 소개하는 게 아니다.

③ 수행평가라서 어쩔 수 없이? "중국어 시간에 관광지로 유명한 지역을 하나 정하여 발표를 하는 수행평가를 하게 되었고 제가 속한 조에서는 '서안'이라는 지역에 대해 <u>조사해야 했습니다.</u>"

'조사해야 했다.'는 말은 내 선택이 아니라 어쩔 수 없이 했다는 피동의 형태이다. "수행평가를 하면서 평소 관심 있던 서안지역에 대해 조사했습니다."처럼 내 관심이 중심이 되어야 한다.

④ 고등학교만 벗어나면 무엇이든지? "사고를 발휘하기에는 <u>답이 정해진 시험을 치던 고등학교라는 곳은 제한적이었지만,</u> 대학에서 더 많은 경험들을 하며 다시 제 사고를 풀어준다면 지금보다 더 큰 영향을 발휘할 수 있을 것입니다."

고등학교의 현실이 그렇다. 그런데 대학 가면 달라질까? 대학에서도 높은 학점을 얻으려면 답이 정해진 시험을 봐야 한다. 교수님이 중요하다고 말한 내용은 물론 교재를 달달 외우다시피 해야 한다. 또 토익, 자격증 공부 등 해야 할 게 정말 많다. '제한적인 고등학교에서도 여러 활동을 통해 사고력을 발휘했으며, 그것을 토대로 대학에서는 조금 더 많은 활동을 하겠다.'가 바람직한 방향이다. 대입 자소서는 고등학교 생활이 인생의 자양분이 되었음을 전제로 작성해야 한다.

⑤ 내가 아닌 누군가? "처음에는 다들 어색해서 말을 안 하다가 <u>누군가 먼저</u>

말을 하기 시작하니까 끝도 없이 많은 이야기가 오고 갔습니다."

누차 얘기했지만 자소서는 나를 소개하는, 내 능력을 보여주는 글이다. 이 글처럼 어색한 상황에서는 내가 먼저 말을 한다거나 제안을 했다는 이야기로 나의 리더십을 보여주어야 한다. 다른 누군가가 이 상황을 해결했다는 건 내 자소서에 어울리는 내용이 아니다. 입학사정관이 이 문장을 보면 '이 학생은 친화성도 부족하고 먼저 말하는 용기도 없구나.'라고 생각하지 않을까?

⑥ 야자를 빠지지 않을 거 같아서? "바른생활부원을 했는데 제가 바른생활부원을 하면 책임감 때문이라도 야자를 빠지지 않을 것 같은 이유로 자진했습니다."

'나는 원래 책임감이 없고 야자도 빼먹을 수 있는 학생인데, 그걸 억제하기 위해 바른생활부원을 했다.'라고 읽힌다. 바른생활부원을 하는 이유는 나를 위함이기도 하지만 '남들을 위해서', '친구들을 위해서'가 되어야 한다. 이런 내용은 자소서에 어울리지 않는다. 자소서는 보여줄 것, 보여주지 않을 것을 철저히 가려 써야 한다.

⑦ 시간이 없어서? "고등학교 1학년 때 제가 읽고 싶은 책을 읽지 못해 아쉬웠던 저는 한 권이라도 깊게 읽자는 생각으로……."

밑줄 친 문장은 '1학년이 얼마나 바쁘면 읽고 싶은 책도 읽을 시간이 없어?'라는 의문을 갖게 만든다. 고3 때라도 내가 정말 읽고 싶으면 일주일에 한두 시간 혹은 쉬는 시간에라도 짬을 내 읽을 수 있다. 정말 하고 싶은 일이라면 어떻게든 시간을 내야 맞다. 이런 표현은 쓰면 안 된다.

⑧ 주변 사람들의 의견 때문에? "미술을 배우고 싶었지만 <u>시기를 놓쳤다는 주변 사람들의 만류</u>로 미술을 배우는 것을 포기하였습니다."

주변 사람들이 말려서 포기했다니 미술에 열정도 없고 하고 싶지도 않은 사람처럼 보인다. 늦었다고 할 때 시작해 성공하는 사람들은 수도 없이 많다. 이 문장은 주체적인 모습은커녕 대학에 진학해도 남의 의견에 쉽게 휘둘리는 학생이 되리라고 추측하게 만든다. 차라리 '학교 공부가 먼저라서', '학교 공부에 전념하기 위해', '대학 진학 후 공부하기 위해' 등이 낫다.

⑨ ~가 될 때 "2, 3학년이 되어서도 <u>시간이 될 때면</u> 그곳을 꼭 찾았고, 적극적으로 어르신들께 애정과 감사를 표현하며 어르신들과 행복을 나누었습니다."

'시간이 될 때'라는 표현은 '할 것 다 하고, 놀 것 다 논 다음에도 생각나고 시간이 난다면 하겠다.'라는 말과 같다. '3학년이 되어서도 시간을 내 그곳을 꼭 찾았다.'라고 써야 한다. '시간 되면 보러 갈게'와 '시간 내서 보러 갈게'는 완전히 다르다. 두 번째는 '내가 바쁘고 일도 많지만 너를 위해 어떻게든 시간을 내보겠다.'라는 의지가 느껴지나 첫 번째는 아니다. 사소하다고 생각할지 모르지만 받아들이는 입학사정관에게는 큰 차이로 다가온다.

⑩ 기회가 된다면? "<u>기회가 된다면</u> 사회에서도 리더십을 발휘하고 싶습니다."

'기회가 된다면'이 아니라 '없는 기회도 만드는 학생'이라는 모습이 필요하다. 기회가 된다면 무엇을 하겠다는 건 기회가 되지 않으면 안 하겠다는 의미와 같다. 리더십 있는 사람은 기회를 따지지 않는다. 생각지 못한 많은 글에서 리더십이 드러난다는 걸 기억해야 한다.

⑪ 목적의식이 먼저! "고등학교 진학 후 처음으로 제가 주체가 되어 활동을 계획하고 부원들을 모집해 '건강&보건 동아리'를 창설하였습니다. 이러한 과정에서 'ㅇㅇ고 친구들에게 건강과 보건에 관련된 지식과 정보를 알려주고 건강증진에 도움이 되자.'는 목표를 세웠고, 그 결과 '건강신문 만들기'라는 계획을 세웠습니다."

목표를 먼저 세운 다음 목표를 이루기 위한 동아리를 창설해야 한다. 목표가 없는데 동아리를 만든다니 이상하다. 윗글은 '아무 생각 없이 일단 동아리를 만들고, 무엇을 할까 얘기하다가 괜찮아 보이는 것 하나를 정해 목표로 해보자.'라고 한 느낌을 준다. 목표가 먼저 정해져야 한다. 예를 들면, "친구들이 잘못된 건강지식과 정보를 이야기하는 게 안타까워 '친구들 건강에 도움이 되자.'는 목표로 '건강 & 보건' 동아리를 창설했습니다. 그리고 그 목표를 위한 과정의 한 가지로 '건강신문 만들기'를 계획했습니다."처럼 말이다.

핵심체크

나의 주도성, 주체성이 전체 문장 안에 녹아들어야 한다!

특성5
남 말고 나를 소개하자

자소서는 내가 어떤 학생인지, 어떻게 공부해 왔고, 어느 분야에 관심이 있고, 다른 학생과 무엇이 다른지, 나만의 장점과 강점은 무엇인지 등을 보여주는 글이다. 하지만 종종 이런 당연한 사실을 잊어버리고 쓴다. 예를 보자.

① 연구소 대표 소개 "연구소 배양실에서는 조직배양을 통하여 상품성 높은 모종으로 키워내는 정교한 작업을 하였습니다. (중략) 인상 깊었던 부분은 연구소 대표님의 말씀이었습니다. 앞으로 친환경 농산물에 대해 더 연구하고 나아가 세계로 발전해 나가고 싶다고 하셨습니다."

자소서에 왜 연구소 대표의 포부를 썼을까? 입학사정관은 '활동했던 연구소 대표가 어떤 사람인가'가 아니라 '이 학생이 어떤 학생인지' 알고 싶을 뿐이다.

② 시상식 소개 "엠넷 아시안 뮤직어워즈는 CJ E&M의 주최로 진행되는 대한민국의 최대 음악 시상식으로 한국이 아닌 다른 나라 홍콩, 일본, 베트남 등에서 열리고 있습니다. 처음에 저는 시상식 참석 가수들의 95%가 한국 가수이지만 다른 나라에서 열린다는 점을 안 좋게 생각했습니다. 왜냐하면 한국 팬들이 공연을 보러 가기 어려웠고 괜히 외국 팬들을 노려 더 막대한 수입을 얻기 위한 목적으로 보였기 때문입니다. 그러나 해외 채널에서 업로드한 시상식 무대 영상 조회 수와 외국 댓글들을 보며 이 시상식이 많은 해외 팬들에게 큰 관심사이며 이 시상식을 통해 K-pop을 접하고 한국문화에 관심을 가지게 되는 팬들이 많다는 것을 알게 되었습니다."

영문학과 지원자의 전공 적합성 부분이다. 생각 없이 읽으면 괜찮아 보이지만 영문학과에 적합한지는 전혀 알 수가 없다. 엠넷의 아시안 뮤직어워즈, 즉 CJ가 한국문화를 전파하는 데 앞장서는 좋은 기업이라는 사실만 알 수 있을 뿐이다.

③ 멘토, 멘티 방식 소개 "수업방식은 '모둠별 멘토링 학습'이었습니다. 원활한 멘토, 멘티 학습이 이루어지기 위해 선생님께서는 각 조에 다양한 성적을 가진 4명의 아이들을 배정해 주셨습니다. 저는 4조를 이끌어가는 1번이 되었고, 그에 따른 책임감도 가지게 되었습니다. 칠판 앞에 나가서 각 조마다 지정된 문제들을 반 친구들에게 설명해 주면 점수를 얻는 수업방식이었는데, 성적이 조금 더 부족한 학생이 발표할수록 더 많은 점수를 얻는다는 <u>규칙이 있었습니다.</u> 그 때문에 더 많은 점수를 얻기 위해서는 더 높은 성적을 가진 조원이 멘토가 되어, 멘티가 그 문제를 완벽하게 이해할 수 있도록 도와주는 협동의 과정이 필요했습니다. 다른 조는 대부분 1번 학생이 4번 학생에게 문제를 설명해 주고 발표하는 방식이었으나, <u>저희 조는 모두가 멘토와 멘티의 역할이 되어 볼 수 있도록 1번이 2번에게, 그것을 다시 2번이 3번에게, 3번이 4번에게 그리고 마지막으로 4번 조원이 반 친구들 앞에서 멘토가 되어 문제를 설명하는 방식으로 활동했습니다.</u>"

멘토, 멘티 소재는 배려, 나눔 등을 쓸 때 이용하는데 이 글에는 그중 하나도 뚜렷이 보이지 않는다. 혹시 마지막 밑줄 부분을 '협력과 배려'라고 생각할지 모르나 그 또한 멘토, 멘티 프로그램 소개일 뿐 협력이나 배려가 아니다. 네 가지 중 무엇 하나라도 구체적인 이야기가 들어가야 한다.

핵심체크

자소서에는 '나'를 소개해야 한다는 걸 잊지 말자!!

상투적인 표현은 그만!

학생들의 글을 보면 습관적으로 상투적인 표현을 쓴다는 걸 알 수 있다.

"평소에 봉사활동을 꾸준히 하여~."
"자기주도적 학습으로~."
"매우 뿌듯했습니다."
"고등학교 3년 동안 충실히~."
"전공 공부를 열심히 할 것입니다."
"4차 산업혁명 시대에 적합한 인재로 거듭나기 위해~."
"글로벌 시대에 창의적 인재로 나아가기 위해~."

꾸준한 봉사활동은 학생부를 보면 안다. 자소서에는 자기에게 의미 있는 구체적인 봉사활동 사례와 무엇을 배우고 느꼈는지, 어떻게 성장했는지가 들어가야 한다. 또 모든 학습은 자기주도적이어야 하므로 자기주도적 학습이란 말도 필요 없다. 배우고 느낀 점 또한 뿌듯했다고만 써서는 알맹이가 없다. 충실한 학교생활도 학생부에 다 드러난다. 전공 공부를 열심히 한다는 것도 당연한 태도이므로 쓰나 마나 한 문장이다. "4차 산업혁명 시대에 적합한 인재로 거듭나기 위해"나 "글로벌 시대에 창의적 인재로 나아가기 위해"도 말이 아니라 그렇게 되기 위해 무엇을 했는지가 들어가야 한다. 이런 상투적인 문구들은 의식적으로 쓰지 말아야 한다.

핵심체크

당연하고 상투적인 표현은 쓸 필요도 없고 써서도 안 된다!

특성7
꿈으로 진정성을 보여주자

"네 꿈이 뭐니?"

어렸을 때 가장 많이 받았던 질문이다. 어떤 대답을 했는지 기억나는가?

"대통령이요!", "유튜버요!", "연예인이요!", "PC방 주인이요!"

꿈을 물었는데 보통 이렇게 '직업'을 대답한다. 고등학생이 되어서도 마찬가지다. "교사요", "의사요"처럼 직업을 말한다. 잘못은 아니다. 어른들은 대부분 꿈을 묻고는 직업을 대답하기를 원하니까! 하지만 직업과 꿈은 다르다. 꿈에 대한 대답은 직업 앞에 어떤 사람이 되고 싶은지가 들어가야 한다.

내신성적과 생기부가 비슷한 두 고등학생이 대학에 면접을 보러 갔다.

면접관 우리 학과를 지원한 이유가 무엇입니까?

A 최고의 기업인 ○○전자에서 일하고 싶어 이 학과에 지원했습니다.

B 스티브 잡스가 개발한 아이폰을 써보면서 세상을 매료시키는 그의 창의적 아이디어와 혁신을 이끄는 실행력에 감명받았습니다. 저 또한 ○○전자에 취업해 그처럼 세상을 사로잡는 사람이 되고 싶어 지원했습니다.

어쩌면 이 학과 지원목표는 둘 다 '○○전자' 취업일지 모른다. 하지만 당신이 면접관이라면 누구를 뽑을까?

또 사회복지학과에 지원한 두 학생이 있다.

면접관	우리 학과를 지원한 이유가 무엇입니까?
A	공무원이 되어 어려운 사람들에게 도움을 주고 싶어 지원했습니다.
B	신문을 보면서 복지 사각지대에 놓여 지원을 못 받는 어려운 사람들을 알게 되었습니다. 복지 사각지대가 생기지 않도록 제도를 개선하고 다 함께 살아가는 우리나라를 만들고 싶어 지원했습니다.

누가 뽑힐까? 꿈이 있다는 건 미래에 대한 목표와 희망이 있다는 뜻이다. 그래서 사람들은 꿈을 좋아한다. 현실에 안주하지 않고 꿈을 좇아가는 사람, 꿈이 있는 사람에게 끌리며 본능적으로 부러워한다.

'그래 꿈을 가져야 한다는 건 알아. 근데 꿈이 없는 걸 어쩌란 말이야?', '난 무엇을 하고 싶지도 않고, 무엇을 해야 할지도 모르겠고, 지금까지 뭐 하나 잘해 본 적도 없어. 그냥 아무 생각이 없는 걸 어떡해!'

이런 생각도 들겠지만 그렇다고 내 꿈을 다른 사람이 정해 줄 수는 없다.

혹시 꿈을 인생의 목표를 정하는 일이며, 바꾸면 안 된다고 생각하는가? 그러면 꿈이 어렵고 거창하게 느껴진다. 꿈은 여러 개일 수도, 바뀔 수도 있으며, 어떤 사건이나 상황에 따라 확고해지거나 희미해질 수도 있다. 또 꿈을 못 이루었다고 실패한 인생도 아니다. 겁먹지 말고 내가 무엇에 관심을 가지는지, 어떤 사람이 되고 싶은지 생각해 보자. 아래 예를 보고 마지막에 동기, 비전, 직업목표, 학과목표를 채워 보면 꿈이 쉬워진다.

동기	어린아이들을 대상으로 한 강력범죄 기사에 마음이 아팠다.
비전	어린아이들이 안심하고 살 수 있는 사회를 만들고 싶다.
직업목표	어린아이들이 안심하고 살 수 있게끔 경찰관이 되겠다.
학과목표	경찰관이 되기 위해 경찰행정학과를 가겠다. 경찰대 가겠다.

동기	노년에 자식에게 버림받고 경제적 어려움을 겪는 게 마음 아팠다.
비전	노인들이 충분히 일하고 대우받을 수 있게 만들고 싶다.
직업목표	실버세대를 위한 기업을 만들겠다.
학과목표	창업을 위해 경영학과에서 경영을 배우겠다.

동기	노년에 자식에게 버림받고 경제적 어려움을 겪는 게 마음 아팠다.
비전	노인들의 아픈 마음을 어루만져주는 사람이 되고 싶다.
직업목표	노인을 위한 심리상담사가 되겠다.
학과목표	심리학과에 가서 노인심리학을 전공하겠다.

자소서에는 알게 모르게 인생관, 가치관, 신념이 녹아든다. 따라서 '주체적으로 선택한 내 꿈은 무엇인지, 그에 따라 어떤 활동을 해왔고 어떤 활동을 해나갈지, 내가 추구하는 가치가 사회에 어떤 도움이 되는지, 앞으로 어떤 삶을 살아갈지를 확인'하는 마음으로 자소서를 써야 한다. 지금까지 생각해 보지 않았다면 자소서를 쓰기 위해서라도 지금부터 정리해 보자.

동기	
비전	
직업목표	
학과목표	

핵심체크

자기소개서 = 내 꿈 소개서

2장

기본을 지켜야
좋은 자소서가 된다

스토리텔링이
되어야 한다

"자소서는 스토리텔링이 중요하다."

들어본 적 있는가? 좋은 학교도 아니고, 학점 낮고, 토익점수 낮고, 어학연수도 안 다녀왔지만 자기만의 스토리로 대기업에 합격했다는 사람들의 이야기가 퍼진 이후 스토리텔링은 자소서 쓰기의 트렌드가 되었다. 이미 검증된 방법이라는 뜻이다.

대입 자소서도 마찬가지다. 스토리텔링은 단순한 이야기를 넘어 3번 문항에 꼭 들어가야 하는 인성 등 추상적인 면까지도 보여줄 수 있어 아주 유용하다. 예를 들어, 평소 착하다는 소리를 많이 들었던 학생이 입학사정관에게 '착한 나'를 보여주고 싶어 이렇게 썼다고 치자.

"저는 평소에 남들로부터 착하다는 얘기를 많이 들었습니다."

입학사정관은 어떻게 생각할까? '이 학생은 정말 착하구나.', '마음씨가 비단결 같구나.'라면서 감탄할까? 아니면 시큰둥한 표정이 될까? 적어도 학생의 말을 흔쾌히 믿지는 않을 것이다. 그럼 믿게 하려면 어떻게 해야 할까? 내가 겪은 사건에 '나의 착함'을 담아 이야기해야 한다.

"토요일에 등교를 하면서 혹시 비가 올지도 모르니 우산을 가져가라는 어머니의 말에 우산을 챙겼습니다. 점심시간까지 맑은 날씨였는데 하교할 때쯤 비가 내리기 시작했습니다. 어머니께 고마움을 느끼며 집으로 돌아가는 중 길거리에 할머니 한 분이 비를 맞으면서 주저앉은 상태로 바구니를 끌어안은 채 고개를 푹 숙이고 계시는 모습을 보았습니다. '왜 비 오는 날에 주저앉아 계실까?' 생각하며 살펴보니 길가에서 나물을 파시던 할머니였습니다. 나물을 팔다가 갑자기 비가 오니 어찌할 바를 모르시고 나물이 비 맞지 않게 끌어안으신 거였습니다. 비가 점점 더 세차게 오기 시작하는데 할머니는 그대로 앉아 계셨습니다. 어떻게 해야 할까 잠깐 고민하던 저는 할머니께 제 우산을 씌워 드리고 비를 맞으며 집으로 뛰어왔습니다."

이야기를 읽으니 어떤가? '아, 착한 학생이구나.', '심성이 바르구나.' 이런 말들이 생각나지 않는가? 착하다고 말하지는 않았지만 착한 행동을 이야기로 씀으로써 읽는 사람에게 착함을 전달한다. 스토리텔링은 그래서 중요하다. 내가 아무리 착하다고, 성실하다고, 리더십과 열정이 있다고, 열심히 한다고 소리쳐봤자 믿지 않는다. 하지만 '착함, 성실, 리더십, 열정, 열심'이 담긴 이야기를 들려주면 자연스럽게 내 모습이 그렇게 보인다. 다만, 그 이야기가 있더라도 효과적으로 녹여낼 줄 아는 실력이 필요한데, 겁먹을 필요 없다. 다음에 나오는 STARC의 틀을 적용하면 된다.

핵심체크

자소서=나만의 스토리텔링

'STARC'으로 틀을 잡자

대입에는 수시와 정시, 두 가지 전형이 있다. 수시전형에 지원하려면 대부분 자소서가 필요하다. 자소서에 따라 진학 가능한 대학이 바뀔 수도 있다. 하지만 학생부를 토대로 써야 한다는데 학생부의 무엇을 어떻게 써야 할지, 맞게 쓰고 있는 건지 알 수가 없다.

그러면 어떻게 써야 대학의 급을 한 단계 올릴 수 있을까? 대입이든 취업이든 자소서에도 맥락이 있다. 그 맥락이 바로 STARC이다.

S T A R C	Situation(상황) 자신이 놓인 특정 상황, 경험, 환경, 스토리의 배경.
	Task(역할, 목표) 그 상황에서 자신의 목표, 역할, 과제 등.
	Action(행동) Task를 달성하기 위해 어떤 행동을 했는지.
	Result(결과) 행동 이후의 결과.
	Changing Point(배우고 느낀 점) 위의 상황에서 행동과 결과로 배운 점, 성장한 점, 생각과 사고방식 등 어떤 정신적 변화가 일어났는지.

다음의 실제 자소서 내용을 STARC에 적용해 보자.

Situation(상황) 지역아동센터에서 만난 아이는 초등학교 5학년이었지만 수학문제를 풀어보니 아직 구구단도 제대로 외우지 못했습니다.

Task(역할, 목표) 저는 소수의 곱셈보다는 구구단을 외우는 게 우선이라고 생각해 공책에 구구단 문제를 냈습니다. 그러나 아이는 지우개 가루를 만지며 수업에 집중하지 않았습니다. 처음에는 아이에게 책상 위 물건을 못 만지게 주의를 주었지만 소용이 없었습니다. 어떻게 하면 수업집중도를 높일 수 있을까 고민하다 무엇을 계속 만지는 아이의 특성을 생각해 손으로 만지면서 학습하는 활동을 해야겠다고 생각했습니다.

Action(행동) 저는 여러 색의 찰흙을 가져갔습니다. 예상대로 아이는 찰흙을 보자마자 만지며 좋아했습니다. 아이와 찰흙을 가지고 놀다가 찰흙으로 여러 개의 구슬을 만들어 구구단의 원리를 설명했습니다. 원리를 설명한 뒤 찰흙으로 숫자 모양을 만들었습니다. 예를 들어 3×6을 만든 후, 아이에게 찰흙으로 숫자를 만들어 풀도록 하며 수업을 진행했습니다.

Result(결과) 공책 위의 숫자엔 관심도 없던 아이가 흥미를 가지고 수업에 참여하게 되면서 구구단의 기본 원리를 이해하게 되었습니다.

Changing Point(배우고 느낀 점) 적극적으로 수업에 참여하는 아이를 보며, 교사는 아이의 특성에 맞는 다양한 수업방식을 고안해야 한다는 생각이 들었습니다. 그동안 다양한 성향을 가진 아이들에게 한 가지 수업방식만 고집했던 제 자신에 대해 반성했고, 그 후 다른 아이들의 성향을 파악하기 위해 아이들을 세심하게 관찰하여 아이마다 다른 수업방식을 적용해 수업 참여도를 높였습니다.

맞아떨어지는가? 무작정 쓰기보다 상황, 목표, 행동, 결과, 배우고 느낀 점에 맞추면 자소서 형식에 맞는 글쓰기를 할 수 있다. 그럼 형식과 구조가 자소서에 맞지 않는 글과 맞는 글이 어떻게 다른지 실제 자소서 예를 통해 비교해 보자.

"우리 학교 반 친구들의 무관심을 알았습니다. 특수학급 친구들과 함께 지내면서 서로에게 불편한 점은 없는지, 좋았을 때는 언제인지 궁금하고 개선해 나가고 싶었습니다. 장애인의 날 캠페인 활동을 맞이하여 설문조사를 실시하였습니다. 설문조사 결과 비장애 학생들은 소심한 성격의 친구 때문에 말을 걸어도 자신을 무시하는 느낌을 받거나 수업 중 너무 소란을 일으키는 친구에 방해가 된다, 좋았을 때는 체육대회 때 우리 반을 위하여 같이 노력하는 것이 좋았다, 잘 통하는 주제로 이야기할 때 대화가 잘 돼서 좋았다는 점이었습니다. 설문조사 결과에 저는 서로를 조금 더 이해하고 소통할 수 있는 기회를 마련하고 싶었습니다. 설문조사 결과를 통계 그래프를 만들어 게시판에 붙인 후에……."

글의 구조를 잡지 못해 어떻게 써야 할지 어려워하는 게 느껴진다. 이 내용을 토대로 STARC의 틀을 정리하면 '학교에서 특수학급 친구들이 일반학급 친구들의 무관심 아래 놓여 있는 모습(상황)→특수학급 친구들도 일반학급 친구들과 잘 지내게 하고 싶어 특수학급, 일반학급 따로 설문조사 실시(목표, 행동)→설문조사 결과 싫었던 점과 좋았던 점들을 알게 됨(결과)→결과를 가지고 해결책 제시(구체적으로!), 특수학급과 일반학급 친구들이 서로를 이해할 수 있게 됨. 또 서로 서운했던 점들에 대해 이해하게 됨으로써 함께 잘 지내게 되었음→이 과정에서 내가 배우고 느낀 점 쓰기'가 된다. 다음은 다시 쓴 글이다.

특수학급 친구의 도우미 활동을 했습니다. 통합학급인 우리 반에서 ⓢ도움반 친구들은 종종 학급 친구들의 무관심 속에 놓여 있었습니다. 특수학급 친구의 도우미만 도움반 친구들을 도와주면 된다는 인식과 함께 도움반 친구들도 학급 친구들에게 먼저 다가가 말을 걸지 않았습니다. 그래서 ⓣ도움반 친구들도 학급 친구들과 잘 어울려 지낼 수 있게 하고 싶었습니다. 장애인의 날에 '같이 걷는 한걸음 가치 있는 큰 걸음'이라는 주제의 캠페인 활동을 통해 도움반 친구들, 학급 친구들 상대로 통합교육을 하며 불편하거나 좋았던 적에 대해 Ⓐ설문조사를 실시했습니다.

Ⓡ설문조사를 통해 학급 친구들은 도움반 친구에게 말을 걸어도 답을 하지 않아 자신을 무시하는 느낌을 받았고, 수업 중 너무 소란을 일으키는 친구 때문에 불편함을 느꼈음을 알 수 있었습니다. 또한, 도움반 친구들은 학급 친구들이 수업 유인물을 챙겨주지 않을 때 서운했다는 것을 알게 되었습니다. 그러나 도움반과 학급 친구들 모두 함께 체육대회를 하거나 수업을 들을 때 재밌고 좋았다고 말했습니다.

설문조사 결과를 보고 저는 '서로 함께하는 시간이 부족하기 때문이 아닐까?'라는 생각이 들었습니다. 그래서 ⓣ저는 같이하는 시간을 만들어 보고 싶어서 Ⓐ월요일 자율시간에 모둠을 만들어 서로에게 들었던 생각을 말하며 이야기하는 활동을 제안했습니다.

활동을 하면서 특수학급 친구가 말에 대답하지 않았던 것은 성격이 소심해서이고, 수업 중 소란을 일으키는 이유에 대해서 그리고 대처방법에 대한 이야기를 했습니다. 의사소통이 가능한 도움반 친구는 직접 같이 이야기하는 시간을 가졌습니다. 활동하기 전, 서로 이해할 수 있을까 혹시 ⓒ도움반 친구에게 상처가 되지 않을까 걱정했습니다. 하지만 Ⓡ활동 후 도움 반 친구의 짝꿍이 유인물을 챙겨주며 필기도 보여주고, 도움반 친구는 마음을 열고 다가가 함께 잘 어울려 지내는 모습을 보았습니다. 이후에도 지속적인 활동으로 통합학급 우수반에 선정되었습니다. ⓒ한 걸음으로 가치 있는 큰 걸음을 실천한 것 같아서 뿌듯했습니다.

S	⑤(상황)	도움반 친구들이 무관심 속에 놓여 있음.
T	⑦(목표)	이들이 잘 어울려 지낼 수 있게 하고 싶음.
A	⑧(행동)	설문조사 후 서로의 의견을 확인하고 활동을 제안.
R	⑧(결과)	다 같이 어울려 지내며 통합학급 우수반에 선정.
C	⑥(배우고 느낀 점)	뿌듯했다.

배우고 느낀 점으로 '뿌듯했다.'는 한 줄이 아쉽다. 본문을 기반으로 이 부분을 좀 더 보완하면 더 좋은 글이 될 수 있다.

다음에 나오는 두 번째 예는 얼핏 틀에 큰 문제가 없다고 생각할 수도 있지만, 꼼꼼히 뜯어보면 어느 부분이 잘못되었는지 알 수 있다. 첨삭을 통해 확인해 보자.

"평소 사람들을 이끌어가는 리더 역할을 잘 하지 못해 의견을 내세우기보단 받아들이기를 더 많이 한 저는 주관적인 입장을 분명하게 하는 연습을 하고자 동아리 차장 역할을 맡게 되었습니다."

 문장이 눈에 들어오지 않는다. 정리가 필요하다. '평소 의견을 내세우기보단 받아들이기를 더 많이 한 저는 제 입장을 분명하게 하는 것을 연습하고 싶어 천문동아리 차장을 맡았습니다.'가 더 낫다.

"동아리 부원 전체를 이끄는 부장과는 달리 차장은 부장을 도와 통솔하는 역할이기에 주관적인 입장을 부원들에게 설득시키고 리더 역할을 조금씩 해나갈 수 있는 좋은 기회였습니다."

 차장을 맡은 이유는 위에 이미 썼다. 중복이므로 필요 없다.

"하지만 1년 동안 진행할 동아리 활동을 계획하는 과정에서 여러 가지 실험을 통해 경험을 쌓고자 한 저의 목표와는 달리 부장은 미적인 요소를 이용하여 천체에 대해 관심을 갖도록 유도하고자 한 목표를 가지고 있었기 때문에 의견 대립이 생겼습니다."

삭삭 의견 대립이라는 말은 빼도 된다. "동아리 행사를 위해 부장과 회의를 했습니다. 저는 동아리에서 여러 가지 실험을 하여 학생들의 흥미를 끌고 싶었지만, 부장은 미적인 요소를 이용해 학생들이 천체에 대해 관심을 갖게 하고 싶어 했습니다."라고 써도 의견이 대립되었음을 충분히 알 수 있다. '나'와 '부장'의 의견 차이가 한눈에 보이도록 대조적으로 만드는 게 좋다.

"이러한 의견 대립을 해결하기 위해 여러 차례 대화를 하였으나 오히려 서로의 의견의 절충점을 찾지 못하여 갈등의 심화를 불러일으켰습니다. 갈등이 지속되어 동아리 어울림 한마당을 천체라는 주제를 벗어나 미술 쪽으로 치우쳐서 운영했다는 평가를 받았고 질서유지에도 차질이 생겨 이에 심각성을 느껴 부장과 저는 서로 의견의 장점과 단점을 서로 주고 받으면서 각자 의견의 장점은 살리되 단점을 최소화할 수 있는 절충점을 찾아갔습니다."

삭삭 불필요한 문장들이 많다. 질서유지는 전체 글에서 중요한 부분이 아닐 뿐만 아니라 오히려 흐름을 끊어먹는다. 장단점을 주고받는다는 내용도 불필요한 수식어인 데다 글 또한 중구난방이다. 위에서는 1년 동안 진행할 동아리 활동을 계획에 의견 대립이 생겨 갈등이 심화됐다고 했는데, 밑에서는 갑자기 동아리 어울림 한마당이 나온다. 또 미술 쪽으로 치우쳤다는 등 읽는 사람이 자연스럽게 흐름을 타고 따라가기가 어렵다.

기본을 지켜야 좋은 자소서가 된다

글의 구조를 '동아리 차장 맡음→동아리 행사 위해 부장과 회의→의견 다름→해결을 위한 노력→부장이 고집을 꺾지 않음→어울림 한마당에서 미술 쪽으로 운영하게 됨→좋은 평가를 받지 못함→다시 회의해 내 의견과 부장의 의견을 합친 방법으로 진행하기로 함→한얼제에서 어떻게 했는지→한얼제에서의 평가→ 배우고 느낀 점'으로 이어가야 한다.

"한얼제에서 천문동아리의 특성을 살려 우주선을 주제로 삼아 천체에 관한 관심을 유도하고 지식을 쌓을 수 있을 뿐만 아니라 화산폭발실험, VR체험 등을 통해 다소 지루할 수 있는 지구의 역사에 대해 설명하는 방식으로 계획하였고, 한국과학창의재단에서 주최한 과학창의축전 과학체험 프로그램에서는 학교를 대표하여 어린이들뿐만 아니라 어른들까지 천문에 관한 관심을 유도하면서 환경오염에 대한 인식을 일깨워 줄 수 있도록 계획하였고, 차장으로서 전체적인 동아리부원들의 질서를 유지할 수 있도록 적극적으로 역할을 분담하였습니다. 그 결과 한얼제를 준비하는 과정에서 동아리를 잘 이끌었기에 한얼제 공로상을 받을 수 있었습니다. 이를 통해 의견대립이 발생하는 상황에서는 차분하고 냉정하게 서로 의견의 좋은 점은 인정하며 부족한 점은 개선할 수 있는 방안을 제시하는 방법이 가장 효과적임을 몸소 느낄 수 있었습니다."

 위에서 지적한 틀에 맞게 수정하고, 그에 따라 이 부분도 바꿔야 한다.

첨삭을 보고 수정한 다음 글을 STARC의 틀로 확인해 보자.

"⑤천문동아리 활동을 좀 더 적극적으로 참여하고 싶어서 차장을 맡았습니다. 이후 동아리 어울림 한마당이라는 ⑪행사를 진행하기 위해 천체라는 주제를 가지고 어떻게 소개하면 학생들의 흥미를 얻을 수 있을까에 대한 회의를 하였습니다. 저는 천체와 관련된 여러 가지 실험을 통해 흥미를 끌고 싶었지만, 부장은 미적인 요소를 이용하여 관심을 갖게 하고 싶어했습니다. 이를 해결하기 위해 Ⓐ여러 차례 대화를 하였으나 서로의 의견에 대한 절충점을 찾지 못하였고 오히려 갈등이 심화되었습니다. Ⓡ부장이 의견을 굽히지 않아 부장의 의견대로 행사를 준비하게 되었고, Ⓡ부원들의 의견을 반영하지 않은 결과 행사 준비과정에서 어려움을 겪었습니다. 뿐만 아니라 미적인 요소만을 강조한 나머지 Ⓡ천문동아리의 특색을 잘 표현하지 못했다라는 평가를 받았습니다. 이에 심각성을 느껴 부장과 저는 Ⓐ다시 회의를 하게 되었고 서로가 주장하는 바를 조금씩 양보하며 각자의 의견에 대한 장점은 살리고 단점은 최소화하자는 의견을 모았습니다.

Ⓐ이후 한얼제에서 부스 내부를 천문동아리의 특성을 살린 우주선과 밤하늘의 별들로 아름답게 꾸며 천체에 관한 관심을 유도하고 화산폭발실험, VR체험 등을 통해 다소 지루할 수 있는 지구의 역사를 시각적인 방식으로 쉽게 알 수 있도록 계획하였습니다. 그 결과 친구들과 선생님으로부터 '멀게만 느껴졌던 천체에 대한 직접 참여로 천체에 대해 관심을 가지게 되었다', '천문동아리의 특성을 잘 살렸다'라는 평가와 함께 Ⓡ한얼제 공로상을 받을 수 있었습니다. 이 계기로 Ⓡ한국과학창의재단에서 주최한 과학창의축전 과학체험 프로그램에 학교 대표로 나갔습니다. 여기에서 '성운고리'를 직접 만들어 보게 함으로써 어린이부터 어른들까지 Ⓡ모두가 천문에 관심을 갖게끔 만드는 또 한 번의 좋은 결과를 얻었습니다.

ⓒ이러한 경험들은 친구 간에 의견대립이 있다면 좋은 점은 인정하고 부족한

점은 좋은 쪽으로 개선할 수 있도록 개선방안을 제시하는 것도 효과적임을 몸소 느낀 의미 있는 시간이었습니다.

S	Ⓢ(상황)	천문동아리 활동을 더 적극적으로 하고 싶다.
T	Ⓣ(목표)	동아리 행사를 진행하기 위한 회의.
A	Ⓐ(행동)	대화했으나 절충 안 돼 갈등 심화. 부장 의견대로 진행.
R	Ⓡ(결과)	행사 실패.
C	Ⓐ(행동)	서로 의견 절충, 관심유도 및 시각적 효과 활용.
	Ⓡ(결과)	한얼제 공로상, 학교 대표로 뽑힘.
	Ⓒ(배우고 느낀 점)	의견 대립은 상대의 좋은 점을 인정하면 개선됨.

자소서 쓰기를 시작도 못 한 채 끙끙대며 어려워하는 이유는 대부분 자소서의 틀 자체를 모르기 때문이다. 자소서의 틀은 이렇게 STARC 기법을 활용해 잡으면 된다. 하지만 좀 더 구체적이고 차별화되려면 학생부에 담긴 학생의 이야기가 중요하다는 사실을 간과해서는 안 된다.

3

'자세하게' 말고
'구체적으로' 쓰자

자소서 문항을 보면 모두 "구체적으로 기술하라."라고 씌어 있다. 그래서인지 자세하게 쓰려고 엄청 애를 쓴다. 미안하지만 여기서 '구체적'이라는 건 '세세하고 자세하게' 쓰라는 의미가 아니다. 그 차이가 뭘까?

친구를 만나 토스트를 먹으러 갔다. 주문 때문에 친구에게 어떤 토스트를 먹을지 물었다. 그러자 친구가 "아무거나"라고 대답했다. 그런 게 어딨냐며 뭐가 먹고 싶은지 구체적으로 말하라고 하니 "불고기 토스트"라고 대답했다. 구체적이다. 그런데 구체적으로 말하랬더니 친구가 "버터 3.25g으로 빵을 20초 동안 굽고, 달걀은 35g에 반숙 34.5%로, 피클은 4.5g, 양배추는 가로 0.5cm 세로 10cm로 총 10개를 22.5g으로, 소스는 액상과당 10%가 들어간 걸로 줘."라고 대답했다면 어떨까? 자세하게 얘기해서 너무 좋을까?

이게 바로 '구체적'과 '자세하게'의 차이이다. '구체적'이라는 건 자세하고 세세하게 쓰라는 말이 아님을 알아야 한다. 실제 자소서를 쓸 때 저지르기 쉬운, 불필요하게 '자세히' 쓴 몇 가지 예를 보자.

① 누구나 다 아는 사실

"소논문 대회는 개인, 단체로 참가할 수 있으며 학기 초부터 학기 말까지의 주어진 시간 동안 주제를 선정하여 감독 선생님과 모든 참가자들 앞에서 발표하는 대회입니다."

"'소 잃고 외양간 고친다.'라는 우리나라 특유의 속담을 보면~."

"ppt를 만들 때 목차를 만들어서 전체적인 방향을 잡고 각 페이지마다 대제목과 함께 사진, 단어로 한눈에 볼 수 있게 만든 다음 자세한 내용은 말로 설명했습니다."

소논문 대회를 이렇게 자세히 설명할 필요가 없다. 소논문 대회는 어떻게 참가하고 어떻게 진행되는지 입학사정관들은 이미 다 안다. 소논문 대회보다 나를 더 설명해야 한다.

"소 잃고 외양간 고친다."도 우리나라 특유의 속담이라는 것 또한 다 아는 사실이다. "'소 잃고 외양간 고친다.'를 보면~"으로도 충분하다.

또 '목차, 대제목, 사진, 단어, 자세한 내용' 등은 모두 필요 없다. "자료를 토대로 ppt를 만들어 친구들 앞에서 발표했습니다."라고만 써도 된다.

② 너무 자세한 숫자

"2학년 때 같은 학급 내에서 총 6명의 친구들과의 생명과학 스터디 그룹 내에서 조장으로 활동하였습니다."

"1학년 때 10명의 아이들과 과학 재능기부 부스에 참가하기로 했습니다. 하지만 주제를 정하는 과정에서 인원이 많다 보니 서로 의견 충돌이 발생했습니다."

위쪽 문장은 자체가 비문인 데다 "같은 학급 내에서", "총 6명" 같은 부연설명은 굳이 필요 없다. 또 아랫글의 '10명'이란 숫자도 중요치 않다. 여러 명이라는 느낌이면 된다. 자세한 숫자와는 관계 없지만 인원이 많아 의견이 충돌한다는 말은 개연성이 없다. 두 명이어도 의견 충돌은 일어난다.

③ 당연한 사실

"단순히 시간을 채우기 위한 봉사활동이 아닌 진심으로 누군가에게 도움이 되는 봉사를 하고 싶었습니다."

"고등학교 3학년이 되어 영어공부를 해야겠다는 생각이 들었습니다. 내신성적을 올리기 위해 매일매일 문제집을 풀고 채점을 하며 틀린 내용은 오답노트를 작성하고 모르는 내용은 선생님께 질문하며 열심히 공부했습니다. 이렇게 노력하니 성적이 향상되었습니다."

윗글에 나오는 봉사는 당연히 진심으로 해야 하는 행위이며, 아래에서 고3이 문제집 풀고, 채점하고, 오답노트 작성하고, 선생님께 질문하는 건 당연히 해야 하는 일이다. 특별한 게 아니다. 쓸 필요 없다.

④ 역효과를 부르는 지나친 솔직함

> "비록 봉사를 2학년 말에 시작하여서 많은 시간을 투자하지 못하고 3학년에 올라갈 때 그만두었지만, 대학교에 가게 되면 도움이 필요한 분들을 찾아가 꾸준히 봉사하고 싶습니다."

솔직한 건 좋지만 이렇게 쓰면 봉사활동을 얼마 안 했다는 사실만 알려주는 꼴이다. 봉사활동은 단기가 아니라 지속적으로 꾸준히 했는지가 중요하다. 쓰면 안 되는 문장이다.

⑤ 불필요한 배경설명

> "그러던 어느 날, 사회선생님께서 '기부와 사회봉사'를 2학기 초에 발표할 것이라고 말씀하셨고 저와 조원들은 미리 앞당겨서 준비하기로 했습니다."

배경설명이지만 '선생님이 발표를 언제 한다고 말하는 것'과 '앞당겨 준비한다는 것' 모두 불필요하다. "사회시간에 기부와 사회봉사란 주제로 발표를 준비하는 도중~"이라고 써도 충분하다.

핵심체크

모든 것을 자세하게? No! 핵심만 구체적으로 보여주면 된다.

4

첫 문장을 시작하는
9가지 방법

"첫 문장에서 승패가 결정된다.", "첫 문장에서 눈길을 잡아끌어야 한다."는 등 다들 첫 문장이 중요하다고 말한다. 하지만 첫 문장에서 어떻게든 입학사정관을 사로잡아야 한다고 생각하니 시작이 너무 어렵다. 써놓고 보면 평범해 보이고 마음에 들지 않는다. 지우고 다시 써도 마찬가지다. 멋진 말로 시작하면 괜찮지 않을까 싶어 고르고 고른 명언을 넣어 그럴듯하게 썼더니 누군가 이미 써먹었다. 첫 문장 고민하다가 시간 다 보낸다.

첫 문장은 첫인상과 같다. 아주 중요하다. 그런데 실제로는 첫인상이 아무리 좋아도 나쁜 사람이거나, 첫인상은 평범했지만 볼수록 매력적인 사람도 있다. 첫 문장이 인상적이면 좋겠지만 전부는 아니라는 뜻이다. 또 첫 문장은 단순히 주의만 끄는 역할이 아니라 맛을 내는 양념과 같다. 따라서 본문 내용을 함축적으로 담아 본문과의 연결성을 부여해야 한다. 첫 문장이 막히면 고민하지 말고 본문을 완성한 다음 첫 문장을 쓰는 게 좋다.

실제 자소서의 매력적인 첫 문장 9가지를 유형별로 살펴보자.

① 시 구절 활용해 시작하기

> "연탄재 함부로 발로 차지 마라. 너는 누구에게 한번이라도 뜨거운 사람이었느냐.' 국어시간 안도현 시인의 '너에게 묻는다'를 읽었을 무렵이었습니다. 과연 제 자신이 뜨거운 연탄 같은 사람이 될 수 있을까? 당당하게 대답할 수 없었습니다."

유명 시의 한 부분을 첫 문장에 넣음으로써 호기심을 자아낸다. 시는 이처럼 누구나 알 만한 구절도 좋지만, 본문 내용과 잘 맞는다면 유명하지 않아도 좋다. 단, 시인의 이름과 제목은 꼭 넣어야 한다.

② 고사성어, 속담, 명언 활용해 시작하기

> "'맹인모상(盲人摸象).' 이는 저의 공부효율을 떨어뜨린 원인과 관련 깊습니다. 중학교 시절부터 저는 모든 과목들의 핵심을 요약하는 방식으로 공부해 왔습니다. 그러나 요약하는 데 들이는 시간에 비해 결과는 항상 만족스럽지 않았습니다."

고사성어, 속담, 명언 등을 활용해 시작하는 방법이다. 빌 게이츠나 스티브 잡스 등 유명인의 말도 괜찮다.

③ 별명 활용해 시작하기

> "중학교 때, 제 별명은 '이상한 책벌레'였습니다. 시험 범위의 내용을 모두 외우려 교과서가 너덜너덜해지도록 들고 다녔기 때문입니다."

별명은 특징이나 자질 등을 단번에 드러낸다는 장점을 지닌다. 만약, 단점으로 생긴 별명이라면 그 단점을 어떻게 극복했는지 보여줄 수도 있다. 단, 별명을 쓸 때는 그 별명을 얻게 된 이유도 꼭 써야 한다.

④ 동아리 이름 활용해 시작하기

"'ARCHI.' 프랑스어로 건축을 영어로는 최고, 으뜸을 뜻하는 단어입니다. 저는 건축적 지식 확장과 진로를 위한 준비에 대한 필요성을 느꼈지만 교내에는 직접적으로 건축과 관련된 동아리가 없었습니다. 그래서 3학년 때에 건축에 있어서 으뜸이 되자는 뜻으로 'ARCHI'라는 건축동아리를 만들었습니다."

동아리 이름을 앞에 쓰고 그 뜻을 뒤에 쓴다. 첫 문장을 읽는 순간 '이 학생은 건축과 관련된 이야기를 하겠구나.', '건축에 있어서 최고가 되고 싶은 학생이구나.' 하는 생각이 떠오르게 만든다.

⑤ 경험담 활용해 시작하기

"'선생님, 그동안 감사했습니다!' 이 말은 제가 초등학교 교사라는 꿈을 확고히 다지게 된 말입니다."

아이들을 가르치는 봉사활동 후 들은 감사 인사를 첫 문장으로 넣었다. "선생님, 그동안 감사했습니다!"라는 표현에 선생님 역할로 아이들을 가르쳤으며, 아이들을 잘 가르쳤기에 감사 인사를 받았으리라고 짐작게 하는 정보가 담겨 있다. 나만의 경험담은 차별점을 보여주는 좋은 시작이다.

⑥ 내 관점 활용해 시작하기

"과거의 사건을 살피고 그 상황을 탐구하는 과정을 통해 현실을 돌아보고 나아가 미래를 계획하는 것이 역사 공부를 하는 이유라고 생각합니다."

자신만의 생각, 관점으로 시작하는 방법 또한 좋다. 사건이나 인물, 사물을 바라보는 기존의 관점, 새로운 관점 모두 괜찮다. "편리함이란 최신 기술이 아닌 옛것의 익숙함이라 생각합니다." 등이 새로운 관점의 예라고 볼 수 있다.

⑦ 수업 중 질문 활용해 시작하기

"세계지리 수업 시간에 세계의 여러 지역축제에 대해 배우는 도중 '우리나라의 지역축제들은 왜 세계의 주요 축제 위치에 들지 못할까?'라는 호기심이 생겨서 선생님께 질문했지만 돌아오는 답변은 모호했습니다."

이런 시작은 교과수업에 충실할 뿐만 아니라 호기심을 갖고 능동적으로 임하고 있음을 잘 보여준다.

⑧ 일상 활용해 시작하기

"세상 전부인 제 딸이 곧 상담할 예정입니다. 잘 부탁드려요.' 어느 보험회사 고객센터의 연결 대기음입니다."

우리가 일상 속에서 듣는 말들이나 광고 멘트로 시작하는 방법도 있다.

⑨ 책 내용 활용해 시작하기

> "제가 고등학교에 진학한 후 읽은 첫 경제학 도서는 《그들이 말하지 않는 23가지》였습니다. 낙수효과는 허상에 불과하다는 것, 대기업의 성장과 국민의 생활수준은 정비례하지 않는다는 것과 같은 장하준 교수의 새로운 관점은 무의식적으로 신자유주의 이데올로기에 빠져 있던 제게 새로운 시각을 보여주었습니다. 이러한 충격은 저를 자연스레 신자유주의와 그로 인한 현대사회의 불평등에 대한 궁금증을 갖게 했고, 이를 해소하기 위해 관련 도서를 탐독하고자 하였습니다."

꼭 책뿐만 아니다. 그 외에 신문기사나 뉴스 등 여러 미디어의 보도를 활용할 수도 있다.

이런 방법을 이용해 쓰면 첫 문장에서부터 호감도를 높일 수 있다. 그럼에도 사실 출중한 문장력과 표현력을 갖지 않은 한 처음부터 시작 문장을 멋지게 쓰기는 어렵다. 도저히 안 되면 먼저 내용을 쓴 다음 재구성을 통해 시작을 바꿔주면 첫 문장 쓰기가 훨씬 쉬워진다.

핵심체크

첫 문장으로 입학사정관의 눈길을 끌어라.
첫 문장이 안 나올 때는 본문 먼저 쓰고 나서 첫 문장을 써라.

5

자소서에 쓰면 안 되는
8가지 이야기

페이스북, 인스타그램, 블로그 등에 글을 쓸 때는 마음 가는 대로 자유롭게 써도 되지만 자소서는 소재와 내용, 형식이 맞아야 한다. 아무 문제 없어 보여도 그런 측면에서 보면 잘못 쓴 글일 때가 많다.

자소서에 꼭 들어가야 하는 부분, 즉 쓰면서 염두에 두어야 할 점은 학생 자신에게 도움이 되었던 일들과 학교생활에서의 충실함을 보여주어야 한다는 사실이다. 더불어 나의 차별성과 관점, 신념, 생각 등이 확고히 드러나야 한다. 그런데 내용에 대한 접근이나 표현이 잘못되면 아무것도 드러낼 수 없다.

내용 자체나 표현에 문제가 있는 자소서의 예를 보자.

① 의미가 없는 이야기

"저는 평소 제주도 학생들이 타 지역 학생들보다 경험할 수 있는 범위가 한정되어 있다고 생각해 왔습니다. 그러던 중 제주도 학생들을 위한 정책을 마련하는 대회가 열렸고 저는 친구들을 모아 대회에 참가했습니다. 저는 제주도 학생들이 타 지역을 경험할 수 있는 정책을 만들고 싶었습니다. 방법을 고민하던 중 타 지역에 직접 가는 수학여행이 생각났습니다. 주로 여행을 하는 수학여행과는 달리 제주도에 없는 논, 조력발전소, 강 등을 방문해 체험활동을 하는 정책을 생각해냈고 팀원들의 동의를 얻었습니다. 하지만 완성된 정책을 주변 친구들에게 보여주니 재미없을 것 같다는 반응이 대부분이었습니다. 따라서 저희는 타 지역에서만 경험할 수 있으면서 학생들이 흥미를 가질 만한 '케이블카', '지하철' 등의 장소를 찾았고 경험과 흥미 두 마리 토끼를 잡았습니다."

제주도 학생들을 위한 수학여행으로 논, 조력발전소, 강을 제안했다거나 '케이블카, 지하철'을 타보았다는 건 의미 있는 내용이 아니다. 제주도에 없는 케이블카나 지하철 한번 타보는 행위에는 재미 외에 부여할 만한 아무 가치가 없다. 수단일 뿐인 이런 일들이 목적이 돼서는 안 된다. 코엑스 수시 박람회를 단체로 간다든가, 진로 박람회 또는 직업 박람회를 간다든가, 논이나 강이 아닌 '윤동주의 발자취를 찾아서' 같은 테마로 윤동주와 관련된 유적이나 기념관을 견학한다든가, '전쟁의 아픔을 기억하기 위해' 통일전망대나 땅굴 등을 가본다든가, '신라의 흥망성쇠'를 주제로 경주에 간다든가 하는 일들이 되어야 한다. 자소서를 쓰기 전에 내 행위에 어떤 의미와 가치가 담겨 있는지 먼저 고민이 필요하다.

② 뻔하고 일반적인 이야기

"토론 중심 학습의 긍정적인 영향력에 관한 영상 시청 후 이에 대한 관심을 바탕으로 토론식 수업의 효과에 대해 탐구해 보기로 했습니다. 학생들은 도함수의 활용단원을 주제로 한 수학 교과수업에서 주어진 문제에 대해 활발히 토론하며 집중하는 태도를 보여주었습니다. 또한, 서로 의견을 나누며 교학상장하는 모습을 엿볼 수 있었습니다."

이야기가 너무 뻔하다. 토론에 집중하면서 의견 나눈 행동이 토론식 수업 탐구일까? 탐구 안 해도 알 만한 내용을 탐구를 통해 알아낸 내용이라고 말하는 건 억지다. 좀 더 깊이 있는 탐구 내용이 들어가야 한다. 토론이라는 수업방식이 어떤 면에서 특별한 효과가 있는지, 토론식 수업과 주입식 수업의 장단점을 비교한다든지 등 말이다.

"이러한 회의방식의 변화를 통해 서로의 의견에 대해 공감하며 주제에 대해 활발히 의견을 나눌 수 있었습니다. 또 학급 구성원 모두가 수용할 수 있는 결론에 대해 토의하며 서로의 입장을 존중하고 조금씩 배려하여 마침내 합일점에 도달하게 되었습니다."

공감, 의견 나누기, 수용, 토의, 존중, 배려, 합일점. 이런 말은 자기만의 특별한 경험이 아니다. 누구나 쓸 수 있다. 차별화된 경험을 쓰려면 교과서적 나열에서 벗어나 그 과정에서 일어난 진솔한 에피소드가 들어가야 한다.

③ 자기 생각이 없는 이야기

"저는 평소에 낙태에 대한 찬성과 반대 의견이나 과학기술을 좋게 보아야 할지, 나쁘게 보아야 할지에 대해 궁금증을 갖고 있었습니다. 평소에 저의 낙태에 대한 생각은 반대였습니다. 왜냐하면 생명을 죽이는 것은 나쁘다고 생각했기 때문입니다. 하지만 범죄로 인한 임신도 생각하지 않을 수 없었습니다. 그 아이를 가진 사람은 평생의 상처가 될 수도 있기 때문입니다. 그래서 이 얘기를 들으면 저는 또 낙태 찬성을 하게 됩니다. 그런데 또 낙태를 한다면 한 생명을 죽이는 일이 되므로 낙태를 반대하게 됩니다. 그래서 저의 낙태에 대한 생각은 돌고 돌 수밖에 없었습니다. 또 과학기술을 좋게 보자면, 올해 특별히 더 웠는데, 과학기술이 발전하여 에어컨을 쐴 수 있게 되었고, 자동차로 먼 거리도 편안하게 이동할 수 있게 되었습니다. 하지만 반대로 보자면, 에어컨을 켜면 이산화탄소로 인해 지구온난화가 일어나게 되고, 자동차를 타고 다니면 자동차에서 나오는 배기가스로 인해 도시의 공기가 오염되기도 합니다. 과학기술은 사람들에게 편안함을 주기도 하지만, 환경오염을 초래하기도 합니다. 하지만 이 문제도 마찬가지로 저의 생각은 돌고 돕니다."

어떤 현상에 대한 양면성과 이중성에 관한 내용인데, 돌고 도는 생각만큼이나 글도 돌고 돈다. 물론, 낙태에 대해 어떤 상황에서는 반대가, 어떤 상황에서는 찬성이 맞다고 생각하는 게 어쩌면 인간의 자연스러운 모습일 수 있다. 하지만 자기소개서에는 이렇게 쓰면 안 된다. 관점이 정리 안 돼 혼란스러울 때는 다음의 예처럼 써야 한다.

"갈등이 항상 나쁜 것일까?'라는 의문이 들었고 '갈등'의 양면성을 알아보기 위해 탐구했습니다. 근래 크게 대두된 비정규직과 관련한 노사갈등에서 갈등의 의미를 생각해 보고자 사회시간에 이를 주제로 자율발표를 하였습니다. 구직시장에서 비정규직의 비율은 점점 증가하고 있었고 이들에 대한 차별대우는 심각했습니다. 기업의 이익만을 고려한 제도에 불만을 가진 비정규직 노동자들이 시위를 하면서 노사갈등이 발생했음을 알게 되었습니다. 이로써 불합리한 비정규직 제도가 아예 사라진 것은 아니지만 이런 노사 간의 갈등이 없었다면 노동의 가치를 폄훼하는 세태는 사회에 더욱 만연하게 퍼졌을 것이라는 생각이 들었습니다. 이를 통해 사회문제를 공론화하여 문제해결을 이끄는 갈등의 긍정적인 면을 볼 수 있었습니다. 하지만 장기적인 노사갈등은 경제 전반에 문제를 일으키고 회사, 근로자 모두에게 경제적으로 불이익을 준다는 것도 알게 되었습니다.

이 과정에서 갈등의 양면성을 인식할 수 있었기 때문에 여기에 그치지 않고 갈등에 대한 저만의 입장을 확립하고자 했습니다. 주문형 강좌 '세계문제'에서 다룬 팔레스타인 독립문제에 대한 토의에서 최우선인 인간의 보편적 가치를 훼손하는 만행이 갈등과 병행하게 된다면 그 갈등은 한낱 폭력에 지나지 않는다는 것을 느꼈습니다."

갈등에 대해 고민하다가 그 양면성을 알아보았다는 내용이다. 갈등의 긍정적인 면과 부정적인 면을 교과시간을 통해 구체적으로 조사하고, 양면성을 가진 '갈등'에 대한 자기 입장을 확립하기 위해 더 공부하면서 다른 교과와 연결지었다. 낙태와 과학기술의 양면성을 돌고 돈다고 쓴 글과 분명한 차이를 보인다.

④ 중복되는 이야기

"역사시간에 파독 광부, 간호사에 관한 내용들은 비교적 중요하게 다루어지지 않아 많은 사람들이 파독 광부, 간호사에 대해 잘 모르는 사람이 많다는 것이었습니다."

파독 광부, 간호사라는 단어가 중복된다. "많은 사람들이"도 뒤에 "잘 모르는 사람이 많다는 것"이라는 표현이 나오므로 중복이다. 의외로 이렇게 쓰는 학생이 많다. 중복 문구가 많으면 읽는 사람은 짜증이 난다.

"처음에는 관광책자를 번역을 하고 싶은 친구들만 모여서 번역을 했습니다."

정말 저렇게 쓸까 싶지만, 그렇게 쓴다. 을, 를 같은 조사는 최대한 줄여야 한다.

⑤ 비교를 잘못한 이야기

"참석인원이 많을수록 회의와 활동이 원활하게 진행되지만 활동하는 인원이 줄어들면서 의견이 부족해지고 할 수 있는 활동이 제한되었습니다."

글의 의도는 '참석인원이 많았을 때와 줄었을 때'를 비교하는 내용이다. 제대로 비교하려면 "많을수록"이 아니라 "참석인원이 많을 때에는 회의와 활동이 원활하게 진행되었지만, 인원이 줄어들면서 의견이 부족해지고 할 수 있는 활동도 제한되었습니다."라고 써야 한다.

⑥ 편협함이 드러나는 이야기

"이를 통해 문제의 근원을 파악하는 연구보단 생각의 전환을 통한 긍정적인 결과를 만들어내는 탐구가 참된 연구임을 깨달았습니다."

근원을 파악하는 연구는 중요하고 참된 연구가 아니라는 말인가? 생각이 한쪽으로 치우쳐 있는, 편협함을 드러내는 문장이다. "이로써 문제의 근원을 파악하는 연구도 중요하지만, 생각의 전환을 통해 긍정적인 결과를 만들어내는 연구도 중요함을 깨달았습니다."가 되어야 편협함이 사라진다.

"그리고 장애인분들에 대해 더 자세히 알기 위해서는 독서가 가장 중요하다고 생각합니다. 그러므로 저는 책을 통해 세상을 바라보는 안목을 키우겠습니다."

장애인에 대해 알려고 독서를 한다는 건 수영을 배우기 위해 책을 읽겠다는 말과 같다. 방법이 틀렸다. 봉사나 수업을 통해 직접 배워야 한다.

⑧ 사교육을 유발하는 이야기

"저는 수학성적을 올리기 위해서는 학원에서 행해지는 선행학습도 중요하지만 복습을 하면서 뒤를 돌아볼 줄 알아야 한다는~."

자소서에 학원에서의 선행학습이 중요하다고 쓰는 건 자소서를 포기하는 것이나 다름없다. 대학에서는 공교육에 충실한 학생을 원하지 사교육을 중요히 여기는 학생을 뽑지 않는다.

맞춤법이나 오자는 인터넷 사이트나 컴퓨터 프로그램으로 검사하면 어디가 틀렸는지, 어떻게 고치면 되는지 대부분 찾아내 수정할 수 있다. 하지만 내용이나 표현은 그럴 수 없다. 어떤 내용이나 표현이 잘못되었는지를 알아야 나도 모르게 자소서를 포기하는 오류를 범하지 않는다.

배우고 느낀 점
잘 쓰는 방법

대학에서는 학생이 고등 3년 동안 어떤 경험을 했고, 무엇을 배웠으며, 어떻게 성장했는지 등 학생부나 내신성적으로는 제대로 알 수 없는 부분들을 학생부와 연결된 자소서를 통해 보려 한다. 자소서 문항을 '배우고 느낀 점을 중심으로 기술하시오.'라고 한 이유가 거기에 있다. 그만큼 자소서에서는 '배우고 느낀 점'이 가장 중요하면서도 쓰기 어렵다.

어떻게 써야 할까? '배우고 느낀 점'은 항상 본문의 배경, 목표, 행동, 결과가 바탕이 되어야 한다. 본문과 관련 없는 '배우고 느낀 점'은 아무 의미가 없다. 실제 자소서를 예로 분석해 보자.

"교육청 진로체험 활동은 '교육은 교사 혼자만 하는 것이 아니다'라는 것을 깨닫게 해주는 좋은 경험이었습니다. 저는 교육활동에는 무엇이 있는지 알아보기 위해 교육청 체험을 하였습니다. ①다양한 행정업무를 모의체험해 보는 과정에서 교육활동은 교사가 가르치는 것만을 의미하는 좁은 의미의 개념이 아니라 교육 민원처리, 교육상담 등 교육 관련 문제를 처리하는 활동을 총체적으로 포괄하는 넓은 의미의 개념임을 알 수 있었습니다. 교육 행정 공무원분들과의 인터뷰 시간에는 ②평소 관심 가지고 있던 교육 양극화 문제를 해결할 구체적인 방안에 대해 여쭈어보았습니다. ②교육복지 대상 학생들의 선발 기준을 완화하고, 동시에 교육 지원 사업의 개수를 확대하여 사각지대를 없애는 것이 무엇보다도 중요하다는 사실을 알게 되었습니다.

이러한 과정을 통하여 Ⓐ저는 교육의 전반에 대해 이해할 수 있었고 Ⓑ교육 양극화 문제는 단순히 교육학 영역에만 국한되는 게 아니라는 사실을 배웠습니다. 또한, ⓒ교육은 한 사람의 힘으로 이뤄지는 것이 아닌, 여러 사람이 각자 맡은 역할에 최선을 다할 때 양질의 교육이 실현된다는 것을 배울 수 있었습니다. 또 ⓓ경제적 격차에 비례하는 교육 수준 문제는 우리 사회에 깊게 뿌리내린 만큼 단기간에 없애기 어려우므로 Ⓓ공교육의 수준을 끌어올리는 방법에 관한 연구가 꾸준히 진행되어야 한다고 생각하게 되었습니다."

이 글에서 내용에 바탕한 배우고 느낀 점을 찾아보면 다음과 같다.

경험	배우고 느낀 점
① 다양한 행정업무 모의체험.	Ⓐ 교육의 전반에 대해 이해함. ⓒ 여러 사람이 각자 역할에 최선을 다해야 양질의 교육이 실현됨을 배움.
② 교육 양극화 문제는 선발 기준 완화, 지원사업 개수 확대로 사각지대를 없애는 것이 중요하다는 답변 들음.	Ⓑ 교육 양극화 문제는 단순히 교육학 영역에만 국한되는 게 아님을 배움. Ⓓ 공교육의 수준을 끌어올리는 방법 연구가 꾸준히 진행되어야 함.

경험과 연결된 '배우고 느낀 점'이 잘 들어 있다. 배우고 느낀 점은 이처럼 본문

내용과 연결되어 배운 점이나 확장된 생각 혹은 본문을 정리하는 문장이 되어야 한다. 따라서 배우고 느낀 점이 잘 나오기 위해서는 먼저 본문이 충실해야 한다. 다음 글을 보자.

> "수학을 더 깊이 있게 알고 싶어져 수학동아리 시그마를 들어갔습니다. '금강비'가 쓰이는 곳을 조사하였고, 첨성대 밑단의 지름과 곡면으로 이루어진 기둥의 높이 비 등도 금강비로 이루어졌다는 것을 알게 되었습니다. <u>수학이 건축에서 어떻게 쓰이는지 실감하면서 이 학문이 더욱 매력적으로 다가왔습니다. 대학교에 들어가서도 수학을 기반으로 한 과목을 즐기며 배우고 싶다고 느꼈습니다.</u>"

밑줄 부분이 배우고 느낀 점이다. 어떤가? 활동을 통해 뭔가를 제대로 배우고 느꼈다고 생각되는가? 그렇지 않다. 공허하게 다가온다. 수학이 건축에서 어떻게 쓰이는지 실감했고 매력적이며 대학에서 더 배우고 싶다고도 했는데 왜 그렇게 느껴질까? 양이 적어서일까? 아니면 무엇이 문제일까?

> "동아리에서 조별로 주제를 선정해 조사해 오는 과제가 있었습니다. 저는 수학동아리가 작년 동아리 발표대회에서 서양 건축물의 황금비에 대한 발표를 했다는 것이 생각나 황금비에 대해 찾아보았습니다. 그 과정에서 서양의 황금비에 대적하며 선조들이 일상생활에 적용해 오던 금강비에 대해 알게 되었고, 조사 주제로 금강비를 추천하였습니다. 한옥 '문'의 가로세로 비, 첨성대 밑단의 지름과 곡면으로 이루어진 기둥의 높이 비 등이 금강비로 이루어져 있었습니다. 특히 황금비가 적용된 서양의 문 앞에 사람이 서면 왜소해 보이는 것에 비해 금강비가 적용된 한옥문은 사람과 조화를 이루며 사람을 당당해 보이게 만

들어 준다는 것이 인상적이었습니다. 황금비와 금강비의 비교를 통해 수학이 동서양의 건축에서 다르게 쓰이고 있음을 실감하였습니다."

앞글을 수정했다. 두 줄의 배우고 느낀 점이 한 줄 정도로 줄었지만 임팩트는 훨씬 더 강렬하다. 한 줄뿐인데도 수학이 동서양의 건축에서 다르게 쓰이고 있다는 사실을 제대로 느끼고 이해했다는 사실을 알 수 있다. 왜 그럴까? 바로 본문을 충실하게 썼기 때문이다. 본문에 구체적인 스토리가 들어갔기 때문에 배우고 느낀 점에 설득력이 생긴 것이다.

이처럼 배우고 느낀 점을 잘 쓰려면 다음의 4가지를 유념해야 한다.

-본문 먼저 구체적인 스토리로 충실하게 작성해야 한다.
-본문의 내용을 종합해 배우고 느낀 점을 작성해야 한다.
-본문 내용 중 내 행동에 대응해 배우고 느낀 점을 작성해야 한다.
-본문 내용을 바탕으로 내가 성장한 부분에 대해 작성해야 한다.

자소서에 이 방법들 모두를 포함해 써야 한다는 말이 아니다. 그중 가능한 것만 적용하면 된다.

3장

대학을 바꾸는
자소서 1번 문항 쓰기

"고등학교 재학기간 중 학업에 기울인 노력과 학습 경험을 통해 배우고 느낀 점을 중심으로 기술해 주시기 바랍니다(띄어쓰기 포함 1,000자 이내)."

쓰면 안 되는
1번 문항 8가지 소재

자소서를 쓰려고 책상 앞에 앉았다. 1번 문항을 보자마자 탁 막힌다. 학업에 기울인 노력과 학습 경험? 도대체 어떤 걸 써야 할지 감조차 안 잡힌다. 답답한 마음에 친구들한테 물어본다. 대답은 뻔하다.

"너 수학 1등급이잖아. 너 잘하는 수학 공부한 내용을 써."

"영어 내신이 5등급에서 2등급으로 올랐잖아. 잘한 거 어필해야지. 영어 등급 올리기 위해 노력한 내용을 쓰면 되잖아."

"수행평가도 잘했고, 항상 앞자리 앉아 졸지 않고 수업 잘 듣고 열심히 공부했잖아. 그런 거 쓰면 되지."

실제로 자소서 1번 문항에 이런 내용을 써놓고 첨삭을 해달라는 학생들이 많다. 하지만 이런 소재는 1번 문항에 대해 전혀 이해가 없는, 감점당하기 딱 좋은 자소서라는 걸 알아야 한다.

매년 수능이 끝나면 만점자가 나오고 신문이나 방송에서 그들을 인터뷰하는데, 듣다 보면 빠지지 않는 질문 하나가 꼭 있다.

"어떻게 공부하셨나요?"

"교과서 위주로 원리와 개념 이해하고, 기출문제 풀고, 오답노트 만들어 틀린 문제 반복해 익히고, 자투리 시간에도 틈틈이……."

전국 1등, 수능 만점자의 공부법이라니 성적 올리는 데 조금이라도 도움이 될까 싶어 들지만 뻔한 얘기라 짜증만 확 올라온다. 그런데 자기 자소서에는 버젓이 그런 얘기를 쓴다. 전국 1등도, 전교 1등도 아닌 학생이 말이다. 읽는 입학사정관들은 어떨까? '와, 이 학생은 교과서 위주로 공부하고, 원리 이해하고, 반복해 문제 풀고, 자투리 시간 활용하는 멋진 학생'이라며 높은 점수를 줄까? 아니다. 고등학생이라면 다 아는 평범하고 식상한 공부법 이야기는 '학업에 기울인 노력과 학습 경험'의 소재로는 가치가 없다.

1번 문항 내용으로 읽기도 전에 거르는, 쓰면 안 되는 그런 대표적인 소재들을 실제 자소서 예를 통해 확인해 보자.

① 학습플래너, 스터디플래너 이야기

"저는 흔히들 말하는 수포자였습니다. 수학이 어렵고 재미없게만 느껴져 항상 우선 공부 순위에서 밀려나곤 했습니다. 이 행동이 낮은 성적으로 이어졌고, 유능한 건축학도가 될 수 없겠다는 생각이 들었습니다. 이에 공부 자극을 받게 되었고 다른 과목뿐만이 아닌 수학도 좋은 성적을 받자는 목표를 세웠습니다. 누적되는 시험범위 때문에 꾸준히 앞부분을 복습하는 것이 필요하였지만 과목에 치중하는 시간 관리가 어려웠습니다. 이에 계획 있는 공부습관을 가져야겠다는 생각이 들어 학습플래너 동아리에 가입하였습니다. 구체적인 공부 분량을 시간대별로 자세히 적어두고 공부가 끝난 후에 체크하는 방식으로 매일 플래너를 작성하여 실천하였습니다. 중요한 원리나 공식 등을 포스트잇에 정리하여 생활반경에 붙여놓고 보면서 리듬을 만들어 입으로 외며 암기하였습니다. 학교에서는 문제풀이를 수업시간에 친구들 앞에서 발표하고 선생님께 칭찬을 받으면서 수학에 대한 자신감이 생겨나기 시작했습니다. 난이도 있는 수학 문제를 꾸준히 풀면서 집중력과 인내심도 생기게 되었습니다. 이후 조금씩 수학성적이 오르기 시작하였고 목표를 위해 노력하는 시간들이 얼마나 값진지 몸소 느낄 수 있었습니다."

대입 자소서에 흔히 잘못 쓰는 1번 문항 소재 중 하나가 바로 학습플래너 쓰기를 활용해 성적을 올렸다는 이야기이다. 너무 많이 써서 여러 대학교 입학처에서 학습플래너 이야기는 쓰지 말라고 적어놓기까지 할 정도였다.

"고등학교에 올라온 첫날 스터디플래너를 받았습니다. 활용을 잘한 학생에게 시상을 한다는 말에 플래너를 쓰며 공부하기 시작했습니다. 중간고사를 본 후 기대에 못 미치는 성적에 작성했던 플래너를 보며 공부습관을 되돌아보았고, 세밀하지 못한 계획들이 문제라고 생각했습니다. 그래서 매일 아침 공부할 과목과 시간을 세세하게 적었습니다.

하지만 시간에 얽매여 공부하다 보니 초조함에 집중력이 떨어진다는 생각이 들었습니다. 그래서 쉬는 시간을 학습계획에 포함해 그 시간에 머리를 식히기도 하면서 끝내지 못한 학습량을 해결했습니다. 할 일을 미루기 싫어 가급적 계획을 지키도록 노력하였고, 매일 성취도를 체크하는 과정에서 반성을 하며 마음을 다잡기도 하였고, 성취감을 맛보기도 하였습니다. 향상된 성적과 성취감으로 플래너 쓰기는 상을 받기 위한 수단이 아닌 저 자신의 발전을 위한 의미 있는 활동이 되었고, 이를 통해 자율적이고 계획적인 공부의 중요성 또한 깨닫게 되었습니다."

스터디플래너도 마찬가지다. 시간 쪼개 쓰기, 성취도 체크 등은 합격수기에나 들어갈 내용이다. 자소서에는 적합지 않다.

② 포기하지 않고 노력한 공부 이야기

"수학에서도 여러 문제집을 풀기보다 한 문제집 내에서 모르는 문제를 계속해서 풀었고, 이해가 안 되는 부분은 <u>선생님께 질문</u>하며 <u>스스로 해답을 찾으려</u> 노력하였습니다. 한번은 반 친구에게 어려운 수학문제를 질문했더니 처음 이해가 안 되면 계속 안 된다며 그냥 포기하라는 말을 들었습니다. 하지만 저는 <u>포기하지 않고 노력했고</u> 결국 보란 듯이 문제의 답을 찾아내었습니다. 이후 반복해서 풀다 보니 개념이 정리되고 몰랐던 원리들도 한눈에 보이기 시작했습니다. 그렇게 머릿속으로 정리된 개념은 메모를 한 뒤 다른 문제에도 적용하였습니다. 그 결과 수학 모의고사에서도 1등급이라는 값진 결과를 얻을 수 있었습니다."

전형적으로 진부한 자소서 내용이다. 모르는 문제 계속 풀면서 포기하지 않고 노력했다는 이야기는 수능 만점자에게 들어도 지겹다. 게다가 고등학교 3학년이라면 당연히 해야 할 일이지 자랑할 내용이 아니다.

③ 자투리 시간 활용, 이해 중심 공부 이야기

"수업이 일찍 끝나면 <u>자투리 시간을 활용</u>하여 배운 내용을 숙지하거나, 그날 배운 내용 중 이해되지 않는 부분들은 따로 공부하여 이해하려고 노력했습니다. 몇몇 암기 과목은 평소에 <u>이해 중심</u> 또는 요약 중심의 학습을 하고, <u>시험기</u>

간에는 집중적으로 필기하면서 공부하는 방법을 활용했습니다. 반면 영어, 확률과 통계, 기하와 벡터는 꾸준히 문제를 풀고 새로운 유형을 익히는 방식으로 매일매일 공부하였습니다."

자투리 시간 활용이라는 소재도 학습플래너만큼이나 식상하다.

④ 개념 공부, 오답노트 이야기

"고등학교 초창기 때, 수학 공식을 외우면 문제가 수월하게 풀리는 경우가 많아서 자신만만했습니다. 하지만 시험을 보면 항상 한계점 보였습니다. 한계점 극복을 고민하던 중에 선생님께 질문하는 과정에서 같은 내용을 여러 번 되묻는 경우가 잦아 선생님께 '개념은 잡고 문제를 푸니?'라는 지적을 받았던 경험을 떠올렸습니다. 이후에 적은 문제를 풀더라도 기초와 올바른 풀이과정에 근거하여 푸는 습관을 들였습니다. 문제를 틀리면 정답지에 의존하지 않고 오답노트를 활용하여 자투리 시간마다 문제점에 대해 고민했습니다. 이 활동을 계기로 수학 원리에 대해 깊이 고민하는 시간이 늘었고, 노력 끝에 어려운 문제를 푸는 과정에서 성취감을 느꼈습니다. 적은 노력으로 큰 성과를 기대하는 것은 게으른 생각에서 나오는 잘못된 망상이라는 것을 배웠고, 성과를 이루려면 그에 합당한 노력을 해야 한다고 깨달았습니다."

오답노트 이야기 또한 학습플래너와 스터디플래너처럼 상투적이다. 아무리 잘 쓴다 해도 남들과 비슷비슷한 글이 나올 뿐이므로 지양해야 한다.

⑤ 문제 푸는 연습 이야기

"수학은 항상 열심히 준비했다고 생각했지만 시간적 제약이 있어 압박감 때문에 항상 긴장을 해 실수를 했습니다. 처음에는 포기하고 싶단 생각도 들었습니다. 그렇지만 이걸 고치기 위해 문제를 풀 때 한 문제당 2분 안에 푸는 연습을 했습니다. 그리고 다양한 문제를 풀고 사고력을 키우고자 수학 심화반 수업을 들었는데, 이 수업을 통해서 수학 내용을 깊이 배울 수 있었습니다. 이 과정을 통해 포기하지 않는 끈기를 배웠고……."

문제 푸는 연습 또한 일반적인 이야기다. 변별력이 없다.

⑥ 영어 공부 이야기

"전 세계를 대상으로 공부하려면 세계 공용어인 영어 실력을 갖추는 일은 필수적일 것입니다. 그래서 영어 단어 습득은 물론 영어 문장 구조 분석을 통하여 영어 실력을 향상시켰습니다. 매일 학교 등하굣길에 영어 회화 듣기는 필수적으로 하였고, 학교 쉬는 시간 틈틈이 영어로 쓰인 디자인 관련 잡지 기사를 스크랩해서 보았습니다. 또한, 모바일 영어 공부 앱을 이용하거나 유튜브 앱을 활용하여 부족한 문장표현이나 문법을 보충하기도 하였습니다. 이렇게 오랜 시간 공부를 하자 습관적으로 영어를 하게 되었습니다. 그 결과 영어 교과는 늘 최상위권을 유지하게 되었으며 학생 튜터로서도 활동하였습니다. 학생 튜터란 학생이 선생님의 역할을 맡아 학급 친구들에게 영어를 가르치는 활동이었는데, 제가 담당했던 분야는 교과서 제8과 Nature's Gift였습니다. 인간에게 많은 영향을 준 자연물을 주제로 이와 관련한 그림 퍼즐 활동지와 서로 다른 정보의 차이를 둔 A, B, C, D 4가지의 Information Gap 학습지를 만들었습니다."

자투리 시간 활용과 비슷한 맥락의 내용이다. 또 학생 튜터 제도와 교과서 8과의 주제를 설명했는데, 입학사정관은 지원자의 학습능력, 태도를 보고 싶지 학생 튜터나 교과서 8과의 주제를 알고 싶어 하지 않는다.

⑦ 예상문제 만들고 지문 분석한 이야기

"자신 있던 영어과목의 첫 중간고사 성적은 기대와 달리 매우 낮았습니다. 중학교 때와 마찬가지로 교과서를 입으로 말하고 외우는 공부방법에 그쳤기 때문입니다. 단순 암기로 문제를 해결할 수 없는 이유는 어려워진 교과내용보다 출제자가 달라졌기 때문이라 생각하였습니다. 그래서 어떠한 출제 형식에도 흔들리지 않도록 다양한 문제를 예상하며 공부하였습니다. 문제를 직접 만들면서 주제, 문법, 어휘 어느 하나 소홀히 하지 않으려 하니 많은 양의 문제가 만들어졌습니다. 또한, 정답을 혼동시키는 매력적인 오답을 만들기 위해 스스로 기존의 단어와 어구를 변형하였습니다. 수업시간에 선생님께서 강조하신 것과 연관지으니 복습의 효과와 어휘력 향상을 동시에 얻을 수 있었습니다. 그리고 지문 하나하나를 꼼꼼히 분석하면서 교과의 전반적인 흐름을 이해하게 되었고, 글이 내포하고 있는 함축적 의미까지 파악하는 예리한 시각을 갖게 되었습니다. 이러한 학습방법을 통해 시험 문제에서 출제자의 의도가 무엇인지 먼저 파악하게 되었으며, 영어 과목에 대한 흥미도 유발하였습니다."

예상문제를 만들어 공부하고 꼼꼼히 분석했다는 것도 일반적인 학습방법 이야기일 뿐이다. 학습플래너, 스터디플래너와 다르지 않다.

⑧ 교과서 내용을 설명하는 이야기

"저는 생명과학 수업시간에 우리 몸에는 다양한 효소가 작용하고 있다는 것을 알게 되었습니다. 특정 온도에서 가장 많은 반응이 일어난 후 온도가 더 높아지면 오히려 효소의 활성 정도가 떨어지는 그래프를 보고 그 이유에 대해 궁금증이 생겼습니다. 선생님께 여쭤보고 이 현상의 원인이 단백질의 변성 때문이라는 것을 알게 되었습니다. 이후 저는 효소에 영향을 주는 다른 요인들은 무엇이 있을까 하는 호기심이 들었고 방과 후 학교 생명과학실험반에 참여하여 이에 대해 탐구해 보았습니다. 효소실험을 진행하여 도출해낸 실험결과를 그래프와 그림으로 정리하는 활동을 통해 효소의 활성에 영향을 끼치는 요인이 pH, 효소의 농도, 기질의 농도 등이 있다는 것을 알게 되었습니다. 이러한 학습태도는 생명과학2 교과를 배울 때도 적용해 볼 수 있었습니다. 영양소를 필수적으로 섭취해야만 하는 인간과는 다르게 스스로 영양소를 합성해 사용하는 식물에 매력을 느낀 저는 생명과학2 교과 중 광합성에 관한 내용이 인상 깊게 느껴졌습니다. 관련 내용을 공부하면서 엽록체의 경우 미토콘드리아와 마찬가지로 세포 내 공생설을 뒷받침하는 모습이 나타난다는 선생님의 설명을 듣고 엽록체가 원핵세포의 것과 비슷한 독자적인 유전물질과 리보솜을 가지고 있으며 자기복제가 가능한 점, 2중막 구조를 갖는 점 등이 그 증거가 된다는 것을 알게 되었습니다."

얼핏 보면 잘 쓴 글처럼 보이지만, 꼼꼼히 읽어보면 효소 설명 및 생물 교과서에 나오는 내용을 그대로 쓰고 있다. 교과 이외의 내용 혹은 교과의 심화내용이 필요하지 교과 기본 내용은 의미가 없다.

다 비슷비슷 평범한 데다 지루하고 재미도 없는 글들을 이렇게나 다양하게 쓸 수 있다니 놀랍지 않은가! 이런 내용에는 입학사정관이나 면접관이 관심을 두지 않는다. 내신이 2등급인데 합격자 평균이 3, 4등급이 지원하는 대학에 하향지원해 붙고 싶다면 그렇게 써도 된다. 하지만 그러다 자소서 잘 쓴 내신 5등급 학생에게 밀려 떨어질 수도 있다는 걸 명심해야 한다.

합격 자소서 1번 문항
STARC 분석하기

'고등학교 재학기간 중 학업에 기울인 노력과 학습 경험을 통해 배우고 느낀 점을 중심으로 기술하라.'고 요구하는 1번 문항에서 눈에 띄려면 어떻게 써야 할까? 먼저 어둠을 환하게 해주는 전구를 소재로 쓴 글을 보자.

> "천장을 올려다보니 전구가 빛을 발하고 있다. 형광등, LED, 백열전구 등 다양한 종류가 있고, 전구에 따라 색감이 다르다. 밝은 하얀색, 눈이 덜 피로한 하얀색, 은은하게 느껴지는 주황노랑 등등. 이런 전구를 보다 보니 갑자기 궁금증이 든다. '왜 빛의 색이 다르게 나올까?', '전구 안에는 무슨 물질이 들어 있을까?', '필라멘트는 왜 저런 모양일까?' 하는 호기심이 생겼다. 그래서 인터넷을 검색해 보고, 유튜브를 찾아보고, 서점에 가서 책을 찾아보고, 에디슨에 대해서도 찾아보고, 학교에 가서 선생님께 질문을 하기도 한다. 그렇게 호기심이 생겨 찾다 보니 답을 알게 된다. 색이 다른 이유는 전구 안의 가스 종류가 다르기 때문이고 형광등, LED, 백열전구에 대해서도 알게 된다."

어떤 교과와 관련이 있을까? 직접적으로는 물리이고, 우리나라에 전구가 들어온 시기를 생각하면 근현대사와도 연결지을 수 있다. 그런데 내신성적이나 수능점수와는 큰 연관성이 없어 보인다. 단, 호기심 해결을 위해 스스로 공부하고 찾아본 것만큼은 분명하다. 과연 1번 문항 내용으로 적절할까?

그걸 판단하려면 문항 속 '학업'과 '학습 경험'이라는 두 단어를 먼저 이해해야 한다. 배울 학(學), 일 업(業)으로 '배우는 일'을 뜻하는 '학업'은 단순히 성적의 오르내림이 아닌, 자기가 뜻하는 공부를 위해 어떤 노력을 기울였는지를 말한다. 그리고 학습 경험이란 '원하는 배움을 위해 행동한 경험'이다. 즉, 1번에서 요구하는 '학업에 대한 노력과 학습 경험'이란 '네가 궁금해하거나 관심 있는 것에 대해 호기심을 느끼고 스스로 찾아보고 공부해 본 경험이 있는가'를 묻는 말이다. 그런 학생이 대학에서의 공부도 스스로 알아서 잘할 수 있기 때문이다.

대학은 1번 문항을 통해 학생의 '자기주도적 학습능력', '학문에 대한 진지한 자세', '깊이 있는 배움의 자세' 등을 보고 싶어 한다. 단순히 수업을 열심히 듣는 학생이 아니라 수업을 열심히 듣다 생긴 궁금증이나 듣고 나서도 해결되지 않은 궁금증을 스스로 해결해 나가는 모습, 교과서 외의 것들에 호기심을 가지고 스스로 찾아보는 학생을 원한다.

따라서 자소서 1번 문항에는 고등학교 3년 동안 탐구활동, 모둠 수행과제, 토론활동, 글쓰기, 발표, 교내 대회, 행사 등을 치르는 과정에서 의문이 생기면 찾아보고 공부하면서 해결하려 했던 노력이 담겨야 한다.

합격한 학생들의 자소서 1번 문항 내용을 앞에서 말했던 STARC으로 분석하면서 어떻게 써야 하는지 알아보자.

'배운다는 것은 의문을 풀어가는 것.' 2학년 초, 급식식단표에 '돈까스'가 아닌 '돈가스'라고 적혀 있는 것을 본 뒤 생겨난 '일상에서 많이 쓰이는 단어가 왜 표준어가 아닐까'라는 의문은 표준어사정원칙을 분석하고 국어발전기본계획 등을 찾아 읽는 학습으로 이어졌고, 이는 국어심의회에 비전공일반자문위원 위촉을 건의하고, 표준국어대사전 수정요구 민원을 넣는 계기가 되었습니다. 이러한 의문에 대한 도전은 고등학교 생활 내내 이어졌습니다.

Ⓢ지리수업 중 식품의 생산과정에서 발생되는 탄소배출량이 환경에 미치는 영향력이 크다는 사실을 배운 후 Ⓢ'우리가 주로 먹는 음식의 CO_2 배출량은 실제로 얼마나 될까'라는 의문을 가지게 되었습니다. 햄버거, 김밥 등과 Ⓣ한 달 동안의 우리 학교 급식의 CO_2 배출량을 계산해 보고자 했습니다. Ⓐ환경부 보고서를 통해 수송방법에 따른 CO_2 배출계수는 알 수 있었지만 복잡한 식품 유통과정에 대한 자료를 찾아 푸드마일리지를 산정하는 일은 힘든 과정이었습니다. 관련 책자를 찾아가며 Ⓐ미국, 호주 등 여러 나라의 푸드마일리지 계산법을 비교해 보고, 일반적인 Ⓐ생산지 및 판매지 기준점과 운송수단의 선정 방법에 대해 공부했습니다. Ⓐ직접 CO_2 배출량을 계산한 뒤 수입산 식품과 국내산 식품이 배출하는 CO_2 수치의 차이를 직접적으로 느낄 수 있도록 Ⓐ세탁기 이용 시 발생하는 시간당 CO_2 배출량과 비교했습니다.

그 후 탐구결과와 함께 환경보호는 물론 지역농업의 회생방안이 될 수 있는 Ⓡ로컬푸드를 대안으로 제시하며 'kg이 아닌 km를 줄이는 운동, 푸드마일다이어트' 포스터를 제작했고, 이 포스터를 두 달간 교내 중앙 게시판에 게시하며 내용을 알리기 위해 노력했습니다.

이처럼 제 공부는 Ⓒ교과공부 중 생긴 지적 호기심을 자료조사를 통해 해소하고, 그 과정에서 찾은 ⓒ문제점의 실제적 해결방안을 고민하는 과정의 연속이었으며, ⓒ이 결과를 다른 학생들과 나누며 진정한 배움의 즐거움을 알게 되었습니다, 이 과정에서 지식을 나누는 직업인 교사에 더욱 흥미를 가지게 되었습니다.

S	⑤(상황) 수업을 들은 후 의문을 가졌다.
T	⑪(역할, 목표) 한 달 동안의 학교 급식 CO_2 배출량을 계산해 보려 했다.
A	Ⓐ(행동) 환경부 보고서, 푸드마일리지 계산법, CO_2 배출량 비교 등.
R	ⓡ(결과) 로컬푸드 제시, 포스터 제작.
C	ⓒ(배우고 느낀 점) 지적 호기심 조사. 문제점의 실제적 해결방안 고민.

서울대 합격할 만한 자소서라고 생각되는가? 이 글에는 일상 속 궁금증, 지리수업 중 궁금증을 해결하는 모습이 잘 드러난다. 또 교과과정을 충실히 소화하는 동시에 이를 실생활에 어떻게 적용할지까지 고민하는 모습이 보인다. 특히, CO_2 배출계수로 푸드마일리지 계산방법을 찾으려 노력한 과정을 보면 대학에서도 스스로 잘 공부하리라는 생각이 절로 든다.

핵심체크

수업시간 가진 궁금증을 해소하려는 노력!

대중매체에서의 '갈등'은 부정적인 수식어와 함께하기 때문에 갈등을 바라보는 저의 시각도 부정적이었습니다. 그런데 Ⓢ1학년 사회시간에 배운 권위의 차별적 분배를 지적하는 갈등론의 입장은 극단적이라는 단점은 있지만, 평소 지니고 있던 갈등에 대한 관점과는 차이가 있었습니다. 그래서 '갈등이 항상 나쁜 것일까?'라는 의문이 들었고 Ⓣ'갈등'의 양면성을 알아보기 위해 탐구하였습니다. 근래 크게 대두된 비정규직과 관련한 Ⓐ노사갈등에서 갈등의 의미를 생각해 보고자 사회시간에 이를 주제로 자율발표를 하였습니다. 구직시장에서 비정규직의 비율은 점점 증가하고 있었고 이들에 대한 차별대우는 심각했습니다. 기업의 이익만을 고려한 제도에 불만을 가진 비정규직 노동자들이 시위를 하면서 노사갈등이 발생했음을 알게 되었습니다. 이로써 불합리한 비정규직 제도가 아예 사라진 것은 아니지만 이런 노사 간의 갈등이 없었다면 노동의 가치를 폄훼하는 세태는 사회에 더욱 만연하게 퍼졌을 것이라는 생각이 들었습니다. 이를 통해 Ⓡ사회문제를 공론화하여 문제해결을 이끄는 갈등의 긍정적인 면을 볼 수 있었습니다. 하지만 장기적인 노사갈등은 경제 전반에 문제를 일으키고 회사, 근로자 모두에게 경제적으로 불이익을 준다는 것도 알게 되었습니다.

이 과정에서 Ⓒ갈등의 양면성을 인식할 수 있었기 때문에 여기에 그치지 않고 Ⓣ갈등에 대한 저만의 입장을 확립하고자 했습니다. Ⓐ주문형 강좌 '세계문제'에서 다룬 팔레스타인 독립문제에 대한 토의에서 최우선인 인간의 보편적 가치를 훼손하는 만행이 갈등과 병행하게 된다면 Ⓒ그 갈등은 한낱 폭력에 지나지 않는다는 것을 느꼈습니다. 또한 Ⓐ생활과 윤리 자율발표 때 '미투운동을 향한 바른 시각'을 주제로 한 탐구에서는 극단적으로 치닫는 남녀갈등을 보며

Ⓡ갈등은 문제해결의 본질을 흐릴 수도 있다는 것을 알게 되었습니다. 미투운 동에서 성범죄는 위계관계에서 비롯된 문제지 남녀갈등이 문제의 본질이 아니며, 이를 해결하기 위해서는 두 성의 바람직한 연대가 필요하다는 생각이 들었습니다.

Ⓒ갈등이 우리 사회 발전의 원동력으로 작용하도록 갈등 발생 원인에서 찾을 수 있는 사회의 폐단을 우선 인식하고, 정부와 지자체가 갈등을 겪는 세력 간 대화의 장을 만든다면 갈등이 해결되는 '건강한' 사회가 도래할 것이라고 느꼈습니다. 갈등을 제대로 포용하는 사회가 되기 위해서 갈등의 원인을 보완하여 더 나은 사회로의 도약점으로 삼아야 한다고 느꼈습니다. 사회의 통용되는 시각에 의문을 가지고 양면성을 인식하는 과정은 생각의 확장으로 이어진다는 것을 배웠습니다. 이 배움은 이후 학습에서 비판적으로 보며 제 시각을 확립하는 습관의 계기가 되었습니다.

S T A R C	Ⓢ(상황) 평소의 시각과 수업에서 배운 것이 차이가 있었다. Ⓣ(역할, 목표) 그래서 갈등의 양면성을 알아보기로 했다. Ⓐ(행동) 노사갈등, 주문형 강좌에서의 토의, 생활과 윤리의 발표. Ⓡ(결과) 갈등의 양면성, 인간의 보편적 가치를 훼손하는 갈등은 폭력일 뿐, 갈등은 문제의 본질을 흐릴 수도 있다. Ⓒ(배우고 느낀 점) 양면성 인식, 시각 확립.

2장의 '자기 생각이 없는 이야기'에 잘 쓴 예로 살펴보았던 글의 전문이다. 처음 상황 및 목표 설정 후의 행동과 결과를 보여주며, 이어서 자신의 가치관을 확립하는 모습이 잘 드러나는 글이다. 이처럼 하나의 키워드를 중심으로 여러 과목을 끌어와 적용하는 방법도 좋다.

'나무'를 보며 '숲'의 모습을 추론하듯 저는 교과목이 세상 속에 어떻게 적용될까 고민합니다. 특히 사회문제를 탐구하는 것을 좋아하는 저는 2학년 ⑤경제 시간에 자본주의의 모순인 인간소외를 배운 후, ⑪현대의 소외현상에 대해 호기심을 가져 연구주제발표대회에 참가했습니다. ⑯우선 150명의 시민에게 소외에 대한 경험을 조사했습니다. 70% 응답자가 개인주의에 따른 고독을 소외의 원인으로 뽑았고 이를 토대로 현대의 소외는 사회, 문화적 소외 등 산업사회와 다른 양상을 띠고 있음을 알 수 있었습니다.

하지만 ⑫이 현상의 근본은 '경쟁'이라는 점에서 과거와 현재는 닮아 있었습니다. 과거에는 경쟁 우위를 목적으로 분업을 통해 소외가 발생했다면 현대 역시 이익 추구에 따른 과도한 경쟁으로 서로를 불신하며 소외를 느끼고 있었습니다. 성장의 원동력인 경쟁은 '양날의 검'이었습니다. ⓒ경쟁에 앞서 인간에 대한 이해가 뒷받침되어야 진정한 성장이 가능하다고 생각했고, ⓒ삶의 성찰과 주변인과의 유대감 증진으로 소외현상을 극복할 수 있음을 느꼈습니다. 소외에 대한 고찰을 통해 '인간' 그리고 인간을 다루는 학문인 ⓒ'인문학'의 중요성을 실감할 수 있었습니다.

이를 바탕으로 사람의 본질에 흥미를 느꼈고 문학시간에 그림 '행복한 눈물'을 보고 논설문 '나는 운다, 고로 존재한다'를 쓰며 인간의 표현인 '눈물'에 집중했습니다. 책 '미술관 옆 인문학'을 읽으며 ⓒ자신의 관점에 따라 그림에 대한 해석을 달리할 수 있음을 깨닫고 ⑪눈물을 부정적으로만 인식하는 사회적 시선을 바꾸고 싶었습니다. ⑯카타르시스, 행복과 같은 눈물의 긍정적 의미와 함께 눈물은 인간 본연의 모습임을 강조하며 사고의 전환이 필요함을 이야기했습니다. 이는 고정적이었던 관념을 다른 시선으로 바라볼 수 있었던 경험이었습니다.

이처럼 저는 Ⓐ사회현상과 인문학을 접목하며 총체적으로 사회를 탐구할 수 있었습니다. ©사소한 현상이라도 사회학적 상상력을 가지고 세상을 고찰하는 즐거움, 이것이 제가 사회학을 공부하고 싶은 이유입니다.

S	Ⓢ(상황) 수업시간에 배운 것.
T	Ⓣ(역할, 목표) 현대의 소외현상에 대한 호기심.
A	Ⓐ(행동) 소외에 대한 경험 조사, 사고의 전환.
R	Ⓡ(결과) 경쟁에 대한 분석.
C	©(배우고 느낀 점) 인간에 대한 이해. 사회학을 하고 싶은 이유.

수업시간 배운 인간소외에 호기심을 느껴 더 조사했고, 근본 원인으로 '경쟁'을 지목하면서 이를 극복할 방법으로 '인문학'을 이야기한다. 사회현상 관련한 호기심을 해결하면서 해결책으로 인문학을 어떻게 적용하면 좋을지를 구체적으로 쓴 훌륭한 내용의 글이다.

핵심체크

수업시간 배운 내용을 바탕으로 사회현상과 연결!

동아리에서 드론에 대한 기본적인 개념 및 조종방법을 배워 드론을 날린 적이 있습니다. 처음 드론을 조종할 땐 재밌었지만, 그 재미가 오래 가지 못했습니다. 한 10여 분을 조종하니 배터리가 다 되었다며 이제 충전해야 했기 때문입니다. 빨리 다시 드론을 날리고 싶은 생각에 얼마만큼 시간이 걸리냐고 물으니 1시간 이상을 충전해야 한다는 답을 들었습니다.

ⓢ겨우 10여 분을 비행하는데 1시간 이상을 충전해야 한다는 사실에 충격을 받았고, ⓣ이를 해결할 수 있는 방법을 찾아보았습니다. 드론에 대한 기사와 칼럼 등을 통해 ⒜리튬폴리머 배터리의 발전과정과 문제점 등을 공부했습니다. 조사한 바에 의하면 배터리의 소형화와 충전의 비효율이라는 두 가지 큰 문제가 있었습니다. 이는 핸드폰 크기가 더 작아질 수 없는 이유, 전기차가 상용화되지 못하는 이유와 함께하는 것이며, 이를 해결하기 위한 연구가 진행되고 있지만 ⓡ아직은 획기적인 성과를 이루지 못함을 알았습니다.

그래서 ⒜드론에 한해서 어떻게 하면 배터리 문제를 해결할 수 있을지 찾아보았습니다. ⓡ전자기공명방식을 통한 무선전력전송방법, 수소연료전지 이용, 태양전지 이용 등 다양한 관점에서 접근하여 연구가 이루어지고 있음을 알 수 있었습니다. 특히, ⓒ전자기공명방식을 이해하기 위해서는 전자기 유도법칙, 플레밍의 왼손법칙 등 물리 교과의 지식이 필수적이었습니다.

주변의 사물에서 불편함을 느끼고 그것을 해결하는 과정을 찾아보며, 다른 시각에서 문제를 풀 수 있을지 고민해 보았습니다. 더불어 ⓒ찾아본 해결책들의 원리가 교과와 어떻게 연결되는지 고민해 보는 과정 속에서 ⓒ교과공부가 모든 학문의 기초임을 느낄 수 있었습니다. 이러한 과정에서 전기공학에 대한 관심은 더 커지게 되었고, 문제점들을 해결해 보고 싶다는 욕심이 생겼습니다.

S	⑤(상황)	동아리에서 드론을 날리다가 충전해야 하는 상황.
T	⑤(역할, 목표)	충전을 오래해야 하는데 해결방법이 없을까?
A	⑧(행동)	배터리 발전과정과 문제점 및 연구상황 공부.
R	⑧(결과)	배터리 소형화, 충전의 비효율로 성과가 나지 않음.
C	ⓒ(배우고 느낀 점)	연구 찾아보고 모두 교과지식에 기반함을 깨달음.

드론에 관한 관심에서 비롯된 배터리 문제를 해결하기 위해 탐구하는 과정에서
교과 지식이 필수적임을 깨닫는 모습을 잘 보여준다.

핵심체크

동아리 활동에서 교과지식의 중요성을 깨달음!

Ⓢ확률과 통계 교과서에 실린 보험계리사라는 직업을 보고 수학과 어떤 관련이 있을까라는 작은 호기심이 생겼습니다. 이는 실생활 속 수학을 직접 접해볼 수 있는 기회라고 생각해 수학에 관심 있는 친구들을 모아 Ⓣ'청소년 귀갓길 안심보험'을 직접 설계하기로 했습니다. Ⓐ보험료 계산에 이용되는 확률이론을 이해하기 위해《리스크 없는 인생은 없다(김동근)》를 읽었고, 현대해상의 어린이 보험 약관과 보험에 관한 비문학 지문을 참고하여 보험료 구성방식 및 산출방법에 대한 정보를 얻을 수 있었습니다.

이를 바탕으로 통계청에서 귀갓길에 성폭행, 절도, 폭력 등이 일어날 확률을 조사하여 첫 번째 보험설계를 했습니다. Ⓡ처음 설계한 보험은 터무니없는 가격이 나와 여러 차례 토론을 통해 의견을 나누며 Ⓣ문제점을 찾아보았습니다. Ⓐ만기환급금과 해지환급금을 대비하는 적립보험료를 고려하지 못한 것과 보험에서 복리의 쓰임을 간과하여 원리합계를 계산에 적용하지 못한 것 또한 문제가 됐습니다.

두 번째 계산에서는 이러한 문제점들을 고려하여 Ⓡ보험설계를 성공적으로 마쳤습니다. Ⓒ원리합계의 개념은 알고 있었지만 보험의 특성을 이해하지 못해 계산에 실패했던 경험으로 상황에 맞게 필요한 수학이론을 생각해내어 적용하는 것이 중요하다는 것을 깨달았습니다. 이 계기로 저에게 Ⓒ수학은 단순히 계산을 통해 답을 얻는 과목이 아니라 어떻게 응용되어 우리 생활 속에 녹아 있을지 항상 궁금한 학문이 되었습니다.

S	⑤(상황) 교과 공부 중 보험계리사와 수학의 관계에 대한 호기심.
T	①(역할, 목표) '청소년 귀갓길 안심보험' 설계.
A	④(행동) 책 읽고 어린이보험 약관, 비문학 지문, 통계청 사건 확률 조사.
R	⑧(결과) 처음 설계한 보험은 실패. 실패 후 분석, 두 번째는 성공.
C	ⓒ(배우고 느낀 점) 보험 특성 이해, 상황에 맞는 수학이론 적용, 수학 관점 변화.

교과서에 실린 직업에 호기심이 생겨 직접 보험설계를 해본 내용으로 확률과 통계가 실생활에 응용되는

예를 잘 보여준다. 처음 보험설계에 실패한 후 문제점을 찾고 해결하는 모습도 매력적이다. 배우고 느낀 점으로 교과지식을 실생활에 적용하기에는 어려웠던 경험을 잘 썼고, 그래서 수학이 실생활에 어떻게 응용되는지 궁금한 학문이 되었다는 마무리도 좋다.

핵심체크

교과서에 실린 직업 탐구와 학문의 연계!

3

합격 자소서 1번 문항
첨삭으로 분석하기

자소서의 첨삭 과정을 살피는 이유는 숲속 나무를 보는 것과 같기 때문이다. 하나의 문항 속에서도 한 문단씩 세밀히 뜯어보면서 어떤 부분이 부족한지, 어떤 부분을 수정해야 하는지를 아는 것도 전체를 보는 것만큼이나 중요하다.

동국대 광고홍보학과 합격 1번 문항–한국사와 광고

"2학년 한국사 시간, 일제강점기에 일본 상품의 대량 유입으로 경제가 뒤흔들리며 우리 농민들이 들고 일으킨 운동인 물산장려운동에 대해 배웠습니다. 여기서 저는 '경성방직 주식회사의 광목 선전 광고'가 가장 눈에 들어왔습니다. 어쩌면 내가 하고자 하는 일이 현재에 큰 역할을 하지 않을까 하는 생각이 가장 먼저 들었고, 일제강점기의 광고부터 오늘날의 광고까지 그 시대의 광고들을 찾아보기로 했습니다. 하지만 농민운동을 벌이던 일제강점기 이후 광고는 시대적 상황을 반영하기보다는 단순히 선정적이고 흥미를 자극하기 바빴고,

어쩌면 광고인이라는 사람들이 국민들이 정치에 관심을 끊고 유흥을 즐기도 록 보채는 용도로 이용되며 정치적 수단이 되었다는 생각이 들었습니다. 이런 모습을 보며 저는 훗날 무언가를 홍보하려는 사람으로서 부끄러움을 느꼈고, 시청자들에게 거짓됨 없이 그 시대상황을 비판적으로 꼬집어 주며 즐겁게 전 달하고자 하는 다짐도 하였습니다."

첨삭 광고가 시대상황을 반영하기보다 선정적이고 흥미를 자극한다고 했 는데, 광고는 늘 시대상황을 반영한다. 선정적이고 흥미를 자극하는 광고가 전두환 정권의 3S정책에서 비롯된 것처럼 말이다. 물산장려운동, 경성방직 주식회사 등 구 체적인 소재들은 교과와도 연관되므로 내용 접근방식을 바꿔 시대별 광고를 보여 주고, 그 광고에 그 시대가 어떻게 반영되고 있는지 드러나게 쓰는 게 좋다.

★완성★ Ⓢ2학년 한국사 시간, 일제강점기에 우리 농민들이 들고 일으킨 물산장려운동에 대해 배웠습니다. 저는 '경성방직 주식회사의 광목 선전 광고' 가 가장 눈에 들어왔고, Ⓣ'어쩌면 내가 하고자 하는 일이 이와 같이 현재에 중 요한 역할을 하지 않을까?'하는 생각이 들었습니다. 그래서 저는 Ⓣ일제강점기 의 광고부터 오늘날의 광고까지 각 시대의 광고들을 찾아보기로 했습니다. 먼 저 ⒶEBS, 교과서, 수업교재를 비교하며 책에 있는 광고들을 모두 정리해 보 았습니다. 그 후 역사가 긴 경향신문과 인터넷을 통해 Ⓐ과거의 신문광고와 영 상광고들을 정리해 나갔습니다.
Ⓡ그 결과 50년대에는 한창 경제성장을 시작하던 때라 '시발자동차'와 같이 최 초 물건들의 광고도 많았으며, 의약품이나 생필품의 광고도 많이 찾아볼 수 있 었습니다. 경제성장을 첫 번째 목표로 두었던 박정희 정권 때에는 경제성장을 가로막는 인구성장을 제어하기 위해 한국지리 시간에 배운 바와 같이 '둘만 낳

아 잘 기르자', '둘도 많다'라는 슬로건으로 다량의 저출산 장려 광고를 제작하였고, 이후 남아선호사상으로 인해 출생 성비가 급격히 증가하며 '여자 짝꿍 시켜주세요'라는 슬로건, 그리고 심각한 저출산을 경험하며 '저도 동생이 갖고 싶어요'라는 슬로건으로 점차 변하는 시대 상황을 볼 수 있었습니다. 또한 전두환 정권이 집권하던 80년대의 광고에서는 국민들의 관심을 다른 곳으로 돌리기 위해 선정적이거나 스포츠 관련 광고들을 보여주며 3S정책을 확인할 수 있었습니다. 최근에는 야근에 대한 부정적인 면을 보여준 '박카스' 광고도 나오며 사람들의 인권이 부각되는 오늘날의 상황이 반영되기도 했습니다.

이렇게 정리된 광고들을 한국사 선생님께 보여드렸고, 이후 제가 정리한 자료가 2학년 수업자료로 사용되기도 하였습니다. ⓒ이 과정에서 우리가 접하는 광고들 하나하나가 시대 상황과 떼려야 뗄 수 없는 사이라는 것을 알게 되었고, 훗날 하게 될 일이 사회적으로도 큰 역할을 할 수 있음을 느끼며 책임감을 가질 수 있게 되었습니다.

S	ⓢ(상황) 교과시간에 광목 광고에 대해 알게 됨.
T	ⓣ(역할, 목표) 각 시대의 광고들을 찾아봄.
A	ⓐ(행동) 과거의 신문광고와 영상광고들을 정리함.
R	ⓡ(결과) 조사결과를 시대별로 비교함.
C	ⓒ(배우고 느낀 점) 광고는 시대 상황과 뗄 수 없음을 알게 됨.

첨삭 후의 완성본에서 전보다 더 구체적으로 비교 분석하면서 광고와 시대 상황과의 연결성 및 최근 광고가 어떤 시대 상황을 반영하는지를 잘 보여준다. 고등학교 과정에서는 광고 관련 내용을 본격적으로 배우지 않는다. 하지만 교과 속 숨은 '광고' 부분을 끄집어냄으로써 전공에 관한 관심과 교과에의 충실함을 보여주는 좋은 글이 되었다.

"저는 질량에너지 동등성에서 '물체의 속력이 증가하면 상대론적 질량도 증가한다.'라는 문장을 읽고 '질량은 변하지 않는다고 생각했는데, 어떻게 증가하는 거지?'라는 호기심이 생겼습니다. Ⓐ그래서 저는 물리선생님을 찾아가 '물체의 속력이 증가하면 상대론적 질량도 증가는 이유'가 무엇인지 질문하였고, 선생님은 질량을 가진 물체가 빛의 속도가 되려면 무한대의 에너지가 필요하여, 질량-에너지 등가원리에 의해 질량이 무한대로 늘어난다고 설명해주셨습니다. 선생님의 설명을 듣고 스스로에게 'E=mc^2에서 에너지가 무한대가 된다면 왜 질량은 증가해야할까?'하고 질문하였습니다. 그 결과 에너지가 증가할 때, 광속 c의 제곱 값은 항상 변하지 않기 때문에 질량이 증가해야만 한다는 사실을 깨닫게 되었습니다. 또한 저는 '그럼 속도-질량의 증가로 인해 필요시 되는 무한대의 에너지를 제공할 수 없기 때문에 광속을 가진 물체가 존재할 수 없다는 것일까?'라고 생각하여 관련내용을 찾아보던 중, 뮤온의 속력에 따른 질량의 변화를 알려주는 글을 통해 저의 생각이 옳다는 것을 확인할 수 있었습니다."

첨삭 질문과 답변 중 꼬리를 물고 생각하는 태도는 좋다. 하지만 밑줄 친 Ⓐ부분이 너무 나열식이다. 질의응답을 했다고 짧게 표현하면서 간단한 설명만 하는 방식이 좋다. E=mc^2나 뮤온 같은 부분은 남겨두어야 한다.

"제가 이런 탐구활동을 한 것과, 빛과 관련된 여러 물리법칙의 과정을 이해하고자 읽은 '빛의 물리학'에서 아인슈타인이 상대성 이론을 만드는 과정에서 보여준 모습을 통해 '의문을 갖는 자세'의 소중함을 느끼게 되었습니다. 어쩌면 그냥 지나쳤을지도 모르는 부분에 의문을 갖고 심도 있게 탐구하는 과정에서,

저는 공식의 의미와 숨어있는 뜻을 알아가는 뿌듯함을 느꼈습니다."

첨삭 아인슈타인 이야기를 글 앞에 배치하는 게 좋다. 의문을 갖는 태도라는 표현보다는 '호기심을 갖는 태도'가 더 낫다.

"이후에 토크 문제를 풀 때도 '회전축을 다르게 잡아도 힘과 토크의 크기를 구할 수 있을까?'라는 의문을 가지고 4가지의 회전축을 설정하여 각 경우마다 힘과 토크의 성분을 분석하였고, 회전축을 다르게 잡아도 힘과 토크의 크기를 구할 수는 있지만 상대적으로 시간이 오래 걸리기 때문에 편리한 회전축을 잡는 것이 효율적임을 깨달았습니다."

첨삭 역학 용어인 '토크'는 적절한 단어 사용이다. 다만, 배우고 느낀 점이 '깨달았다'뿐이다. 호기심 이야기를 배우고 느낀 점으로 마무리하면 좋겠다.

✴완성✴ "저는 고등학교 2학년 때 ⓒ'빛의 물리학'을 읽고 아인슈타인이 '호기심을 갖는 태도'로 상대성 이론을 만들어가는 모습이야말로 학문에 대한 진정한 이해라 느꼈습니다. 그래서 제 학습방향을 '호기심 갖기'로 정해 학습에 적용하기 시작했고, 이를 통해 제가 얻게 되는 지식의 깊이가 달라졌습니다.
질량-에너지 동등성에서 ⓢ"물체의 속력이 증가하면 상대론적 질량도 증가한다."라는 문장을 읽고 저는 ⓣ'질량은 변하지 않는다고 생각했는데 어떻게 증가하는 거지?'라는 호기심이 생겼습니다. 그래서 Ⓐ물리선생님과의 질의응답으로 ⓒ질량이 변하지 않는 물리량이라는 생각이 잘못됨을 깨달았으며, Ⓐ이런 현상이 일어나는 과정을 $E=mc^2$으로 설명할 수 있게 되었습니다.
이후 상대론적 질량에 관련된 글을 찾아보며 뮤온이라는 입자의 사례를 통해

E=mc^2이 '물체가 빛보다 빠른 속도를 가질 수 없음'이라는 숨은 뜻을 지니고 있다는 것을 ⓒ추론하며 희열을 느꼈습니다. 의문을 가진 한 줄의 문장이 저의 잘못된 생각을 바로잡아 주고 탐구의 희열을 알려주었습니다.

'호기심 갖기' 학습은 역학을 공부할 때도 큰 도움이 되었습니다. 토크문제에서 ⓣ'회전축을 다르게 잡아도 힘과 토크의 크기를 구할 수 있을까?'라는 의문을 가지고 Ⓐ회전축이 다른 4가지 경우를 분석하니 ⓡ'결과는 같지만 시간이 적게 걸리는 회전축을 잡는 것이 효율적임'을 알게 되었습니다. ⓡ회전축에 수직으로 힘이 작용하지 않는 경우에 의문을 갖고 힘을 수직과 수평인 축으로 벡터 분해해서 수직성분의 힘만큼이 작용하는 것을 깨닫기도 하였습니다.

ⓒ단면적으로 드러난 현상에 대해 호기심을 갖고 심도 있게 탐구하여 학문의 진리를 파악하는 것은 저에게 기쁨이었고 과학을 공부하는 원동력이었습니다. 이렇게 쌓아온 지식은 탄탄한 토대가 되어 기계공학에서 중요한 물리와 수학을 공부하는 데 든든한 버팀목이 될 것입니다. 앞으로도 저는 호기심의 답을 찾아갈 것입니다."

S	Ⓢ(상황) 물리책의 문장을 읽음.
T	ⓣ(역할, 목표) 호기심을 가지고 탐구.
A	Ⓐ(행동) 선생님과 질의응답, 추론, 분석 등.
R	ⓡ(결과) 호기심의 답을 찾아냄.
C	ⓒ(배우고 느낀 점) 호기심을 해결하며 탐구의 희열 느낌.

물리를 좋아하고 열심히 공부한 학생임이 느껴진다. 교과 공부 중 문장에 호기심을 가졌고, 생각이 잘못되었음을 깨달았으며, 이를 E=mc^2로 설명하고 숨은 뜻까지 추론하는 모습이 대단하다. 역학에서 토크를 공부할 때도 의문을 품고 분석해 깨닫는 과정이 잘 나타나 있다. 교과를 넘어 학문을 탐구하는 이런 태도를 보면 대학에 가서도 자기주도적으로 착실히 공부를 잘하리라고 생각할 수밖에 없다.

"스트레스라는 말이 끊이지 않는 교실모습을 보며 OECD 28개국 중 학생들의 주관적 삶의 만족도 27위라는 결과에 공감했습니다. 학생들이 겪는 스트레스가 어느 정도이며 이로 인해 발생하는 문제를 관리하고 대처하기 위해서 어떻게 해야 하는지 궁금증이 생겼습니다. 사회문화 시간에 배웠던 해석적 연구방법을 활용하여 그 궁금증을 풀고자 '청소년의 스트레스와 그에 따른 해결방안'이라는 주제로 학생연구활동을 시작했습니다."

첨삭　　서론에 부연설명이 너무 길다. 밑줄 부분들은 없어도 글 흐름에 문제가 없다. 친구들과 얘기하다 스트레스 대처가 궁금해져 '청소년의 스트레스와 해결방안을 주제로 연구활동을 했다.'라는 한 줄이면 된다.

"자료 수집을 위해 전교생 대상의 자기보고식 질문지법을 진행했고, 반 친구들에게는 면접을 통해 심층적인 자료를 확보했습니다. 예상대로 학업, 진로, 친구, 가족관계 등이 스트레스원이었습니다. 스트레스가 다양한 문제로 이어지는 이유를 알고 해결방안을 고찰하고자 관련 논문을 읽었습니다. 에그뉴의 일반긴장이론에서 찾을 수 있었는데, 스트레스라는 긴장상태로 감정적으로 바뀌고, 자기통제력이 약화되어 결단 또한 흐려지기 때문이었습니다. 이를 관리하고 감정을 조절하기 위해 정서표현을 억제해서는 안 되며 인지적 정서조절전략을 사용해 자신이 느낀 감정을 인지적으로 재해석할 줄 알아야 했습니다."

첨삭　　에그뉴의 일반긴장이론에 대한 설명이 한눈에 들어오도록 좀 더 간단명료하게 만들어야 한다. 논문을 읽기 전까지의 내용도 줄이는 게 좋다.

"이를 토대로 스트레스를 해소하기 위해서는 '나'의 감정을 표현하며 자신에게 관심을 줘야 한다고 생각했습니다. 그래서 저는 그 방법으로 '찰나의 감정을 색으로 표현하기'를 떠올렸습니다. 연구발표대회 때 이를 설명했고 저희 반 선생님께서는 교실 뒤에 감정 게시판을 마련해주셨습니다. 친구들은 스트레스를 받을 때면 크레파스로 마구 색칠하며 감정을 분출하기도 했습니다. 이를 통해 어떤 문제나 어려움을 접하면 원인을 먼저 파악하고 이를 해소할 수 있는 새로운 활동이나 프로그램을 계획해보는 자세를 가지게 되었습니다."

첨삭 '찰나의 감정 표현하기' 아래 부분은 조금 더 줄이는 게 좋다. 전체적으로 분량이 줄어든 만큼 새로운 내용을 추가하자.

☀완섬☀ "⑤친구들과의 대화에서 스트레스라는 말이 끊이지 않는다는 것을 느껴 우리가 시달리는 ⓣ스트레스의 관리법에 궁금증이 생겼고, 이는 '청소년의 스트레스 요인과 해결방안'이라는 주제의 학생연구활동으로 이어졌습니다. Ⓐ전교생 대상의 자기보고식 질문지로 스트레스의 원인을 분석하고 Ⓐ해결방안을 모색하기 위해 관련 논문을 읽었습니다. 그중 에그뉴의 일반긴장이론에서 스트레스는 사람을 감정적으로 바꿔 자기통제력을 흐리며 이를 관리하기 위해서는 자신이 느낀 감정을 인지적으로 재해석해야 한다는 것을 알았습니다. Ⓡ그리하여 감정을 표출하는 구체적인 방법으로 '찰나의 감정을 색으로 표현하기'를 생각해냈고, 이를 친구들에게 알리며 함께 스트레스를 해소해나가고자 노력했습니다. 궁금증을 탐구해 주변에 도움을 준 경험은 더 많은 의문을 갖고 풀어가는 원동력이 되었고 이는 교과목으로도 이어졌습니다. ⑤세계지리 수업 중 친족 관계의 어족들은 공통된 언어적 특질을 가지고 있으며 한국어는 터키어, 위구르어 등과 함께 알타이어 계통이라는 것을 배웠습니

다. 이후 생겨난 ⓣ'터키어와 위구르어도 우리말처럼 높임 표현의 다양한 체계를 가지고 있을까'라는 의문은 Ⓐ세 언어를 비교·분석해 보는 계기가 되었습니다. 터키어와 위구르어의 높임 표현에 대한 선행연구를 찾기 어려웠기에 Ⓐ둘의 언어 자체를 다룬 연구 자료와 한국어 높임법 논문, 관련 서적을 토대로 분석하고자 했습니다. Ⓐ각 언어의 평칭과 경칭의 사용을 살펴보고 그 사용에 있어서 높임을 나타내는 인칭대명사와 문장성분에 따라 달라지는 높임 어미들을 분류했습니다. 이 어미들을 다시 인칭의 종결어미와 명사적 소유 어미로 나눠보면서 Ⓡ어미 변화의 규칙을 알고 세 언어 사이의 유사점과 차이점을 정리할 수 있었습니다.

Ⓒ이처럼 저의 배움은 일상과 교과목의 구분 없이 질문을 던짐으로써 비롯되었고 스스로 그 해답을 찾아가는 연속적인 과정이었습니다. 공부에는 정해진 범위가 없으며, 호기심을 갖고 탐구해 간다면 모든 현상이 공부의 대상이 될 수 있음을 깨달았습니다."

S	Ⓢ(상황) 친구들과의 일상에서 스트레스 인지, 세계지리 수업.
T	ⓣ(역할, 목표) 스트레스 관리법을 알아봄, 높임 표현의 체계가 궁금함.
A	Ⓐ(행동) 질문지로 원인 분석 및 논문 읽기, 연구자료, 논문, 서적 분석.
R	Ⓡ(결과) 감정을 색으로 표현하는 해소법 발견. 유사점, 차이점 정리.
C	Ⓒ(배우고 느낀 점) 호기심을 갖고 탐구하면 모두 공부의 대상.

스트레스에 대한 평범한 글을 에그뉴의 일반긴장이론과 접목하면서 차별화시켰다. 감정 표출이 도움이 된다는 근거 제시 때문이다. 이처럼 구체적인 근거가 들어가야 한다. 세계지리 수업 후 어족 비교도 좋다. 또 일상과 교과목 구분 없이 호기심을 갖고 탐구한다고 썼는데, 진짜 배움이 뭔지 잘 보여주는 글이다.

4

공부법이 소재인
합격 자소서 1번 문항 분석하기

전국 1등, 전교 1등도 아니면서 쓴 공부법 이야기는 입학사정관에게 어필하기 어렵다고 했다. 하지만 도저히 차별화된 소재가 없다면 공부법을 써야 하는데, 이때는 자기만의 학습법과 노하우가 들어가야 한다.

고려대 교육학과 합격-목적으로 이해하는 작품

국어시간에 작품을 배우면서 작품의 형식적인 면을 보는 것도 중요하지만 작가가 글을 쓴 목적을 탐구해 보는 것이 제가 작품을 더 깊게 이해할 수 있는 방법이었습니다. 김부식의 《삼국사기》를 배우면서 같은 고려시대 역사서인 일연의 《삼국유사》에 대해서 궁금해졌습니다. 학교 도서관에서 삼국유사를 찾아 읽어보니 같은 시대를 배경으로 하는 역사서라고 생각되지 않을 정도로 다르게 느껴졌습니다. 무엇 때문에 이렇게 다르게 느껴졌을까 고민해 보니 그들이 글을 썼던 '목적'이 달랐다는 답을 얻을 수 있었습니다. 《삼국사기》는 왕명을 받아 국가의 공식적인 역사서를 만드는 것이 목적이었기에 설화나 가요가 기록되어 있던 《삼국유사》에 비해 사실적이었습니다. 반면 《삼국유사》는 원나라의 간섭이 있을 때 민족의 자부심을 되찾고자 하는 목적이 있었기 때문에 고구려, 백제, 신라 삶들을 묶을 수 있는 하나의 정체성인 단군왕검 이야기가 포함되어 있다는 점에서 차이가 있었습니다.

또한, 《태평천하》를 공부할 때 채만식 작가가 살았던 시대에서 그가 풍자소설을 썼던 '목적'을 찾을 수 있었습니다. 그가 살았던 시대는 1930년대 일제강점기로 불안정한 사회를 폭로하여 안정된 사회가 이루어지길 바라며 창작했음을 알 수 있었습니다. 같은 시대를 다른 작가들은 어떻게 표현하고 있는지 궁금해 1930년대를 배경으로 하는 작품들을 찾아보았습니다. 그러다 흥미로운 점을 발견할 수 있었습니다. 같은 시대 상황 속에서도 부정부패가 난무하거나 여론이 억압당하는 상황 속에서 현실을 폭로하는 글을 썼던 작가가 있는 반면 불합리한 상황을 은폐하고 정당화하려는 목적으로 글을 쓴 작가들도 있다는 것을 알게 되었습니다. 심지어 세태소설을 썼던 채만식 작가의 일제강점기 말 소설 중 《아름다운 새벽》에서 친일을 정당화하는 대목을 찾을 수 있었습니다. 소설의 허구성은 작가가 목적을 달성하기 위해 얼마든지 과장하고 왜곡하고 이용하는 도구로써 사용될 수 있음을 알게 되었습니다. 이처럼 작가의 목적은 부정한 사회를 폭로하여 올바른 길로 이끌 수도, 꾸며진 틀 속에서 이익을 위해 사용될 수도 있다는 점을 알게 되었고, 다양한 작품과 작가의 의도 사이에 인과관계를 찾아보는 공부방법을 통해 작품을 바라보는 시야가 넓어졌습니다.

일반적인 공부방법을 쓴 자소서와 차별성이 보이는가? 입학사정관이라면 누구를 뽑을까? 공부방법을 쓰고 싶다면 이렇게 '작품을 쓴 목적은 무엇일까'에 집중해 교과서 작품들을 이해해 나가듯 나만의 과정을 보여줄 수 있어야 한다.

평소 문학에 관심이 많았던 저는 고등학교에 진학하게 되면서 우리나라의 고전문학에 빠져들게 되었습니다. 다양한 문학작품들 중 고전문학은 작자가 처한 시대적 상황의 관점을 다르게 볼 수 있기에 작품의 해석이 다양하다는 점이 매력적이었습니다.

이러한 저의 관심은 자연스레 방과 후 학교인 고전시가 강독반 활동으로 이어졌습니다. 그 전까지 작품을 이해하는 것에만 집중했던 제게 작품보다 작자의 삶에 대해 생각해 볼 수 있는 계기가 된 작품 '제망매가'를 만나게 되었습니다. 한국사 수업시간에 신라시대 골품제에 대해 프레젠테이션을 준비했던 저는 월명사가 통일신라의 승려이자 화랑이며, 경덕왕이 진골 세력을 견제하기 위해 포섭한 대표적인 인물이었다는 사실을 알고 있었습니다. '제망매가'가 뛰어난 작품성을 가지고 있지만 만약 작가인 월명사의 신분이 승려, 화랑이 아니었다면 지금까지 전해질 수 있었을지 의문이 들었습니다. 지금까지 전해지는 '작자미상'의 고전시가로 서경별곡, 초부가 등이 있으나 이 외에도 많은 '작자미상'의 시가들이 작가가 없거나 유명하지 않다는 이유로 후세에 전해지지 못했음을 생각하니 안타까웠습니다. 이러한 안타까운 마음을 고전문학 작가에 대한 발표, 토론 그리고 평등을 주제로 한 에세이와 같은 교내활동을 통해 친구들과 의견을 나누었습니다.

작품을 분석하면서 작가에 대해 생각해 보는 것은 작품 이해의 본질이라고 생각합니다. 작품보다 작자를 먼저 생각하는 사고의 전환, 이는 제게 사람을 먼저 생각하는 힘을 키워주었습니다. 문학작품은 제게 다양한 환경과 그 안에서의 사람의 심리를 이해할 수 있는 수단이자 선생님이었습니다. 그렇게 글로벌 인재를 꿈꾸는 저는 고등학교를 다니며 작품을 통해 '사람'을 이해하는 법을 배울 수 있었습니다. 고등학교에서는 우리나라 문학밖에 접할 수 없었지만, 영미문화학과에 진학하여 고등학교 때 익힌 방법으로 영문학을 본질적으로 해석해 보고 싶습니다.

'문학작품의 작자를 통해 생각하는 방식'이라는 나만의 공부법을 토대로 배우고 느낀 점이 잘 드러났다.

중앙대 미디어커뮤니케이션학부 합격―공감

누군가의 삶을 이해하기 위해 그 누군가가 되어보는 과정, '공감'은 더 넓은 시각을 가지고 세상을 바라볼 수 있는 방법이었습니다.

역사시간에 영화 '동주'를 보고 윤동주 시인이 살았던 1940년대의 계층의 삶을 조사한 후, 그 사례를 가상 인물과의 인터뷰로 각색하여 발표하였습니다. 한이 담긴 우리 민족의 이야기를 실감 나는 인터뷰로 각색하기 위해 그 이야기 속의 주인공이 되어보고자 했습니다. '일본군 위안부가 된 소녀들'에서 읽은 피해자 할머니의 증언을 바탕으로 할머니의 순수했던 어린 시절을 떠올렸습니다. 인터뷰 시나리오를 작성하며 소녀의 시선으로 바라본 그 당시의 세상과 오늘날 사회에게 주는 시사점을 담고자 했습니다. 아직 해결되지 않은 위안부 문제에 넋 놓고 있다면 과거와 미래의 단절을 낳게 됨을 강조하며 발표를 마무리했습니다. 소녀의 외침이 담긴 발표를 듣고 가슴이 먹먹해졌다는 선생님과 급우들의 반응에 '공감'을 통한 전달의 중요성을 확인할 수 있었습니다.

인물 파고듦의 효과는 영어시간을 통해서도 확인할 수 있었습니다. 현진건의 '고향'을 번역해 조선의 현실을 알리는 영어 뉴스를 제작했습니다. 인물을 통한 메시지 전달을 위해 모든 등장인물을 조원이 한 명씩 맡아 그들의 시선으로 이야기를 전개하며 각자의 아픔을 부각했습니다. 저는 유곽에 팔린 후 고향에 다시 돌아온 여인 역을 맡았고, 당시 일본군 주둔 하의 공창을 조사했습니다. 나아가 일제강점기의 여성 상품화가 오늘날 인권운동으로 이어지는 역사적 흐름을 이해할 수 있었습니다. 인물의 삶에서 현대로 시선을 확장하는 과정을 통해 사람과 사회는 유기적으로 연결되어 있음을 느꼈습니다. 작품의 인물과 사회가 소통하는 뉴스를 완성한 결과 모든 학급의 베스트 뉴스로 뽑히게 되었습니다.

이로써 인물에 대한 깊은 통찰은 세상과 닿을 수 있는 연결고리라는 점을 깨달았습니다. 앞으로도 과거의 인물뿐만 아니라 세상을 살아가는 사람과의 끊임없는 소통을 시도함으로써 인간과 사회의 수많은 연결고리를 만드는 언론인으로 성장할 것입니다.

당시 시대 상황에 처한 인물의 관점으로 작품을 풀어나가면서 오늘의 사회와 어떻게 연결되는지, 현재에 시사하는 바는 무엇인지 등의 이야기를 잘 보여준다. 특히, 역할에 충실하기 위해 시대 상황을 조사하고, 그것을 바탕으로 인물에 공감하며 현대에 메시지를 전하려는 노력이 멋져 보인다.

부산대 관광컨벤션학과 합격–배경을 통한 공부

수능특강 영어를 풀던 중 '영어에 나타난 미국인 사건의 동인에 대한 사고'라는 주제의 지문을 접하게 되었습니다. 미국인들은 동양인들과 달리 원인이 되는 것이 존재해야만 사건이 일어난다고 생각한다는 내용입니다. 짧지만 굵은

이 지문 덕에 미국의 사고방식과 문화를 간접적으로 접해 볼 수 있었고, 이것이 영어에도 나타난다는 것을 알 수 있었습니다. 영어에 반영된 미국인들의 사고방식을 이해하고 나니 문장 해석과 지문 이해를 더 수월하게 하는 저를 발견할 수 있었습니다. 이를 통해 저는 배우고자 하는 부분의 배경을 이해하는 것이 중요하다는 걸 깨달았으며 이를 다른 공부에도 적용해 보았습니다.

우선, 국어 현대시 '성북동 비둘기'를 이해하기 전에 이 시의 창작연도와 제목에 언급된 성북동을 조사해 보았습니다. 그리고 시가 출판된 1960년대에 급격한 산업화가 이루어졌고 성북동이 그 희생양이었음을 알게 되었습니다. 이를 이해하고 나니 스스로 시를 해석할 수 있었고 그에 따른 성취감을 느낄 수 있었습니다. 또한, 윤리와 사상 헬레니즘 시대의 학파를 이해하는 데 어려움을 겪어 이 학파들의 학문적 배경을 알아보았습니다. 이 시기에는 전쟁이 만연해지면서 사람들의 불안이 증폭되었기에 개인의 생존을 중시하면서 자연스레 개인주의 학문이 대두하였다는 것을 알 수 있었습니다. 이를 바탕으로 다시 공부해 보니 이해가 되지 않았던 개념들이 앞서 조사했던 학문적 배경과 퍼즐처럼 들어맞음을 느꼈습니다.

이처럼 배우고자 하는 부분의 전체적인 배경을 파악하는 것은 개념 이해의 지름길을 만들어준다는 것을 몸소 느꼈습니다. 이를 통해 전체적인 흐름을 파악하는 눈을 가지게 되었고, 이를 바탕으로 빈틈없는 개념 정리도 가능해졌습니다. 또한, 공부는 교과서만을 암기하는 것이 아니라 궁금한 것을 주도적으로 찾아가며 알아가는 과정이라는 것을 깨달았습니다. 무엇보다 전체적인 흐름을 파악하며 가까이에선 보지 못했던 개념들을 발견하고 채워나감으로써 거시적 관점으로 꼼꼼하게 보는 태도를 지니게 되었습니다.

전국 고3이 모두 푸는 수능특강을 통해 자신에게 필요한 부분이 뭔지를 인지했다는 글이다. 미국인의 사고방식을 이해하니 영어 문장 해석과 지문을 잘 이해할 수 있었고, 이 방식을 국어, 윤리와 사상 등 다른 교과에 적용하는 구체적인 과정도 잘 보여준다. 같은 교재지만 공부법은 다르다.

공부법을 소재로 한 네 개의 1번 문항 글을 보면서 학습플래너, 오답노트, 개념공부 등과는 확실히 다름을 알아보았다. 공부를 소재로 자소서 1번 문항을 채우고 싶다면 이처럼 차별화되는 자기만의 공부법이 들어가야 한다.

1번에 가능한 소재	수업시간 수행평가, 수업시간에 내준 과제, 방과 후 학교, 탐구활동, 모둠 수행과제, 토론활동, 글쓰기, 발표, 교내 대회, 교내 행사, 독서, 일반적이 아닌 자신만의 학습방법.
쓰지 말아야 할 소재	내신성적 향상, 모의고사 등급 향상, 각종 대회에서 좋은 성적을 거둔 실적 나열, 내신성적을 올리는 일반적인 학습법, 학습플래너 사용법 등.

핵심체크

1번 문항의 의미=대학에서 전공을 스스로 학습할 수 있는 역량.
'궁금하거나 관심 있는 뭔가에 호기심을 느끼고 찾고 공부해 본 경험이 있는가?'

내 자소서 1번 문항 틀 잡기

자소서는 학생부에 기재된 내용이 바탕이 되어야 한다. 학생부에 없는 활동내용을 쓰면 근거가 없어 설득력이 떨어진다. 자신의 학생부를 펼쳐놓고 어떤 내용을 어떻게 쓸지 찾아보자.

S 상황	학생부에 기재된 내용 중 내게 가장 의미 있던 활동에서 벌어진 일은?
T 역할 목표	위의 활동에서 내 역할이나 목표는 무엇이었나?
A 행동	역할과 목표를 위해 나는 어떤 행동을 했나?
R 결과	내가 한 행동으로 인해 어떤 결과가 나타났나?
C 배운 점 느낀 점	이 활동을 통해 무엇을 배우고 느꼈나?

4장

대학을 바꾸는 자소서 2번 문항 쓰기

고등학교 재학기간 중 본인이 의미를 두고 노력했던 교내 활동(3개 이내)을 통해 배우고 느낀 점을 중심으로 기술해 주시기 바랍니다. 단, 교외 활동 중 학교장의 허락을 받고 참여한 활동은 포함됩니다(띄어쓰기 포함 1,500자 이내).

2번 문항에 어울리는
소재 찾기

2번 문항에서 잊지 말아야 할 단어는 뭘까? 바로 '전공 적합성'이다. 전공에 관한 관심, 즉 지원하는 학과에 대해 어느 정도 관심이 있는지, 전공으로 삼기 위해 얼마나 노력했는지를 보여주어야 하는데, 전공 관련해 작성한 보고서 및 발표, 토론, 동아리 등 다양한 소재들을 활용하면 된다.

전공 관련 역량을 보여주는 소재들	동아리를 활용한 주제(동아리 만들기, 동아리에서의 주제 토론 및 탐구), 봉사활동, 지속적 독서활동, 수업을 위한 보고서 작성 혹은 발표, 창의적 체험활동, 제한적 교육활동 후 심화시킨 전공 관련 공부 내용 등.

하지만 이런 소재들이 모두 전공 적합성을 드러낼 수 있는 것은 아니다. 어떻게 해야 할까? 학생부에 적힌 상 받은 활동과 연계하면 될까? 그렇지 않다. 이 문항을 잘 쓰려면 다시 '꿈'으로 돌아가야 한다. 대학을 가고, 특정 학과를 가려는 이유가 이루고 싶은 꿈 또는 하고 싶은 일이어야 하기 때문이다. 그리고 그것을 위해 고등학교 때 어떤 준비를 했는지 보여주어야 한다. 그런 만큼 2번 문항 소재로 삼는 활동들은

내 꿈과 연결되어야 하며, 그런 측면에서 분명한 목적과 의미를 담는 게 중요하다.

> 꿈 : 나는 아이들에게 인성을 가르치는 교사가 되고 싶다.

-그래서 고등학교 때 아이들 인성과 교육환경에 관한 소논문을 작성했다.
-그래서 고등학교 때 아이들의 인성과 관련된 봉사활동을 했다.
-그래서 고등학교 때 인성에 관한 책들을 읽었다.
-그래서 고등학교 때 아이들 인성이 어떻게 형성되는지 조사, 발표했다.

> 꿈 : 스티브 잡스처럼 혁신적인 IT 기기를 개발하고 싶다.

-그래서 고등학교 때 동아리에서 아두이노, 전자기기 분해, 조립을 해봤다.
-그래서 고등학교 때 물리의 전자개념에 호기심을 느껴 조사, 발표했다.
-그래서 고등학교 때 IT 기기의 발전사에 관한 책을 읽었다.
-그래서 고등학교 때 IT 기기와 디자인에 대해 조사했다.

앞서도 말했듯 꿈을 모를 때는 위처럼 정리해 보고 현재 내가 생각하고 있는 꿈을 먼저 찾아야 한다. 그러고 나서 나는 어떤 꿈을 가졌고, 그 꿈을 이루기 위해 어떤 학과를 선택했으며, 고교 재학 중 어떤 활동을 했는지, 그 활동으로 인해 어떻게 성장했는지, 배우고 느낀 점은 뭔지를 2번 문항에 써야 한다. 그럼 실제로 학생들은 자소서 2번 문항에서 위에 말한 소재들을 어떻게 활용했는지 살펴보자.

① 간호 동아리 만들기

"교내에 보건계열을 희망하는 학생들이 지식을 쌓을 수 있는 동아리가 없어서 아쉬웠습니다. 그래서 2학년 때 프랑스어로 간호라는 뜻의 'CURA'라는 동아리를 창설했습니다."

특정한 학과만을 위한 동아리가 아닌 보건계열을 종합하는 동아리를 만들었다. 이렇게 비슷한 계열을 지원하려는 친구들과 만든 동아리는 좋은 소재에 해당한다.

② 전공 관련 활동을 통해 깨달은 점

"자유롭게 자신의 작품을 만들고 싶었던 저는 멀티미디어과로 입학했습니다. 영상 담당 선생님에게 단편영화, 모션그래픽 등에서 많은 것을 배우며 영상에 관한 활동 들을 할 수 있었습니다. 하지만 3년간 많은 작품을 창작하면서 가장 어려워했던 것이 있습니다. 바로 '나의 메시지'를 정확히 담아내는 것입니다. 그간 잘 보이기 위해 외적인 모습만을 신경 썼었는데, 이는 무엇을 얘기하고 싶은 것인지 불분명한 작품을 만드는 지름길이었습니다."

고등학교에서부터 영상에 대해 배우고 활동하면서 고민했던 내용이다. 특히, 단순한 프로그램 작업능력이 아니라 '나의 메시지'를 정확히 담아내는 일에 어려움을 느꼈고, 그 문제를 어떻게 해결해 나가려 했는지를 쓰고 있다. 이처럼 전공 관련 활동을 하면서 고민했던 점과 문제를 해결해 나가는 과정, 그로 인해 내가 변한 이야기도 소재로 좋다.

③ 방과 후 프로그램

"선택형 방과 후 프로그램인 '진로 프로젝트 발자국'은 재활로봇공학자라는 꿈을 막연히 가지고만 있던 저에게 처음으로 꿈을 향해 한 발자국 다가간다는 느낌을 주었습니다."

2번 문항에 방과 후 프로그램 활동은 쓰면 안 된다고 생각하는 학생들이 종종 있는데, 써도 된다. 다음 내용으로 방과 후 프로그램에서 어떤 활동을 했고, 어떻게 재활로봇공학자라는 꿈에 다가갔는지 구체적인 이야기가 들어가면 충분하다.

④ 토론활동

> "'도전'으로 시작한 3년간의 독서토론 동아리 활동은 논리적 사고력의 밑거름이 되었습니다. 주어진 질문에 정답만을 얘기해야 한다는 압박감이 있었던 저는 토론, 발표를 할 때면 사람들을 의식하며 말하는 것을 꺼렸습니다. 고등학생이 된 후 습관을 고치고 싶은 생각에 '독서토론동아리'에 가입했습니다."

'토론 동아리에서의 활동을 통해 논리적 사고력을 길렀다.', '토론할 때 사람들을 의식하는 습관을 고쳤다.' 등도 2번의 소재로 괜찮다. 하지만 그런 내용을 쓴다면 단순한 토론능력, 발표능력뿐만 아니라 내 꿈을 이루는 데 왜 이런 능력이 필요한지가 들어가야 한다.

2번 문항을 쓸 때 꼭 지원하는 전공과 바로 이어져야 한다고 오해하는 친구들이 있다. 아니다. 지원학과 합격 후 전공 공부에 필요한 기본소양을 갖추었다는 모습만 보여주면 된다.

그렇다면 화학과에 지원하는 학생이 생물 동아리에서 실험한 내용을 써도 될까? 보통은 화학과를 지원할 때 생물실험을 주제로 전공 적합성 내용을 쓰는 건 맞지 않는다고 생각할 수 있다. 하지만 생물실험이나 화학실험이나 실험의 기본과정 및 보고서 쓰기의 프로세스는 다르지 않다. 화학과나 생물 관련 학과 모두에게 필요한 기본소양이라는 말이다. 생물실험 계획, 실행과정, 실패 시 대처과정, 보고서 작성과정 등을 잘 보여준다면 화학과에 어울리는 기본소양을 갖추었다고 보아도 무방하다.

단편적으로 보면 전혀 관련이 없는 것처럼 보일지 모르지만, 이처럼 밑바탕이 같은 기본소양들이 있다. 사실, 심화수업을 하지 않는 우리나라 고등학교 교과과정에서는 배우는 내용이 대학의 전공과 곧바로 연결되지 않을 때가 많다. 따라서 학생부에 적힌 활동 중 지원하려는 학과의 기본소양에 어떤 것이 들어맞는지 찾아 자소서 2번 문항의 소재로 삼아야 한다.

또 2번 문항에는 '3개 이내'라는 단어 때문인지 꼭 세 개를 써야 하지 않냐고 묻는 친구들이 있다. 그렇지 않다. '3개 이내'이므로 두 개를 써도, 한 개만 써도 된다. 나는 개인적으로 두 개 쓰기를 추천한다. 세 개는 소재 하나에 500자씩이라 깊이 있게 쓰기 어렵고, 하나는 써야 할 글의 양이 너무 많아 짜임새가 헐거울 가능성이 크기 때문이다. 물론, 잘 쓰기만 한다면 개수는 아무런 문제가 아니다.

합격 자소서 2번 문항
첨삭 및 STARC 분석하기

지금까지는 2번 문항의 소재를 알아보았다면 여기서는 첨삭의 과정을 거쳐 각 대학에 합격한 실제 자소서를 보고 2번 문항을 어떻게 써야 하는지 알아보자.

서울대 사회학과 합격 2번 문항–습관 고치기

"'도전'으로 시작한 3년간의 독서토론동아리 활동은 논리적 사고력의 밑거름이 되었습니다. 급한 성격으로 인해 <u>말을 더듬는 습관</u>이 있었던 저는 사람들을 의식하며 말하는 것을 꺼렸습니다. 고등학생이 된 후 <u>자신을 시험해 보고 싶은 생각</u>에 '독서토론동아리'에 가입했습니다."

첨삭 '자신을 시험해 보기 위해 동아리에 가입했다.'보다는 '내 습관을 고치고 싶어 동아리에 가입했다.'가 더 낫다.

"예상대로 말은 잘 나오지 않았습니다. 사회자가 발언권을 주었을 때도 '이 내용이 토론에 적합할까?' 고민하며 발언을 거부하고 상대방의 의견에 무작정 동의했습니다."

 앞에는 급한 성격으로 말을 더듬고 이로 인해 사람을 의식하며 말을 안 했다고 했는데, 이 문장에선 생각이 많고 남들의 눈치를 보느라 말을 안 했다고 썼다. 앞뒤가 안 맞는다. '내가 또 말을 더듬지 않을까 의식하며 말하기를 꺼렸다.'가 되어야 자연스럽다. 아니면 처음부터 '사람들을 의식하는 습관 때문에 말하기를 꺼렸다.'라고 해야 글의 흐름이 매끄러워진다.

"하지만 토론에는 정답이 없다는 선생님의 말씀에 힘을 얻고 떠오른 생각을 계속해서 말로 표현했습니다."

 이 글로 볼 때 두 번째 문장을 바꾸는 게 흐름을 이어가기 좋다.

"특히, 조지 오웰의 《동물농장》에서 '독재는 무조건 나쁜 것인가'의 토론에서는 위기대응에 의한 독재는 꼭 나쁜 것이 아니라는 생각을 하며 자신 있게 의견을 내세웠습니다. 이는 무조건적으로 나쁘다고 생각했던 독재에 대해 또 다른 관점을 제시했고 '논리'의 중요성을 깨달았습니다."

 '논리'의 중요성을 깨닫는 과정이 들어가야 하며, 위기에 대응하기 위해서는 독재도 필요하다는 논리를 펼쳤다면 그 근거를 넣어야 한다.

"또한, 토론을 하며 사람들이 가장 원하는 평등은 '자신이 승리할 수 있는 평

등'이 아닐까 추측하기도 했습니다. 그 결과 능숙하진 않지만 의견을 조리 있
게 표현하는 중심적인 토론자가 되었고, 학교 축제에서 김애란 작가님의《침
이 고인다》를 주제로 토론 발표회에 동아리 대표로 참여했습니다. <u>현대인들은
대인관계, 보이지 않는 서열 등의 문제를 겪는다는 생각이 들었고 직장 내 분
위기를 바꿀 필요성을 역설했습니다."</u>

 토론 동아리에서 있었던 에피소드 하나를 제대로 보여주는 게 중요
하다. 지금처럼 독재, 평등, 직장 등 다양한 주제에 관한 토론을 했다는 나열식은 좋
지 않다. 내 단점을 알고 고치기 위해 동아리에 가입했다면 단점 극복 과정이 들어
가야 한다. 여기서는 그 단점을 어떻게 극복했는지 알 수가 없다. 많은 걸 보여주려
하기보다 '한 문항에 하나만 집중해 보여준다.'고 생각하자. 그리고 독재가 필요한
근거가 더 구체적이어야 한다.

"저의 용기 있는 도전은 자신에 대한 믿음을 확고히 할 수 있었고 단점 극복에서
가장 중요한 것은 '의지'였습니다. 또한, 토론을 통해 논리적으로 생각을 표현함으
로써 세상을 다양한 시각으로 바라볼 수 있었습니다."

 앞부분이 바뀌면 그에 맞게 배우고 느낀 점도 바뀌어야 한다.

★완성★ '도전'으로 시작한 3년간의 독서토론동아리 활동은 논리적 사고
력의 밑거름이 되었습니다. 주어진 질문에 정답만을 얘기해야 한다는 압박감
이 있었던 저는 ⓢ토론, 발표를 할 때면 사람들을 의식하며 말하는 것을 꺼렸
습니다. 고등학생이 된 후 ⓣ습관을 고치고 싶은 생각에 '독서토론동아리'에
가입했습니다. 하지만 의견에 대한 확신이 없었기에 상대방의 의견에 무작정

동의하는 등 여전히 습관이 고쳐지지 않았습니다. 이런 저를 보고 동아리 선생님께서는 "토론에는 정답이 없다"고 말씀해 주시며 격려하셨고, 자신감이 생긴 Ⓐ저는 떠오른 생각을 계속해서 말로 표현했습니다.

특히, 조지 오웰의《동물농장》에서 '독재는 무조건 나쁜 것인가'의 토론에서는 Ⓐ위기대응에 의한 독재는 꼭 나쁜 것이 아니라고 생각했고 자신 있게 의견을 내세웠습니다. 이는 무조건적으로 나쁘다고 생각했던 독재에 대해 또 다른 관점을 제시했습니다. 오직 한 사람만이 정답을 추구하더라도 사회의 발전을 위해 그 정답을 실현시킬 필요가 있고, 이는 '독재'의 권력을 통해 다수를 설득시킬 수 있다고 역설하며 논리의 중요성을 실감했습니다. 그 결과 능숙하진 않지만, Ⓡ정답을 찾기 보다는 의견 전개를 중시하는 토론자가 되었고, 학교 대표로 '고등학생 인문토론 캠프'에 참여하기도 했습니다.

독서토론이라는 도전을 통해 ⓒ남을 의식하기보다는 스스로에 대한 믿음이 생겼고, 생각을 체계적으로 정리하는 논리의 힘을 깨닫게 되었습니다. 또한, ⓒ다양한 의견을 듣고 확장된 시야로 세상을 바라보며 정답만을 추구했던 관점을 변화시킬 수 있었습니다.

S	Ⓢ(상황) 정답만을 말해야 한다는 압박감에 말을 안 한다.
T	Ⓣ(역할, 목표) 이런 습관을 고치기 위해 동아리에 가입.
A	Ⓐ(행동) 생각을 말로 표현하고, 독재가 항상 나쁘지는 않음을 주장.
R	Ⓡ(결과) 좋은 토론자가 되어 학교 대표가 됨.
C	ⓒ(배우고 느낀 점) 습관 고쳤고, 논리의 힘을 느끼고 관점 변화시킴.

토론 동아리에서의 성장과정을 잘 보여준다. 동아리에서는 '어떤 활동을 하는가'도 중요하지만 '어떻게 성장하는가'도 중요하다. 이처럼 나의 단점이나 부족한 점을 채워나가는 활동은 좋은 이야깃거리가 된다.

"마케팅에 관심이 많은 저는 진로시간마다 마케팅 관련 서적과 논문을 찾아보며 마케팅과 관련한 학문적 지식을 함양하고자 노력하였습니다."

 일반적인 문장이다. 뒤의 코즈 마케팅에 집중하는 게 낫다.

"저는 특히 '컨설턴트가 경험한 기업사회공헌'을 읽고 나서, 마케팅 중에서도 이윤 창출과 더불어 사회의 환원에 중시하는 코즈 마케팅을 알게 되었습니다. 그전까지는 상품이나 서비스를 팔아 기업이 높은 이윤을 창출하도록 도움을 주는 것만이 마케터의 역할인 줄 알았던 제게 코즈 마케팅은 진로의 방향을 바꿀 만큼 저에게 큰 영향을 미쳤습니다."

 코즈 마케팅이 진로의 향방을 바꿀 정도라면 그 내용을 하나의 스토리로 보여주어야 한다. 이런 내용은 아무런 효과가 없다.

"또한 '탐스 스토리'를 읽고 나서, 탐스의 '원 포 원'이라는 착한 마케팅을 알게 되었습니다. 하지만 이러한 물고기를 주는 사업이 오히려 품질이 떨어지는 아프리카의 신발 공장을 무너지게 하고, 그 나라의 경제를 악화시킬 수도 있다는 사실을 알게 되었습니다. 좋은 의도로 어려운 사람들을 도와주면 기업도, 사회에게도 가치있는 일이 아닐까?라고 막연히 생각했던 저는, 좋은 의도이더라도 그 나라의 경제와 사회에 어떤 영향을 미치는지 고려하여 신중하게 결정하는 것이 우선이 되어야 한다는 것을 깨달았습니다. 또한 물고기를 주는 것과 더불어 물고기를 잡는 방법을 알려주고, 미래의 어부를 키우는 것이 사회적 기업의 중요한 역할임을 느꼈습니다."

첨삭　코즈 마케팅의 좋은 면에 영향받아 진로를 바꾼 것인데 코즈 마케팅의 부작용을 썼다. 부정적인 측면은 먼저 긍정적인 면을 보여주고 보완점으로 언급해야 한다. 지우고 다음의 '전통시장 활성화'를 중심으로 코즈 마케팅을 쓰자.

"저는 '전통시장 활성화'를 위한 모의창업을 진행하여 앞서 배운 '사회공헌'에 초점을 맞추어 전통시장 배달 앱 서비스를 위해 상품을 선택하고 배달하는 과정에서 지역 노인분들을 채용하자고 제안하였습니다. 고용 창출 및 역량 강화의 효과를 누리고 궁극적으로 얻은 소득으로 지역사회의 참여할 수 있는 기회를 가질 수 있도록 하자고 주장하였고, 이 제안이 모의 창업의 공익 연계 마케팅 전략으로 채택되었습니다. 이 활동으로 기업의 진정성이 담긴 좋은 의도와 더불어 수혜자에게도 좋은 영향을 끼칠 수 있도록 노력하는 것이 사회적 마케터의 자세임을 배웠습니다."

첨삭　모의창업 이야기는 좋다. 이에 맞게 배우고 느낀 점을 쓰고, 모의창업을 코즈 마케팅과 연결되도록 만들어야 한다.

☆완성☆　ⓢ진로시간에 마케팅 관련 서적을 찾아보던 중 ⓢ'컨설턴트가 경험한 기업사회공헌'을 읽고 사회공헌에 중시하는 코즈 마케팅을 알게 되었습니다. 이를 통해 고객의 착한 소비와 신뢰도를 이끌어냄으로써 부를 사회에 환원하는 이타적 행동이 가능함을 배웠습니다.
앞서 배운 사회공헌에 초점을 맞추어 ⓣ'전통시장 활성화'를 위한 모의창업을 진행하였습니다. 평소 뉴스에서 접하는 독거노인의 고독사와 우울증에 대한 해결책을 모색하다가 '시니어클럽'이라는 협회를 알게 됐습니다. 이를 본받아 Ⓐ전통시장 배달 앱 서비스에 필요한 인력을 지역 노인분들로 채용하여 물건을 고르고 배달하는 일을 제공하면 좋을 것 같다고 제안했습니다. 고령화 시대임에도 불구하고 집에서 혼자 무료하게 하루를 보내시거나 어려운 여건 속에서 일하시는 노인분들에게 삶의 질을 향상시킬 수 있는 일자리를 제공하는 것이 우리 사회의 역할임을 밝혔습니다. Ⓡ이는 구성원들에게 좋은 평가를 받았고, 마케팅 전략으로 채택되었습니다.

이 활동을 하면서 노인 일자리 지원협회에 대해 처음 알게 되었고, 그 협회와 연계하여 기업을 운영하고자 하는 목표가 생겼습니다. 또한, Ⓒ노인 일자리에 대한 해결방안으로 수익도 중요하지만 함께 일하면서 얻는 연대감과 집 밖에서의 활동이 중요하다는 것을 깨달았습니다. Ⓒ기업이 사회적 역할을 다하는 것의 중요성을 느꼈으며, 앞으로 코즈 마케팅을 수단으로써 사용하는 경영인이 아닌 Ⓒ진정으로 사회적 약자를 배려하고 존중하는 마음을 가진 경영인이 되리라 다짐했습니다.

S	Ⓢ(상황) 진로시간 코즈 마케팅을 알게 됨.
T	Ⓣ(역할, 목표) 전통시장 활성화를 위한 모의창업.
A	Ⓐ(행동) 배달 인력을 지역 노인분들로 채용 제안.
R	Ⓡ(결과) 좋은 평가, 마케팅 전략으로 채택.
C	Ⓒ(배우고 느낀 점) 수익도 중요하지만, 연대감과 활동이 중요 배움.

단순히 마케팅이라 하지 않고 코즈 마케팅을 꼭 집어서 이야기했다. 마케팅은 범위가 넓으므로 이처럼 세부적으로 내가 어떤 마케팅에 관심을 가지고 역할을 수행했는지를 쓰는 게 좋다. 글을 보면 구체적인 스토리를 통해 마케팅의 기본, 즉 마케팅의 대상, 마케팅의 대상이 필요로 하는 것 등이 잘 드러나 있다.

"2학년 때, 학교에서 자유주제로 조별 실험을 할 수 있는 기회가 생겼습니다. 즐겨 보던 과학잡지에서 철이나 구리, 금 등의 순금속 이외에도 2가지 이상의 금속을 섞어서 만든 합금이 있다는 사실에 관심을 갖고 있었기 때문에 합금에 대해 조사했습니다. 특히 합금 중에서도 일정한 조건 아래에서 변형된 이후에도 원래 모습으로 되돌아오는 형상기억합금을 실험 주제로 선정했습니다."

첨삭 형상기억합금을 실험주제로 선정한 이유에 불필요한 부분이 너무 많다. 밑줄, 특히 형상기억합금 설명은 필요 없다. 입학사정관들은 다 안다.

"형상기억합금을 동일한 정도로 변형시켜 온도가 같은 여러 용액에 넣어 복원되는 데까지 걸리는 시간을 측정하는 것을 주제로 삼아 합금을 여러 용액에 넣으며 실험을 했지만 생각보다 복원되는 시간의 차이가 크지 않았습니다."

첨삭 주제가 길어 한눈에 들어오지 않는다. '형상기억합금과 용매와의 관계'처럼 한눈에 쏙 들어와야 한다.

"예상과는 다른 결과에 조원들과 함께 토론하며 그 이유를 생각해 보았습니다. 그 결과 형상기억합금은 적절한 온도와 조건만 만족시키면 기억효과가 나타나고, 주스나 물과 같이 가열하는 액체의 성분이 복원되는 정도에 큰 효과를 주지 않는다는 결론을 내릴 수 있었습니다."

 토론과 생각으로 실험이 잘 안 된 이유를 찾아내기는 어렵다. 선생님께 질문하거나, 책을 찾아보거나, 인터넷 활용 등을 통해 찾아야 한다.

"비록 실험결과가 여러 액체에 따라 복원되는 시간이 차이가 날 것이라는 기존의 생각과는 달랐지만, 스스로 답을 찾는 과정을 통해 형상기억합금의 구조나 원리에 대해 더 잘 이해하는 계기가 되었습니다. 이를 통해서 형상기억 합금을 높은 압력이나 열을 견뎌야 하는 '도시광산' 산업이나 '우주항공' 산업, 여러 발전 산업 쪽과 접목시켜 어떤 장애요소에 의해 외부에 피해를 입더라도 바로 원래 모습으로 돌아오게 한다면 부품교체나 수리에 있어서 훨씬 경제적일 것이라고 생각했습니다."

첨삭 도시광산 산업 등은 생각이 아니라 추가조사로 표현해야 한다. 배우고 느낀 점이 부족하다. 더 써야 한다. 실험의 기본구조는 '동기→실험주제→설계→과정→결과→배우고 느낀 점'이다.

★완성★ 2학년 때, ⓢ과학잡지에서 안경이 형상기억합금으로 만들어진다는 글을 보았습니다. 이때, ⓣ복원시키는 데 물을 주 용매로 사용하는 이유가 궁금해 Ⓐ'형상기억합금과 용매와의 관계'를 조별실험주제로 정했습니다. Ⓐ 실험은 형상기억된 니티놀 와이어를 변형시킨 뒤 포도주스, 물, 소금물, 이온음료를 용매로 사용하여 형상기억 속도를 타이머로 측정하는 방식으로 진행되었습니다.
실험을 하기 전, 액체의 종류에 따라 복원되는 시간이 차이가 날 것이라는 Ⓐ 가설을 세웠습니다. 합금을 여러 용액에 넣으며 Ⓡ실험을 했지만 복원되는 시간차가 크지 않았습니다. Ⓐ예상과 다른 결과에 대해 조원들과 함께 토론하며 인터넷을 통해 조사해 본 결과, 형상기억합금은 적절한 온도와 조건만 만족시키면 기억효과가 나타나고, 가열하는 액체의 종류나 성분이 복원되는 정도에 큰 효과를 주지는 않는다는 것을 알게 되었습니다. 비록 실험결과가 실험 전 세운 가설과 달랐지만, ⓒ실제로 실험을 하면서 형상기억합금의 구조와 원리를 잘 이해할 수 있는 계기가 되었습니다.

Ⓐ실험 후 형상기억합금을 높은 압력이나 열을 견뎌야 하는 도시광산 산업 등에 접목시키는 방안을 조사했습니다. 외부의 충격으로 모양이 변하더라도 다시 원래 모양으로 돌아올 수 있는 부품을 만든다면 교체나 수리에 있어서 훨씬 경제적일 것임을 발표했습니다. 이전까지는 주어진 주제를 정해진 방식대로 실험해 왔지만, 이번 조별 실험에서는 실험 주제부터 방법까지 자율적으로 진행했기 때문에 ⓒ다양한 의견을 통한 확장된 시야와 협동심을 얻었습니다.

S	Ⓢ(상황)	과학잡지에서 형상기억합금에 대해 읽음.
T	Ⓣ(역할, 목표)	복원시키는데 물을 용매로 사용하는 이유는?
A	Ⓐ(행동)	실험설계, 가설 설정 및 실험 진행, 토론, 조사.
R	Ⓡ(결과)	가설과 다르게 복원 시간 차가 크지 않음.
C	ⓒ(배우고 느낀 점)	실험을 통해 확장된 시야와 협동심.

실험내용을 전형적인 방식으로 잘 표현했다. 실험의 기본구조 또한 잘 따라갔다. 또 구조마다 자세하지 않고 간단하게만 써도 괜찮다. 실험 후 부족한 부분에 대한 추가조사 이야기도 좋다.

"'아스피린으로 풀어보는 화학' 강의를 듣고 버드나무로부터 시작되어 합성반응을 통해 현재에는 전 세계에서 사용되는 아스피린의 역사를 듣고 흥미가 생겼습니다. 직접 합성해보고 싶어 동아리 시간에 아스피린 합성 실험을 했습니다. 살리실산과 아세트산무수물, 인산을 첨가한 후 중탕을 하고 냉각시켜 결정이 보이면 깔때기에 용액을 거르는 과정인데 이상하게도 <u>결정이 생기지 않았습니다.</u> 용액의 양을 잘못 측정했다고 생각하여 두 차례 실험을 더 했습니다. 하지만 가열 후 조금 있다가 식힌 것이 문제라는 것을 발견했습니다. 이 점을 보완하여 재실험했고 결정을 만들 수 있었습니다. 약간의 시간 차이지만 실험에서는 아예 결과가 나타나지 않을 수 있다는 것을 느꼈습니다. <u>실험용액의 양</u>뿐만 아니라 정확한 시간의 중요성을 깨달았습니다. 간호사에게도 정확성이 중요하다고 생각합니다. 만약 환자에게 <u>투여해야 하는 약의 양, 투여시간의 오차</u>가 생긴다면 환자가 위험해질 수도 있겠다는 생각이 들었고 이 실험을 통해 간호사에게 필요한 꼼꼼함과 정확성의 자세를 배웠습니다."

첨삭 배우고 느낀 점으로 투여량과 시간에 대해 썼는데, 본문은 시간 위주로 되어 있다. 물론, 간호사에겐 두 가지 모두 중요하지만, 투여시간은 응급상황에서, 일상적 치료에서는 투여량이 중요하다. 투여량 측면에서 글을 작성하는 것은 어떨까? 그리고 결정이 생기지 않았을 때 바로 실험을 하기보다는 원인에 대한 가설을 세우고 재실험을 하는 게 좋다.

"Ⓐ누군가에게 도움을 주고 싶어 봉사활동을 찾아보던 중 Ⓑ'꽃동네 봉사활동'이 눈에 띄었습니다. Ⓐ흥미가 생겨 Ⓑ음성꽃동네에서 Ⓒ거동이 불편한 어르신들을 도와드리고 말벗을 하는 봉사활동에 참여했습니다. ⓒ어르신들의 얼굴과 손을 씻겨드리는 활동을 하는데 제가 도와드린 어르신께서는 스스로 세수하는 데 어려움이 있었습니다."

 Ⓐ는 불필요한 표현들이다. 봉사활동은 당연히 도움을 주는 행위이며, 흥미가 생겼다는 표현은 봉사활동에 대한 진정성을 떨어뜨린다. Ⓑ의 꽃동네라는 표현도 한 번만 쓰고 ⓒ의 활동 또한 하나만 써도 충분하다.

"저에게는 당연한 일상생활이 누군가에게는 어려운 일이 될 수 있음을 깨달았습니다. Ⓐ학교에 돌아와서 어르신이 계속 떠올랐습니다. Ⓑ이런 분들을 위해 자동세수기계를 만들고 싶었습니다. '스마트세안기' 계획서를 작성했고 발명품경진대회에 참가했습니다. 계획서를 작성할 때에는 고무재질 팩에 미세솔을 전동기로 작동시켜야겠다고 쉽게 생각했지만 직접 만들려 하니 전동기의 소리가 너무 커서 실생활에서 쓰기 어려웠습니다."

 Ⓐ는 불필요한 문장이고, Ⓑ의 두 문장은 한 문장으로 만들어야 한다.

"비록 완벽한 '스마트세안기'를 창안하는 데는 어려움이 있었지만 어르신들의 고통을 공감하고 그분들을 위해 노력할 수 있음에 행복했습니다. 또한 기술의 발전이 간호의 수준을 높일 수 있음을 느꼈습니다. 후에 간호사 생활을 하면서 환자의 어려움에 적극적으로 대처하고 불편함을 해소하기 위한 기술들 또한 연구하고 싶다는 꿈도 생겼습니다."

밑줄 친 부분은 혼자만의 감상에 빠진 글이다. 이 부분을 연구해 완성한다는 목표가 생겼다는 식으로 바꾸는 게 낫다. 본문에서 어르신의 불편함을 관찰했으니 그쪽으로 포인트를 잡고 쓰는 게 어떨까 싶다.

★완성★ Ⓢ두통, 감기로 보건실에 가면 흔히 주는 아스피린을 합성해 볼 수 있다는 기대를 가지고 Ⓣ동아리 시간에 아스피린 합성실험을 했습니다. Ⓐ화학품들을 첨가한 후 냉각시켜 거르면 Ⓡ결정이 만들어져야 하는데 이상하게도 결정이 생기지 않았습니다. 그 원인에 대해 '물의 양이 많았다, 살리실산의 손실이 있었다, 여과를 충분히 하지 않았다'라는 Ⓐ3가지 가설을 세워 재실험을 한 결과 물의 양이 많았음을 발견했습니다. Ⓐ이후 물을 2ml 줄여 실험을 하니 결정이 생겼습니다. 이렇게 미세한 양이 아스피린 합성 유무를 결정할 수 있다는 점이 저에게 크게 다가왔습니다.

그 후 뉴스에서 마늘주사에 비타민을 섞다가 균에 오염된 것을 시술받은 60대 여성이 사망했다는 소식을 들으면서 아스피린 합성에서의 실수가 떠올랐습니다. 실험이었기에 다시 시도하여 보완할 수 있었지만, 만약 사람을 대상으로 한 치료과정에서 화학품명의 확인 실수, 주사기 오염 등의 실수를 한다면 그때는 한 사람의 소중한 목숨을 앗아갈 만큼 위험해질 수 있다는 점을 느꼈습니다. Ⓒ이번 실험을 통해 간호사로서 꼼꼼함과 정확성을 가져야겠다고 다짐하게 되었습니다.

Ⓢ음성꽃동네에서 거동이 불편한 어르신들을 도와드리는 봉사활동에 참여했습니다. 어르신께서는 스스로 세수하는 데 어려움이 있어 제가 얼굴과 손을 씻겨드리면서 도움을 주는 것에 뿌듯했습니다. 하지만 비누가 안 닦인 부분을 닦으려 시도하시며 힘들어하는 어르신을 보고 Ⓣ'어르신분들도 몸은 불편하지만 직접 씻고 싶지 않을까?'라는 생각을 하게 되었습니다. 이분들을 위한 자동세수기계를 만들고 싶어 Ⓐ'스마트 세안기' 계획서를 작성하여 발명품경진대회

에 참가했습니다. 계획서를 작성할 때에는 고무재질 팩에 미세 솔을 전동기로 작동시키면 될 거라 쉽게 생각했지만 ®직접 만들려 하니 전동기의 소리가 너무 커서 실생활에서 쓰기 어려웠습니다.

비록 지금은 소리가 나지 않는 스마트 세안기를 창안하는 데 어려움이 있었지만, 후에 연구를 더해서 완성하고 싶다는 목표가 생겼습니다. ©어르신들의 입장에서 생각해 보았기에 스마트 세안기를 만드는 시도할 수 있었다는 생각이 들었고 ©다른 사람을 진정으로 돕기 위해서는 세심한 관찰과 공감이 필요하다는 것을 느꼈습니다.

S	⑤(상황) 보건실의 아스피린, 꽃동네 봉사활동.
T	①(역할, 목표) 아스피린 합성실험, 자동세수기계.
A	④(행동) 결정 ×, 원인 가설 후 재실험, 계획서 작성 후 대회 참가.
R	®(결과) 양을 줄이니 결정 ○, 소리가 커서 실생활 사용 어려움.
C	©(배우고 느낀 점) 간호사로서의 꼼꼼함, 정확성, 세심한 관찰과 공감.

아스피린 합성실험에서 결정이 생기지 않았을 때 3가지 원인을 생각해 보고 다시 실험해 원인을 찾는 과정이 좋다. 미세한 양의 실수를 간호사와 연결한 내용도 좋다. 봉사활동에서는 어르신들의 불편함을 보고 스마트 세안기를 직접 고안하는 모습, 다른 사람을 돕기 위해서는 세심한 관찰이 필요하다는 배우고 느낀 점 등에 전공 적합성이 잘 나타난 글이다.

"두 번째는 학교에서 진행한 동아리부스활동입니다. 동아리활동부스를 한다는 것 자체도 의미가 있지만, 저희 동아리는 아이들을 많이 와서 저희 동아리 부스를 통해 <u>영어에 대한 흥미를 느꼈으면</u> 하는 바람이 컸습니다."

첨삭 　그냥 '동아리활동 부스'라고만 하면 입학사정관이 이해하기 어렵다. 어떤 동아리고, 동아리 부스를 왜 만들었는지 등 배경과 이유가 들어가야 한다. 이 부분의 설명이 간단하지만 구체적으로 나옴으로써 읽는 사람이 의문을 품지 않고 쭉 따라가도록, 예를 들면 '학교 축제 때 영어 동아리에서 영어에 흥미를 갖게 만드는 부스를 운영했다.'가 되어야 한다.

"저희 동아리부원들은 어떻게 해야 아이들이 영어를 친숙하고 흥미롭게 느낄 수 있을까에 대해 고민했습니다. 고민 끝에 저희는 풍선다트, 텅 트위스터, 그림을 통한 전래동화 맞추기 등 다양한 활동들을 준비했습니다. <u>동아리 내에서는 홍보팀과 운영팀으로 나뉘어졌는데, 저는 제가 의견을 낸 풍선다트를 운영하는 운영팀에 들어가게 되었습니다.</u>"

첨삭 　밑줄 친 부분은 글의 흐름과 맞지 않는다. 홍보팀과 운영팀은 글 내용과 관련 없으므로 안 써도 된다.

"풍선다트게임은 풍선을 터뜨리면 풍선 뒤에 붙여져 있는 알파벳 하나가 보여져 참가자는 그 알파벳으로 시작하는 단어 3개를 5초 안에 말하는 게임이었습니다. 준비과정 속에서 풍선을 부는 기계가 고장 나 손수 풍선을 부느라 애를 먹었고, 터뜨린 풍선을 치우고 다트를 제자리에 돌려놓는 과정을 계속 반복하느라 힘들었습니다. 하지만 풍선을 터뜨리고 자신이 아는 영단어들을 말하며 영어에 대한 자신감과 흥미를 느끼는 아이들을 보고 뿌듯했습니다."

점삭 밑줄을 친 이유는 이렇게 쓰는 건 2번 문항에 맞지 않기 때문이다. '힘들었는데 아이들 보며 뿌듯했다.'는 건 일기에나 쓸 글이다. 자소서 2번 항목에는 '풍선다트게임을 하며 아이들의 경쟁심리가 발동했다. 그래서 게임을 기다리는 친구들이 영어 단어를 친구에게 물어보거나 단어장을 찾아서 외우는 등 게임을 이기기 위해 자발적으로 공부했다.'거나 텅 트위스터란 뭔지, 아이들의 영어공부에 대한 행동 등을 써야 한다.

＊완성＊ 두 번째는 영자신문 동아리에서 영어에 대한 학생들의 흥미를 높여주기 위해 진행한 부스활동입니다. ⑤학교축제 때 전시와 부스활동 중 동아리 홍보를 위해 부스활동을 한다는 것 자체도 의미가 있지만, 저희 동아리는 아이들이 많이 와서 ⑦부스를 통해 영어에 대한 흥미를 느꼈으면 하는 바람이 컸습니다. 부원들은 어떻게 해야 아이들을 영어를 친숙하고 흥미롭게 느낄 수 있을까에 대해 고민했습니다. 고민 끝에 저희는 Ⓐ풍선다트, 텅 트위스터 등 다양한 활동들을 준비했습니다.
풍선다트 게임은 풍선을 터뜨리면 풍선 뒤에 붙여져 있는 알파벳 하나가 보여져 참가자는 그 알파벳으로 시작하는 단어 3개를 5초 안에 말하는 게임이었습니다. 뒤에서 기다리던 ⓡ아이들은 상품을 얻기 위해 단어장을 찾아보거나 친구들끼리 서로서로 문제를 내주는 등 영어공부를 하기 시작했습니다. 텅트위스터 같은 경우 발음하기 헷갈리는 문장을 제한시간 내에 말하는 게임이었습니다. 대다수의 아이들은 게임 자체는 재미있었지만 고등학교 영어수업에서

영어로 말해 본 적이 없어서 상품을 따지 못했다며 아쉬움을 표했습니다. Ⓡ부스를 나가면서 아이들은 지루하게만 느껴졌던 영어가 이렇게 재미있는 줄 몰랐다며 저에게 말했습니다.

아이들의 말을 듣고 영어수업을 풍선다트, 텅트위스터와 같이 게임방식으로 진행한다면 아이들이 영어에 대해 더 흥미를 느낄 수 있지 않을까라는 생각을 하게 되었습니다. 이런 경험을 토대로 Ⓒ교사가 되어 학생들과 영어로 얘기하고 게임형식을 이용하는 수업을 하고 싶다는 다짐을 하게 되었습니다.

S T A R C	Ⓢ(상황) 학교 축제 때 전시와 부스 운영.
	Ⓣ(역할, 목표) 부스를 통해 영어에 대한 흥미를 느꼈으면 하는 바람.
	Ⓐ(행동) 풍선다트, 텅 트위스터 등 다양한 활동 준비 및 실행.
	Ⓡ(결과) 아이들이 자발적으로 단어장을 찾아보고, 친구들끼리 서로 문제를 내는 등 영어공부 시작, 영어에 재미 느낌.
	Ⓒ(배우고 느낀 점) 교사가 되어 학생들과 영어로 얘기하고 게임형식을 이용하는 수업을 하고 싶음.

동아리에 관한 내용에는 어떤 동아리이며 어떤 활동을 하는지가 들어가야 한다. 또 '풍선다트', '텅 트위스터' 같은 제목을 적을 때는 '빙고'처럼 누구나 아는 활동이 아닌 이상 부연설명을 해야 한다. 게임형식을 통해 영어에 친숙하게 만든 내용이 구체적으로 잘 바뀌었다.

3

두 소재를 하나로 연결한
합격 자소서 2번 문항 분석하기

지금까지 본 자소서 2번 문항의 예들은 1,500자에 두 가지 소재로 작성된 글이다. 보통은 이처럼 두 가지 소재를 각각 750자씩 쓴다. 하지만 다음 자소서는 두 가지 소재를 각각 썼음에도 잘 연결해 하나의 글로 만든 글이다.

중앙대 광고홍보학과 합격 2번 문항–동궁과 월지

"'내 것'에 대한 자부심은 항상 강했기에 제가 소속된 곳과 제가 소유하는 것에 대해서는 항상 남들에게 떳떳하게 드러내길 원했습니다. 2학년 여름방학, 광고 동아리의 특색과 같이 저는 우리 경주에 대해서 자랑하는 광고를 만들고 싶었고 역사동아리 장과 이야기를 나누어 두 동아리가 연합해 조별로 경주의 문화재 홍보지 제작을 했습니다."

 첫 문장은 전공 적합성이나 본문과 관련이 없다. 지워야 한다. 본문은 딱딱한 문화재를 웹툰으로 홍보하는 내용이므로 '재미없는 것을 재밌게 만든다.'처럼 명확한 대조방식의 구성이 필요하다.

"저희 조는 '안압지'로 많이 알려진 '동궁과 월지'를 견학하고, '안압지'와 '동궁과 월지'의 차이점, 대표적인 유물, 내부 구조와 유래 등을 조사하였습니다."

점삭 안압지, 동궁, 월지는 같은 곳이므로 차이점이 아니라 명칭의 변화라고 해야 한다.

"청소년이 받아들이기 딱딱한 문화재를 좀 더 쉽게 받아들일 수 있는 방안으로 동궁과 월지의 명칭에 대한 이야기를, 실제 연재 중인 웹툰의 말풍선 내용을 작가님의 허락 하에 수정하여 제작했고 주요 유물들을 간단한 설명과 함께 홍보지에 삽입하였습니다. 조별로 완성된 홍보지를 경주 문화재 관리자분께 보여드리고 블로그에 올리기도 하며 많은 사람들이 우리 경주의 문화재에 관심을 가지게끔 하였습니다."

점삭 관리자에게 보여주고 블로그에 올리는 것으로 끝나 아쉽다. 경주 관광안내소에 비치했다든지 하는 내용, 관광객들에게 경주 홍보지가 얼마나 유익했는지 하는 반응도 필요하다.

"저는 이 과정에서 제 활동이 작게라도 경주를 홍보하고 더 발전되게끔 도움이 되었다고 생각합니다. 중앙대학교에 입학하여서도 이런 마인드를 잃지 않고 항상 대학에 대한 자부심과 열정을 가지고 활동하여 함께 발전하는 모습을 보여드릴 수 있을 거라 생각합니다."

입학 후 다짐보다는 경주 홍보지 관련 내용이 필요하다.

"2학년 2학기 독서와 문법의 수행과제로 각자 관심있는 논문을 읽고, 요약하였습니다. 저는 당시 제가 관심이 많았던 SNS마케팅에 관한 논문을 두편 읽었고 그러던 와중에 '어떤 매체가 사람들의 마음을 가장 많이 움직일까?'하는 궁금증이 생겼고 과제연구 발표의 주제로 이를 택하였습니다."

 소재가 SNS 마케팅이므로 앞의 내용과 연결하면 더 좋겠다. 경주 홍보지를 만든 후 한계점을 느끼고 어떻게 하면 더 많은 사람에게 알릴 수 있을까 고민하고 연구하는 내용은 어떨까?

"이를 알아보기 위해 사회문화 시간 배웠던 연구단계대로 문제제기, 가설설정으로 '인터넷 매체가 가장 사람들을 이끌 것'을 설정하였고, 연구를 설계한 뒤 질문지법을 통해 자료를 수집하였습니다. 설문조사는 인터넷과 SNS를 통해 다양한 연령과 남녀모두를 대상으로 하였고, 질문은 나이와 성별을 기본적으로 물은 뒤 '오늘 하루 가장 많이 접한 매체', '이용시간', '각 매체에서 광고를 접한 횟수'등을 물어보았고 400명을 대상으로 모아진 답변의 결과를 확률과 통계시간에 배운 평균, 분산값을 구하여 분석하면서 각 연령대 별로 다르고 4,50대는 성별로도 다르다는 것을 알았습니다. 처음 가설을 내린 것은 20대에게만 해당되며 부분적으로 오류가 난 가설이었습니다. 이를 토대로 보고서를 작성하였습니다."

구체적으로 써야 한다는 생각에 밑줄 친 부분처럼 너무 세세하게 썼다. 동궁과 월지가 연결될 수 있도록 연령별 마케팅에 대해 더 쓰는 게 좋다.

"짧은 시간 이 모든 것을 혼자 끝낸다고 시간적인 제약을 가졌지만 제 호기심을 해결하는 또 한 번의 경험을 겪으며 자신감을 얻기도 하였습니다. 또한 많은 사람들이 설문에 응답해 주는 것에 감사함을 느끼기도 하였습니다."

첨삭 자신감을 얻고 감사를 느꼈다는 말은 배우고 느낀 점으로 적합지 않다. 동궁, 월지와 광고매체를 합한 마무리 문장이나 배우고 느낀 점을 쓰자.

✦완성✦ 19년 동안 경주에서 많은 문화재를 보고 자라며 느낀 감정은 지루함뿐이었습니다. 비석에 딱딱하게 적어놓은 문화재의 설명 들은 오히려 ⓢ 자랑스러워해야 할 경주가 지루한 대상으로 다가오게 만들곤 했습니다.
2학년 여름방학, 광고 동아리로서 우리 ⓣ경주의 문화재들을 즐겁게 전달할 수 있는 광고를 만들고 싶었습니다. 그래서 경주역사를 탐구하는 역사 동아리장에게 의견을 물어보며 경주의 문화재 홍보지 제작을 함께할 계획을 세웠습니다. 저희 조는 '안압지'로 많이 알려진 Ⓐ'동궁과 월지'를 견학하고, '안압지'와 '동궁과 월지'의 명칭 변화에 대한 이야기, 대표적인 유물, 내부 구조와 유래 등을 조사했습니다. 저는 항상 지루한 대상이 될 수도 있는 딱딱한 문화재를 좀 더 쉽게 받아들일 수 있는 방안으로 만화 형식을 택했습니다. 실제 연재 중인 작가님의 허락하에 Ⓐ웹툰을 수정하여 명칭에 관해 설명했고, 주요 유물의 사진을 간단한 설명과 함께 홍보지에 삽입했습니다. 또한, 그동안 개인적으로 전단지 분석을 하며 각 분야에 어울리는 색감과 스타일에 대해 느낀 것들을 적용하여 검은색 배경을 선택하고 만화, 유물 등을 적절히 배치하여 Ⓐ홍보지를 완성했습니다.
이렇게 완성된 Ⓡ홍보지를 동궁과 월지를 돌아다니며 관광객들에게 나눠 주었습니다. 이를 받은 사람들은 '동궁과 월지'에 대해 더 쉽게 이해하며 기뻐했고, 특히 긴 글을 지루해하는 아이들이 더 좋은 반응을 보여주기도 했습니다. 사람들의 반응을 보며 이제껏 주변 친구들이 문화재 견학을 갔을 때 보인 반응과 대조되었고, ⓒ홍보와 같은 정보전달에서 지루하지 않은 설명이 중요하다는 것을 알게 되었습니다.

ⓢ이후 홍보에 있어서 전단지가 어떤 것을 널리 알리는 데에 한계점을 가지고 있음을 느꼈고, ⓣ'어떤 매체가 사람들에게 효과적으로 상품을 알릴 수 있을까?' 하는 궁금증이 생겼습니다. 이 궁금증을 문제제기로 설정하여 Ⓐ기본적인 매체의 종류와 각각의 특성들을 조사했습니다.

이후 그 특성들을 토대로 '인터넷 매체가 가장 사람들을 이끌 것'이란 Ⓐ가설을 설정하여 연구를 설계한 뒤, 질문지법을 통해 자료를 수집하였습니다. 질문지법에서는 다양한 연령대를 대상으로 '오늘 하루 가장 많이 접한 매체', '이용시간', '각 매체에서 광고를 접한 횟수' 등을 물어봤습니다. Ⓡ답변의 결과를 분석하여 각 연령대별로 노출되는 매체가 다르고 4, 50대는 성별로도 다르다는 결론을 내렸습니다. 또한, '집중적 마케팅 전략'에서 Ⓡ연령별, 성별마다 다른 매체를 통해 효율적으로 상품을 광고해야 한다는 결론을 내렸고, 인터넷을 통해 각 연령별, 성별 관심사를 찾아 이를 매치시키며 전략을 더 구체화했습니다.

ⓒ이 연구를 통해 '동궁과 월지'와 같이 시간적인 여유가 있는 노부부들이 주로 찾는 문화재는 TV매체와 인쇄매체를 통해 홍보하는 것이 가장 적합하다고 생각했습니다. 또한, 연구과정에서 매체에 관한 논문을 읽으며 매체들이 점점 다양해짐을 느꼈고, ⓒ새로운 매체가 출현할 때마다 그에 맞추어 알맞은 마케팅 전략이 빠르게 연구되어야 할 것을 느꼈습니다.

S T A R C	Ⓢ(상황) 지루한 경주, 전단지의 한계.
	Ⓣ(역할, 목표) 문화재 광고, 어떤 매체가 효과적인지 호기심.
	Ⓐ(행동) 견학, 대표적 유물, 내부 구조와 유래 조사, 웹툰형식, 홍보지 완성, 매체 종류, 특성 조사 후 연구 설계 및 자료수집.
	Ⓡ(결과) 관광객들의 반응, 연령대별로 노출되는 매체가 다름.
	Ⓒ(배우고 느낀 점) 홍보와 같은 정보전달에서는 지루하지 않은 설명이 중요. 새로운 매체 출현에 따른 마케팅 연구 필요성.

어떤가? 소재는 두 개지만 활동이 이어지는 글이다. 이처럼 하나로 쓸 수 있다면 좋겠으나 어려운 일이다. 소재와 활동이 자연스럽게 이어져야 하기 때문이다. 게다가 하나로 쓰고 싶어도 이을 수 없는 소재들이 있으므로 무리하게 욕심을 내 연결 지으려 해서는 안 된다. 각각의 소재들만 잘 써도 합격에는 아무 문제가 없다.

소재가 3개인
합격 자소서 2번 문항 분석하기

다음은 세 개의 소재를 500자씩 나누어서 쓴 자소서의 예다. 활동내용을 쓰는 공간이 줄어드는 만큼 배우고 느낀 점이 잘 나타나야 한다.

고려대 생명공학부 합격 2번 문항

①요양병원에서 봉사를 하면 금방 있었던 일을 잊어버리며 ⑤쉽게 길을 잃어버리는 할아버지, 할머니들이 있었습니다. ⑦이분들이 병원에서 치료가 왜 안 되는지 의문이 들면서, 생명과학1 수업시간에 배운 신경계 질환을 떠올리게 되었습니다. ⑥먼저 교과서와 참고서를 토대로 알츠하이머와 관련된 부분을 공부했고, 현재까지 진행된 연구와 치료를 알아보기 위해 ⑥《치매, 알면 이긴다》와 같은 책들과 인터넷을 활용하여 조사하였습니다. ⑥조사결과 알츠하이머의 확실한 원인은 밝혀지지 않았고, 유전병일 것이라 추정되고 있으며, 치료 또한 ⑥근본적인 치료는 없고 아세틸콜린 분해 억제제를 통한 완화하는 방식

이었습니다. 치료의 가능성을 가진 아세틸콜린에 대해 더 탐구하며 어떻게 아세틸콜린 억제제가 알츠하이머를 완화하는지 이해할 수 있었습니다. ⓒ과학기술의 발전으로 삶은 편리해졌지만 이런 난치병에서 벗어나지 못한다는 것이 안타까웠습니다. 이런 분들에게 희망을 주는 연구가 계속되길 바라며 저 또한 생물연구를 통해 기여하고 싶습니다.

S	Ⓢ(상황) 봉사를 하면서 길을 잘 잃어버리는 분들을 봄.
T	Ⓣ(역할, 목표) 왜 병원에서 치료가 안 되는지 알아보기로 함.
A	Ⓐ(행동) 교과서, 참고서, 책, 인터넷을 활용해 조사.
R	Ⓡ(결과) 원인이 밝혀지지 않았고 근본치료도 없음.
C	ⓒ(배우고 느낀 점) 안타까움과 함께 생물연구에 기여하고 싶음.

보통 봉사는 3번 문항에만 쓴다고 생각하는데, 이처럼 2번도 봉사로 시작할 수 있다. 아세틸콜린 분해 억제제 이야기로 핵심 내용을 이해했음과 전공 적합성을 잘 드러낸다.

②TV에서 제품 광고를 보다 보면 이것이 정말 과학적인 사실인지 과장광고인지 궁금할 때가 많았습니다. 특히, Ⓢ화장실에서 자주 쓰는 휴지의 항균광고를 보고 직접 실험해 보고 싶었습니다. 그래서 2학년 소모임 활동때 생명과학에 관심이 많은 친구들끼리 모여 Ⓣ다양한 휴지의 항균효과의 진위 여부와 그 과학적 근거를 알아보기로 했습니다. 배양접시에 Ⓐ실험군으로 포도상구균을 묻힌 항균휴지를 설정하고 Ⓐ대조군으로 항생제를 묻힌 휴지를 설정하였습니다. 하루가 지난 후 배양접시의 세균수를 측정한 결과 실험군의 휴지에서 오히려 세균수가 늘어났습니다. Ⓡ결과적으로 광고 제품의 휴지들에는 항균효과가 없었기에 과학적 근거 또한 찾을 수 없었습니다. 저는 이 경험을 통해 ⓒ광고가

무조건 진실이라는 고정관념을 깰 수 있었고 맹목적으로 믿으면 안 된다는 교훈을 얻었습니다. 그리고 과학적 근거를 명확하게 제시해야 하는 ⓒ과학자의 바람직한 자세에 대해 곱씹어 보았습니다. 그래서 이번 실험처럼 대학에 가서 광고에 나오는 것들의 과학적 근거를 직접 탐구해 보고 싶습니다."

S	Ⓢ(상황) 광고를 보며 과학적 사실인지 궁금증이 생김.
T	Ⓣ(역할, 목표) 휴지 항균효과의 진위 여부와 과학적 근거를 알아보려 함.
A	Ⓐ(행동) 실험군과 대조군으로 비교 실험.
R	Ⓡ(결과) 항균효과가 없음을 밝힘.
C	ⓒ(배우고 느낀 점) 과학자의 바람직한 자세에 대한 고찰.

직접 실험을 하고 고정관념을 깨면서 과학자의 바람직한 자세에 대해 생각하는 등 이 또한 전공 적합성을 잘 드러내고 있다.

③Ⓢ《멋진 신세계》(올더스 헉슬리)를 읽고 인간의 존엄성에 관한 문제를 동아리 활동에서 다루고 싶었습니다. 그래서 친구들과 함께 존엄성과 관련된 주제인 Ⓣ줄기세포, 안락사를 가지고 토론하기로 했습니다. 한쪽으로만 치우치는 생각을 막기 위해 우리는 Ⓐ찬성과 반대 입장 둘 다 조사하기로 하였고, 토론을 시작할 때 제비뽑기로 찬성과 반대 입장을 정했습니다. 조사를 하면서 찬성의 주장에 반박하는 자료를 찾기도 하고, 또 거기에 반박하는 찬성의 주장을 찾기도 하는 등 Ⓐ양쪽 관점에서 확실한 근거를 찾고자 했습니다. 이런 과정으로 ⓒ주제의 양면에 대해 이해할 수 있었고, 어느 한쪽만이 정답이 될 수 없음을 인지했습니다. Ⓡ모두들 양쪽 관점을 조사해서 열띤 토론이 될 수 있었습니다. 이번 토론을 통해 인간의 존엄성과 같은 ⓒ생명윤리는 한쪽의 입장에서만 풀어야 하는 문제가 아니라 양쪽의 입장을 절충해 가며 풀어야 함을 배웠습니다.

S	⑤(상황) 책을 읽고 존엄성 문제를 친구들과 다루고 싶음.
T	⑤(목표, 역할) 줄기세포, 안락사를 주제로 토론하기로 함.
A	⑥(행동) 양측의 근거를 모두 조사.
R	⑥(결과) 열띤 토론을 함.
C	⑥(배우고 느낀 점) 양쪽 입장을 절충해야 함을 배움.

생명윤리 또한 전공 적합성에 들어가며 한번쯤 생각해 보아야 할 문제로, 양쪽의 근거를 찾아보며 한쪽만이 정답이 될 수 없다는 사실을 잘 인지했다. 배우고 느낀 점을 잘 썼기에 짧은 글이지만 전달력이 강하다.

핵심체크

2번 문항의 의미는 전공 적합성으로 소재는 2개가 좋다.
전공 관련 관심 및 전공 공부를 위한 기초소양을 보여주어야 한다.

2번 문항에서 잊지 말아야 할 단어는 바로 '전공 적합성'이다. 전공에 관한 관심, 즉 지원하는 학과에 대해 어느 정도 관심이 있는지, 전공으로 삼기 위해 얼마나 노력했는지를 보여주어야 한다.

전공 관련 역량을 보여주는 소재들	동아리를 활용한 주제(동아리 만들기, 동아리에서의 주제 토론 및 탐구), 봉사활동, 지속적 독서활동, 수업을 위한 보고서 작성 혹은 발표, 창의적 체험활동, 제한적 교육활동 후 심화시킨 전공 관련 공부 내용 등.

S 상황	학생부에 기재된 내용 중 내게 가장 의미 있던 활동은?
T 역할 목표	위의 활동에서 내 역할이나 목표는 무엇이었나?
A 행동	역할과 목표를 위해 나는 어떤 행동을 했나?
R 결과	내가 한 행동으로 인해 어떤 결과가 나타났나?
C 배운 점 느낀 점	이 활동을 통해 무엇을 배우고 느꼈나?

5장

대학을 바꾸는
자소서 3번 문항 쓰기

학교생활 중 배려, 나눔, 협력, 갈등관리 등을 실천한 사례를 들고, 그 과정을 통해 배우고 느낀 점을 기술해 주시기 바랍니다.(띄어쓰기 포함 1,000자 이내)

잘못 쓴
3번 문항 7가지 이야기

1번에서 학습능력, 2번에서 전공 적합성을 본다면 3번에서는 무엇을 볼까? 바로 인성이다. '우리 학교, 우리 학과에 들어왔을 때 다른 학생들과 잘 지낼 수 있는지를 보고 싶다.'는 말이다. 아무리 공부를 잘하고 천재적인 머리를 가지고 있더라도 교우관계가 안 좋으면 학과 분위기가 흐려지니 이 문항의 글을 통해 걸러내겠다는 뜻이 담겨 있다.

배려, 나눔, 협력, 갈등 관리 등은 사람마다 정의하는 게 다를 수 있다. 누구에게는 배려인 행동이 다른 누구에게는 배려가 아닐 수 있고, 그 반대일 수도 있다. 따라서 '나는 이런 게 배려라고 생각한다. 혹은 A를 배려라고 생각했는데 어떤 일을 겪고 B가 추가되어야 진정한 배려임을 배웠다.'는 식으로 자신만의 정의를 쓰는 방법도 좋다.

그럼 배려, 나눔 등 문항에 나오는 4가지를 다 써야 할까? 아니다. 4가지 중 본인이 드러내고 싶은 하나를 선택해 이야기를 밀도 있게 쓰고, 그 과정에서 배우고 느낀 점, 그로 인해 성장한 점 등을 넣으면 된다. 의식이나 생각의 변화과정도 들어가면 좋다. 사실, 하나를 쓰더라도 입학사정관은 4가지를 다 볼 수 있다. 갈등 관리가 주제지만 갈등을 해소해 나가는 과정에서 배려와 협력이 자연스럽게 드러나는 것과 같다.

또 뭔가 특별한 이야기 소재를 찾으려 고민하는 학생들이 있는데, 그럴 필요 없다. 고교 3년 동안 나올 수 있는 학생들의 3번 문항 소재는 모두 비슷하기 때문이다. 그럼 전국의 고등학생들이 쓰는 3번의 소재는 무엇인지 알아보자.

3번 문항 소재
- 혼자서는 힘든 일을 친구와 협력으로 한 경험 - 리더십을 발휘한 사례 - 친구와의 갈등 사례 - 친구들 사이의 갈등을 중재한 사례 - 친구의 고민상담 사례 - 선생님과의 갈등 사례 - 멘토 멘티 활동 사례 - 체육대회 (축구대회, 농구대회, 피구대회, 줄다리기 등등) - 봉사활동 - 동아리 활동 중 갈등 극복 or 협력 or 리더십 - 솔선수범하여 친구들이 꺼려 하는 일을 했던 경험

특별한 소재가 보이는가? 아니면 흔한 소재들인가? 소위 명문대를 지원하는 학생들도 3번의 소재는 대부분 비슷하다. 물론, 이뿐만 아니라 학교생활 중 문항에서 요구하는 다른 경험이 있다면 써도 된다.

'아니, 문항에는 분명 배려, 나눔, 협력, 갈등 관리 4개뿐인데 소재에 리더십이 왜 있지?'라고 생각할 수 있다. 그 뒤의 '등'이라는 글자에 주목해야 한다. 어느 대학이든 평가항목에 리더십, 자기주도성 같은 항목은 꼭 들어간다. 또한, 입학처에 물으면 리더십 관련해 써도 된다고 대답한다. 리더십으로도 학생의 인성을 충분히 가늠할 수 있기 때문이다.

그런데 리더십이라고 하면 종종 오해할 때가 있다. 반장, 부반장, 전교회장, 동아리장 등을 해야만 리더십을 쓸 수 있다는 생각이다. 그렇지 않다. 대학에서는 '반장, 부반장을 했으니 당연히 리더십이 있을 것'이라고 생각하지 않는다. 조별 과제, 동아리 활동, 체육대회, 학급 일 등 여러 부분에서 친구들을 이끌어간 모습이면 충분하다. 리더십은 '직위나 명목이 아니라 리더로서의 실질적인 역할'을 의미한다. 아무런 직책이 없어도 아이들이 믿고 따르는 친구, 누구라도 스스럼없이 다가가 고민을 말하는 친구! 이런 친구가 바로 리더십을 가진 학생이다.

리더십 소재들
- 친구들과의 조별 과제를 성공적으로 이끄는 모습.
- 동아리 활동에서 부원들을 이끌어가는 모습.
- 친구들 간의 갈등을 조화롭게 해결하는 모습.
- 토론활동에서 함께 결론을 이끌어가며 설득력 있게 자기 의견을 주장하는 모습.
- 모두가 하기 싫은 청소를 주도해 친구들과 함께하는 모습.

리더십 또한 이외에도 경험했던 다양한 일들을 소재로 삼을 수 있다. 그럼 먼저 잘못 접근한 실제 자소서 3번 문항 내용을 보고 어떻게 쓸지 생각해 보자.

① 생각나는 대로 쓴 내용 없는 이야기

"아동시설에서 공부를 가르쳐주었습니다. 공부를 가르쳐주러 가니 생각보다 지저분하여 바로 아이들과 함께 청소부터 시작하였습니다. 8살 아이 두 명을 가르쳤는데 초콜릿과 과자를 활용하여 수업을 하였고 호응도 좋았습니다. 저와 수업했던 아이들이 저에게 계속 애정을 표시하였습니다. 계산적인 모습이 없는 아이들의 순수함이 좋았습니다. 세상이 이랬으면 좋겠다고 생각합니다."

자소서 주인공의 인성이 보이지 않는다. 일기장, 블로그, 페북이라면 모를까 형식을 갖추어야 하는 자소서로는 어울리지 않는 글이다. 생각나는 대로 썼기 때문이다. 대학에 합격하기 위한 자소서 글에는 뭔가를 했다면 항상 그 동기가 들어가야 한다. 이 글에는 왜 교육봉사를 했는지에 대한 동기와 이유가 없다. 또 아이들과 함께한 내용이 구체적이지 않다. 사탕과 과자를 주었고 수업에의 호응이 좋았다가 끝이다. 이 부분을 구체적인 이야기로 만들어야 한다. 그리고 아이들이 왜 자기를 좋아하는지, 자기는 아이들이 왜 좋은지도 써야 한다. 마지막으로 '세상이 이랬으면 좋겠다.'가 아니라 '이런 세상을 만들기 위해 어떤 노력을 하겠다.' 혹은 자신의 꿈과 연결해 써야 한다. 다시 강조하지만, 자소서에는 능동적이고 주체적인 내 모습을 보여주어야 한다.

② 혼자 봉사한 이야기

"이후 장애인들을 위해 할 수 있는 일이 무엇이 있을까 고민하였습니다. 그 결과 시각장애인들이 점자도서 혹은 전자도서로 독서를 할 수 있도록 입력봉사를 하게 되었습니다. 장애인분들께서 《사람은 왜 아플까》라는 책을 읽고 사람이 아픈 것은 무조건 나쁜 게 아니라는 것을 전해 주고 싶어 이 책을 입력하였습니다. 하지만 타이핑 활동은 일반적으로 독서를 하는 속도에 비해 오랜 시간을 투자해야 했습니다. 그러나 이러한 소소한 활동 또한 시각장애인들의 눈과 소리가 되어 도움이 될 것이라는 생각에 포기하지 않고 끝까지 타이핑할 수 있었습니다."

시각장애인을 위한 타이핑 봉사는 잘한 일이다. 그렇지만 봉사라고 다 쓸 수 있는 건 아니다. 남들과 부대끼면서 하는 봉사가 소재가 되어야 한다. 혼자서만 하는 봉사활동은 배려, 나눔, 협력, 갈등관리 등을 제대로 드러낼 수가 없어 인성이나 사회성을 알아보기 힘들다.

"학교에 있는 턱없이 부족한 입시자료를 가지고 담임선생님과 힘들게 상담하면서 저는 더 많은 양의 자료의 필요성에 대해 느끼게 되었습니다. 각 대학마다 안내 책자가 있었긴 하지만 그것은 일부분에 해당되었고, 아직 과나 학교를 정하지 못한 친구들에게는 더 많은 자료들이 간절히 필요했습니다. 반 친구들이 모두 원하는 학교에 가기 바라는 마음에 인문사회 · 예체능 · 사범계열의 과와 학교를 인쇄해 반에 비치해 두었습니다. 선생님께서는 네 덕분에 친구들이 잘 조사해서 수월하게 끝낼 수 있었다며 저에게 모범상을 주셨고, 저는 친구들에게 나눔을 실천할 수 있어서 행복했습니다."

이 글 또한 봉사라고는 해도 대학과 학과 리스트를 인쇄해 반에 놓아둔 일뿐이다. 배려, 나눔, 협력, 갈등관리 등 무엇 하나 뚜렷이 드러나는 게 없다. '모범상 받았으니 당연히 써야지.'라고 여길지 모르지만, 입학사정관은 상 받았다고 해서 인성이나 성품이 좋다고 생각하지 않는다.

③ 잘못된 멘토, 멘티 이야기

"3학년 때 수학과목의 수업방식은 '모둠별 멘토링 학습'이었습니다. 원활한 멘토-멘티 학습이 이루어지기 위해 선생님께서는 각 조에 다양한 성적을 가진 4명의 아이들을 배정해 주셨습니다. 저는 4조를 이끌어가는 1번이 되었고, 그에 따른 책임감도 가지게 되었습니다. 칠판 앞에 나가서 각 조마다 지정된 문제들을 반 친구들에게 설명해 주면 점수를 얻는 수업방식이었는데, 성적이 조금 더 부족한 학생이 발표할수록 더 많은 점수를 얻는다는 규칙이 있었습니다. 그 때문에 더 많은 점수를 얻기 위해서는 더 높은 성적을 가진 조원이 멘토가 되어, 멘티가 그 문제를 완벽하게 이해할 수 있도록 도와주는 협동의 과정이 필요했습니다. 다른 조는 대부분 1번 학생이 4번 학생에게 문제를 설명해 주고 발표하는 방식이었으나 저희 조는 모두가 멘토와 멘티의 역할이 되어 볼 수 있도록 1번이 2번에게, 그것을 다시 2번이 3번에게, 3번이 4번에게 그리고 마지막으로 4번 조원이 반 친구들 앞에서 멘토가 되어 문제를 설명하는 방식으로 활동했습니다. 모두가 멘토가 되어보고, 멘티가 되어보는 방식 덕분에 성적이 높은 학생과 낮은 학생 간에 위화감이 조성되지 않을 수 있었고, 서로가 서로에게 도움을 받고 도움을 줄 수 있었습니다."

멘토, 멘티 이야기는 3번에 많이 쓰는 소재로, 잘 나올 수 있음에도 잘못 쓴 글이다. 이 글은 멘토, 멘티에 대한 설명일 뿐 자소서가 아니다. 모두가 멘토, 멘티가 되도록 했다는 것뿐 구체적 행동이 없다. 멘토, 멘티 활동 중 일어난 사건을 토대로 배려, 나눔, 협력, 갈등관리 중 하나가 잘 드러나야 한다.

"2학년 때 3학년 선배들과 멘토, 멘티 동아리를 만들었습니다. 3학년 선배님들이 과목별 공부법과 학교생활에 대한 조언, 진로에 대한 조언을 해주셨습니다. 이 동아리 덕분에 진로를 정할 수 있었고 실질적으로 도움이 되는 공부법들을 알게 되었습니다. 이 이후로 저는 선배님들과 같이 다른 사람들에게 도움이 되는 멘토가 되고 싶다는 생각을 했고 그래서 3학년 때 또래 멘토링 활동을 했습니다. 3학년이라서 시간을 많이 뺏기지 않을까 걱정했지만 얻은 게 더 많았습니다. 멘티에게 좀 더 쉽게 알려주고 싶다는 생각을 했기 때문에 평소보다 더 많이 생각하면서 꼼꼼하게 공부했습니다. 이 덕분에 멘티의 성적도 오르게 되었고 저에게도 꼼꼼히 공부하는 좋은 습관이 생겼다고 생각합니다."

멘토, 멘티 동아리를 만든 일도, 조언을 받은 일도 좋다. 하지만 3학년이 되어 2학년 후배를 가르치는 이야기가 너무 피상적이다. 그리고 나눔에 관한 이야기도 구체적으로 들어가야 한다.

④ 잘못된 소통 이야기

"소통의 부재를 알아보기 위해 패널을 만들고, 설문지를 만들어 유동인구가 많은 곳에 가서 캠페인을 했습니다. 저는 직접 패널을 들고 공원에 계신 분들에게 이웃과 소통이 잘 되고 있는지 예/아니오 난에 스티커를 붙이게 하는 담당이었습니다. 제가 요청하는데 많은 분들이 무시하고 지나가셨습니다. 저는 이 상황에서 소통의 부재를 느낄 수 있었습니다."

자기 요청을 안 들어주었다고 소통의 부재라고 해서는 안 된다. 내 말에 다른 사람이 꼭 반응해야 할 이유는 없다. 거리에서 물건이 싸다고 소리치는 상인을 무시하고 지나갔다고 소통 안 되는 사람은 아니지 않은가!

⑤ 시간 순서대로 나열되는 이야기

"1학년 때 요양병원에서 나이가 들어 잘 움직이지 못하시는 노인분들을 도와드리고 밥을 먹을 수 있게 도와줬습니다. 2학년 때는 유기견센터에서 힘들고 아파하는 강아지들을 돌봐 주었습니다. 3학년 때는 아동보호센터에서 아이들과 함께 놀면서 시간을 보냈습니다."

시간 순서대로의 이야기 나열은 자소서에서는 금지사항이다. 자소서는 연표가 아니다. 난중일기 중 사람들의 기억에 남는 말과 영화로 만들어지는 소재는 뭘까? 바로 "신에게는 아직 12척이 남아 있사옵니다."라고 말하고 출전한 '명량해전'이다. 이처럼 고교 시절 했던 일 중 가장 의미 있던 경험을 써야 한다.

⑥ 내가 별로 한 일이 없는 이야기

> "고등학교 때 기숙사 생활을 하면서 룸메이트와 잘 지내기 위해 그의 생활패턴에 맞추려고 했으며, 저 때문에 피해가 가지 않도록 노력했습니다. 항상 조심조심 다니며 방을 깨끗하게 사용했습니다. 그래서 큰 다툼 없이 잘 지낼 수 있었습니다."

이 글은 그냥 미움받지 않기 위해 노력했다는 내용이다. 원만한 교우관계를 보여주지도 못하며, 배려도 희생도 아닌 소심함만 드러낼 뿐이다. 생활패턴이 다르면 서로 조심해야지 한쪽이 일방적으로 맞추는 게 아니다. 만약, 나는 일찍 자는 스타일인데 룸메이트는 새벽까지 게임을 하고 잔다면 룸메이트에게 피해를 주지 않기 위해 새벽까지 같이 게임을 해야 할까? 또 룸메이트가 청소를 잘 안 하는 사람이라면 잘 지내기 위해 내가 매일 청소를 해야 할까? 사람 사는 곳에서 갈등은 필연적으로 일어난다. 그 갈등이 왜 생겼고, 해결을 위해 어떤 노력을 했고, 그 결과는 어땠는지, 그 경험에서 무엇을 배우고 느꼈는지가 들어가야 한다. 상대에게 무조건 맞추는 건 배려가 아니다.

"저는 동아리부장으로서 부원들과 뜻깊은 일을 하고 싶어 찾던 중 '세이브더칠드런'이라는 것을 발견했습니다. 신생아들에게 털모자는 저체온, 감기, 폐렴으로부터 생명을 지켜주는 소중한 선물이라고 하여 '신생아 살리기 모자 뜨기 캠페인'에 참여하였습니다. 뜨개질을 해서 모자를 만드는 것은 처음이었기 때문에 힘들고 시간도 오래 걸렸지만, 남을 돕는다는 생각으로 없는 시간도 내며 친구들이나 인터넷을 통하여 기술을 익히는 열정을 가지게 되었습니다. 처음 접하는 모든 것에 대하여 '할 수 있을까'라는 두려움이 있었지만, 열정을 가지게 되면 적극적으로 모든 방법을 동원하여 실천할 수 있다는 것을 배우게 되었습니다."

세이브더칠드런을 홍보해 주는 글일 뿐 쓴 학생에 대한 정보가 부족하다. 열정을 가졌다고 했는데 뜨개질에 대한 열정인지 봉사에 대한 열정인지조차 구분이 안 된다. 세이브더칠드런 말고 자신이 어떤 학생인지를 이야기해야 한다.

2

합격 자소서 3번 문항
첨삭으로 분석하기

잘못 쓴 예들을 보니 '저런 소재로 쓰지 말아야겠다.'거나 '소재를 잘못 고르면 저렇게 되는구나.'라는 생각이 드는가? 잘못 짚었다. 소재가 문제인 글은 '혼자서 한 봉사활동 이야기'뿐 내용 자체를 잘못 썼기 때문이다. 이제부터는 첨삭의 과정을 통해 대학에 합격한 자소서로 거듭난 3번 문항 글을 보고 어떻게 쓸지 알아보자.

> 연세대 사회학과 합격 3번 문항–상담을 통한 배려와 공감

"2학년 말 활발했던 친구가 숙려기간을 가지게 되었다는 말을 들었을 때 큰 충격이었습니다. 그 친구에게 무슨 일이 있었는지 묻기 위해 긴 문자를 보냈습니다. 완벽하지 못한 자신에 대한 비관이 심각했던 친구는 사소한 일로 친구들과 관계가 흐트러지면서 사람들과 세상이 무서워졌다고 털어놓았습니다. 그러면서 더욱 자기 자신을 나쁘게 바라보고 있었습니다. 자주 그 친구와 메신저로 1시간씩 이야기를 나누었습니다."

뒤에 나오는 2주의 숙려기간 이야기를 앞에 쓰는 게 좋다. 그리고 친구의 사소한 일에 관한 이야기가 좀 더 구체적이어야 한다. 또 힘든 상황에 처한 친구와는 메신저보다 만나서 이야기하는 방식이 훨씬 더 진정성이 느껴진다.

"자기 자신, 세상에 대해 부정적으로 친구가 이야기할 때면 '아니야.', '잘했는데?', '훌륭해!' 이런 말로 친구가 긍정적인 방향으로 생각할 수 있도록 조언해주고, 그 친구의 아픔과 슬픔에 공감하면서 세상에 대한 벽을 조금씩 허물 수 있도록 도왔습니다. 2주의 숙려기간이 지나고 그 친구는 자퇴 대신 학교에 돌아오는 것을 선택했습니다."

입학사정관의 관심을 끌려면 친구가 자퇴하고 싶어 한다는 사실을 앞에 드러내야 한다.

"잘 적응하는 것 같았지만 친구는 곧 다시 자퇴를 결심하고 학교를 떠났습니다. 끊임없는 관심을 주지 못하였기에 죄책감과 미안함이 컸습니다. 하지만 그 친구는 네가 없었다면 사회에 부딪히는 것을 시도조차 하지 못하고 숨어버릴 뻔했다며, 너는 최선을 다했다고 위로해 주었습니다. 그 이후에도 지속적으로 그 친구의 고민을 듣고 방법을 제시해주며 친구의 치료를 응원하고 있습니다."

'잘 적응하는 것 같아 신경을 덜 썼는데 갑자기 자퇴하고 떠나니 죄책감과 미안함이 들었다.'는 식이 되어야 한다. 또 친구가 나를 위로하기보다는 감사를 표현했던 일을 넣는 게 좋다.

"이때의 일은 제게 새로운 충격으로 다가왔습니다. 지금껏 사회적 약자에 대한 관심은 그렇게 많았으면서 정작 제 옆에서 혼자 길고 힘겨운 싸움을 하는 주변인에게는 무관심했다는 것이 참 부끄럽게 느껴졌습니다. '어떻게 하면 내 주위 모두를 아우를 수 있는 사람이 될까.'고민하였습니다. 반장이 되어 고민한 결과 급우들의 불편, 고민을 끌어내어 자치시간에 같이 해결하는 소통창구인 '학급신문고' 제도를 만들었습니다. 하루는 학급신문고에 '학교에 오고 싶지 않아. 내 얘기 좀 들어줘.'라는 쪽지가 이름과 함께 적혀 있었습니다. 혹시라도 또 한 명의 친구가 학교를 떠나게 될까 두려워 직접 친구를 만나서 이야기를 듣고 문제의 해결방안을 같이 고민해보았습니다. 그 후 친구는 정말 힘들었었는데 네가 내 얘기에 공감해주고 같이 고민해줘서 잘 해결되었다며 고마움을 전했습니다. 제 좁은 시각을 깨닫고 '어떻게 하면 모두를 아우를 수 있을까.'지속적으로 고민했던 시간들은 드러나지 않는 부분까지 도울 수 있는 나눔의 확장과 배려의 기틀이 되었습니다. 이를 통해 진정한 나눔은 상대는 물론 제 자신까지 발전시킨다는 것을 알았습니다. 두 친구와의 대화를 통해 어려움을 겪는 사람들에게는 자신의 고민을 털어놓을 수 있는 소통창구가 가장 필요하다고 느꼈습니다. 그들과 사회 간 원활한 상호작용을 돕는 소통창구가 되는 기자가 되어 우리 사회를 열린 사회로 만들고자 노력할 것입니다."

첨삭 이 부분 내용은 괜찮으나 배우고 느낀 점이 아쉽다. 밑줄 친 배우고 느낀 점은 본문에 기반해 다시 써야 한다.

♥완성♥ 2학년 말 활발했던 ⓢ친구가 2주의 숙려기간을 가지게 되었다는 말을 들었을 때 큰 충격이었습니다. 그 친구에게 무슨 일이 있었는지 묻기 위해 긴 문자를 보냈습니다. 친구는 가끔씩 자기 기분에 따라 언행을 하여 주변 친구들과 관계가 흐트러졌다고 했습니다. 평소 완벽하지 못한 자신에 대한 비관이

심했던 친구는 이후 그 정도가 심해졌고 점점 사람들과 세상이 무서워진다고 털어놓았습니다. 그러면서 더욱 자기 자신을 나쁘게 바라보고 있었습니다.

Ⓐ일주일에 1번씩은 친구를 직접 만나 세상, 자신에 대해 Ⓐ친구가 부정적으로 이야기할 때면 '아니야.', '잘했는데?', '훌륭해!' 이런 말을 하면서 친구가 긍정적인 방향으로 생각할 수 있도록 조언했습니다. 그리고 그 친구의 아픔과 슬픔에 공감하면서 Ⓣ세상에 대한 벽을 조금씩 허물 수 있도록 도왔습니다. 세상이 무섭다며 자퇴하고 싶다고 말했던 Ⓐ친구에게 용기를 북돋아 주었습니다. 숙려기간이 지나고 Ⓡ그 친구는 자퇴 대신 학교에 돌아오는 것을 선택했습니다. Ⓡ잘 적응하는 것 같았던 친구는 곧 다시 자퇴를 결심하고 학교를 떠났습니다. Ⓒ신경을 많이 못써 친구가 자퇴를 한 것 같아 죄책감과 미안함이 컸습니다. 하지만 그 친구는 네가 없었다면 사회에 부딪히는 것을 시도조차 하지 못하고 숨어버릴 뻔했다며, 너는 최선을 다했다고 고마움을 전했습니다. 그 이후에도 지속적으로 그 친구의 고민을 듣고 상담을 해주며 친구의 치료를 응원하고 있습니다.

이때의 일은 제게 새로운 충격으로 다가왔습니다. Ⓒ지금껏 사회적 약자에 대한 관심은 그렇게 많았으면서 정작 제 옆에서 혼자 길고 힘겨운 싸움을 하는 주변인에게는 무관심했다는 것이 참 부끄럽게 느껴졌습니다.

Ⓣ'어떻게 하면 내 주위 모두를 아우를 수 있는 사람이 될까' 고민하였습니다. 반장이 되어 급우들의 불편, 고민을 같이 해결하는 Ⓐ소통창구인 '학급신문고' 제도를 만들었습니다. 하루는 학급신문고에 '학교에 오고 싶지 않아. 내 얘기 좀 들어줘.'라는 쪽지가 이름과 함께 적혀 있었습니다. 혹시라도 또 한 명의 친구가 학교를 떠나게 될까 두려워 Ⓐ직접 친구를 만나서 이야기를 듣고 문제의 해결방안을 같이 고민해 보았습니다. 그 후 친구는 정말 힘들었었는데 네가 Ⓡ내 얘기에 공감해주고 같이 고민해줘서 잘 해결되었다며 고마움

을 전했습니다. ⓒ'어떻게 하면 모두를 아우를 수 있을까.' 지속적으로 고민했던 시간들은 드러나지 않는 부분까지 도울 수 있는 나눔의 확장과 배려의 기틀이 되었습니다.

S T A R C	ⓢ(상황) 친구의 숙려기간.
	ⓣ(목표, 역할) 친구가 세상에 쌓은 벽을 허물자.
	ⓐ(행동) 긍정적 조언, 용기를 북돋아 줌.
	ⓡ(결과) 학교에 돌아오긴 했지만 다시 떠남.
	ⓒ(배우고 느낀 점) 사회적 약자에 관심은 많았으나 옆의 친구들에게는 무관심했다는 부끄러움, 나눔, 배려에 대한 배움.

친구에게 공감하고 상담해 주는 이야기가 무슨 자소서 내용이 될까 싶지만, 이처럼 3번 내용인 배려와 나눔에 잘 어울리는 글이 되기도 한다. 공감이라는 키워드가 배려로 이어질 뿐만 아니라 상담 또한 나눔에 해당하기 때문이다.

핵심체크

공감과 상담은 배려와 나눔에 해당한다.

"1학년 미술시간에 UCC 감독의 경험을 통해 소통, 공감이라는 리더의 본질적 자세를 깨달았습니다. 6명의 조원과 함께 '학교폭력 근절' 촬영을 하던 중 피해자 역할의 친구에게 이상한 행동을 감지했습니다. 갑자기 울음을 터뜨리고 카메라를 피하며 촬영에 협조하지 않았습니다."

첨삭 '이상 행동 감지'는 명확히 드러나지 않은 어떤 조짐을 말하는데, 울음을 터뜨리며 촬영에 협조를 안 했다는 건 이미 드러난 일이므로 수정해야 한다.

"주어진 과제를 속전속결하는 것이 임무라 생각했기에 그 모습을 보고 화를 냈고 분위기는 악화되었습니다. 하지만 곧 저의 행동을 반성하며 문제의 원인을 찾기 시작했습니다. 친구들, 담임 선생님을 통해 학교폭력 피해자였던 그의 과거를 알게 되었습니다. 감독, 학급회장으로서 평소 친구의 소극적인 행동을 파악하지 못한 것이 부끄러웠습니다. 그 후 선생님께 건의하여 주말마다 그 친구와 '또래 상담'을 진행했습니다. 처음에는 소극적이었지만 공감대를 형성하고 대화하며 저에게 점점 마음을 열었습니다. 영상 촬영 때도 조원이 함께 박수를 보내며 격려했고 친구의 연기에서도 자신감을 발견할 수 있었습니다."

첨삭 속전속결, 임무, 감독, 학급회장 같은 단어는 모두 평등한 친구 관계가 아니라 상급자 같은 느낌을 준다. 직책을 맡았더라도 관계는 평등해야 한다. 또 화를 내고 바로 반성하는 모습도 개연성이 없다. 부드럽게 연결돼야 한다. 소통 스토리 또한 단순하다. 또래 상담 과정이 더 구체적이어야 한다.

"팀원과 활발히 소통하고 팀에 문제가 생겼을 때는 의견을 수합해 적절한 대안을 제시하며, 목표를 향해 '함께' 추진하는 것이 리더의 역할이었습니다. 또한 의견에 대한 피드백을 교환하며 혼자서는 생각 못 할 기발한 발상을 얻었고 '집단지성'의 효과를 실감하기도 했습니다."

첨삭 　앞의 이야기는 리더로서의 소통과 또래 상담에 대한 것이지 의견 종합이나 목표 추진, 집단지성 이야기가 아니다. 자소서의 특성인 일관성이 없다. 소통을 중심으로 스토리를 다시 잡아야 한다.

"이를 토대로 2, 3학년 회장, 학생회 부장 등에 도전하며 합리적인 의사소통 능력을 가진 길잡이가 되기 위해 노력했습니다. 특히 3학년 때 보았던 부회장의 행동은 배려에 대한 사고를 전환하는 계기였습니다. 영어시간에 수업을 방해하는 친구에게 '너'가 아닌 '나'로 시작하는 대화방식을 이용해 설득하는 모습은 오직 잘못을 지적하는 데만 집중했던 자신을 반성할 수 있었습니다."

첨삭 　이 부분은 2, 3학년 회장, 부회장에 도전했다는 자랑처럼 보인다. 또 부회장의 행동도 보여줄 필요 없다. 본인의 행동이 나와야 한다.

"저는 앞으로 '철새' 같은 사람이 되겠습니다. 앞서 나는 새가 된다면 거친 바람에 맞서 최적의 항로를 찾을 것이고 뒤따르는 새가 될 때에는 힘찬 날갯짓으로 대열의 유지를 돕겠습니다."

첨삭 　배우고 느낀 점이 아닌 다짐은 진정성도 없을 뿐만 아니라 본문의 일관성마저 깨뜨린다. 키워드를 '소통'으로 잡은 만큼 소통에 대해 배우고 느낀 점을 써야 한다.

⭐완성⭐ 1학년 미술시간에 UCC 감독의 경험을 통해 소통, 공감이라는 리더의 본질적 자세를 깨달았습니다. 6명의 조원과 함께 ⑤'학교폭력 근절' 촬영을 하던 중 피해자 역할의 친구가 갑자기 울음을 터뜨리며 촬영에 협조하지 않았습니다. 주어진 과제를 빨리 마무리하고 싶은 마음에 그 모습을 보며 화를 냈고 분위기는 더 악화되었습니다. 조원들이 저를 말리면서 그 친구에 대해 이야기해 주었습니다. 친구는 이전에 학교폭력의 피해를 입어 트라우마가 있던 상태였습니다. 같은 공간에서 함께 생활하는 급우로서 ⓒ평소 친구의 소극적인 행동을 파악하지 못한 것이 부끄러웠고 저의 우발적인 행동을 반성했습니다. 그 후 선생님께 건의하여 주말마다 Ⓐ그 친구와 '또래 상담'을 진행했습니다. 처음부터 대면으로 상담하는 것은 친구에게 많은 부담이 될 것 같아 고민 끝에 Ⓐ편지로 마음을 전했습니다. 먼저, Ⓐ촬영장 일에 대한 사과로 친구의 마음을 풀려고 노력했습니다. 처음에는 답장이 없었고 여전히 저를 경계하는 듯했습니다. 하지만 계속해서 마음을 표현했고 친구 역시 '촬영장에서 느낀 감정'을 쓴 편지로 답했습니다. Ⓐ글을 통해 마음의 문을 열게 된 후 본격적인 상담을 통해 서로에 대해 이야기했습니다. 대화를 진행하며 본 친구의 은연한 미소는 ⓒ이야기를 들어주고 공감하는 것이 그에게 가장 필요했음을 알게 해주었습니다. 또한, 영상을 촬영할 때도 조원이 함께 박수를 보내며 격려했고 친구의 연기에서도 자신감을 발견할 수 있었습니다. 이로 인해 팀원의 사기가 올랐고 만족스러운 영상을 제작할 수 있었으며 수행평가에서도 만점을 받을 수 있었습니다.

감독의 역할을 맡으며 좋은 결과만큼이나 ⓒ그 과정이 얼마나 중요한지 새삼 느꼈습니다. 조원의 입장이 되어 생각해 보고, 갈등이 생겼을 때 솔직한 감정을 표현하며 공감하는 과정은 결국 좋은 결과를 이끌었습니다. ⓒ다른 사람들 보다 한 발자국 더 나아가 팀원을 배려하고 이해하는 것이 리더의 역할이었습니다. 결과에 앞서 '사람'을 생각하는 리더, 그것이 제 목표입니다.

S	Ⓢ(상황) UCC 촬영 중 친구의 비협조. 알고 보니 학교 폭력 피해자.
T	Ⓣ(역할, 목표) 친구의 마음을 열고 UCC 촬영 완료.
A	Ⓐ(행동) 또래 상담, 편지, 격려 등.
R	Ⓡ(결과) 친구가 마음의 문을 엶. 수행평가 만점.
C	Ⓒ(배우고 느낀 점) 리더에 대한 배움. 사람을 생각하는 리더.

첨삭 후 일관성을 간직한, 구체적인 스토리가 담긴 글이 되었다. '소통과 공감'을 키워드로 '사람을 생각하는 리더의 모습'이 잘 드러난다. 리더십을 보여주려면 이처럼 이야기를 통해 구체적으로 나타내야 한다.

핵심체크

리더십도 배려와 연결해 쓸 수 있다.

"2학년 때 조별활동으로 직접 대본을 쓰고 소품을 준비해서 뮤지컬을 만드는 음악수행평가 과제를 했습니다. 작가와 소품감독, 연출가를 맡은 저는 관객들의 흥미를 이끌어낼 수 있는 대본을 쓰는 것과 주인공뿐만이 아니라 모든 구성원들이 함께 어우러져 활동하는 것에 대한 바람이 컸습니다."

첨삭 본문에는 소품 관련 내용이 없으므로 소품 관련 내용은 빼야 한다. 밑줄 친 배경에 대한 부연설명 또한 줄이는 게 좋다.

"아이들 앞에 나서기를 좋아하는 친구들이 주인공을 맡고, 나머지 조원들은 조연을 맡게 되면서 역할분담은 생각보다 순조롭게 진행되었습니다. 저는 어떤 종류의 뮤지컬을 만들 것 인 지 조원들과 토의한 후, 재밌는 요소가 많은 로맨틱코미디 대본을 쓰기로 결정했습니다. 관객들에게 재미와 웃음을 선사하고 싶었던 저는 다소 과장된 표정연기와 행동이 필요한 대본을 완성했고, 대본을 복사해 조원들에게 나누어주었습니다. 평소 친구들과 잘 어울리고 유머감각이 있던 주인공을 맡은 두 친구는 제 대본에 대해 매우 흡족해하였으나, 부끄러움이 많고 소심한 성격을 가진 두 친구는 난감해하는 표정을 지었습니다."

첨삭 "아이들 앞에 나서기를 좋아하는"에는 친구들이 잘난 척한다는 비난이 느껴진다. '외향적인'으로 바꾸는 게 좋다. 역할분담 후 뮤지컬 종류를 고르는 게 아니다. 반대로 되어야 한다. 대본 복사와 뒤의 이야기는 너무 세세하다.

"대본을 받고 첫 연습을 시작한 날, 주인공을 맡은 친구가 무표정으로 책을 읽듯이 대사를 말하는 두 친구에 대해 불만을 토로했습니다. 저는 주연뿐 아니라 조연들도 돋보일 수 있는 무대를 만들고 싶었기 때문에 조연들의 대사에 상대적으로 많은 유머요소를 더했고 소심한 성격의 두 친구는 그 점에 대해 <u>부담을 느꼈습니다.</u> 저는 연습 중에 조연을 맡은 두 친구를 따로 불러 제가 만든 대본 중에 혹시 <u>힘든 대사가 있냐고 물어봤습니다.</u> 두 친구는 힘든 대사는 없지만 다소 과장 된 표정과 행동이 필요한 것이 고민이라고 대답했습니다."

 순서를 바꿔야 한다. 부담 느낀 것을 알고 물어보기보다 힘든 점을 물어보고 나서 부담을 느끼고 있다는 사실을 알아차리는 게 순서상 맞는다.

"대본을 쓸 때는 미처 몰랐지만 친구의 말을 듣고 난 후 생각해 보니, 소심한 성격을 가진 친구가 많은 친구들 앞에서 우스운 몸짓과 표정을 지어야 한다는 부담이 매우 클 것 같다는 생각이 들었습니다."

 비교를 위해 대본 쓸 때 무엇에 집중했는지가 나오면 더 좋겠다.

"이 문제를 어떻게 해결할지 고민하다가 음악감독을 맡은 친구에게 이 대사에 맡는 우스꽝스러운 분위기의 노래를 찾아달라고 부탁했습니다. 그리고 반드시 과장 된 표정과 행동이 필요하지 않더라도 대사에 맞는 노래가 어우러지면 재밌는 분위기가 연출될 수 있도록 대본을 수정했습니다."

 고민 해결 과정이 너무 간단하다. 해결책이 간단하면 고민의 깊이가 얕아 보인다. 또 우스꽝스러운 분위기의 노래가 소심한 친구들의 부담을 덜어준다는 근거도 부족하다. 그 이유가 좀 더 들어가야 한다.

"노래를 틀어 수정된 대본과 함께 연습을 해보니 조연을 맡은 두 친구도 부담을 느끼지 않게 되었고, 주연을 맡은 두 친구도 재밌는 분위기에 만족스러워했습니다. 덕분에 저희 조는 유머감각이 더해진 대사와 코믹한 분위기의 노래로 관객들의 관심과 흥미를 이끌어냈고, 제가 바라던 대로 주연뿐만이 아니라 특색을 살린 조연이 어우러져 모두가 돋보일 수 있는 뮤지컬을 연출 할 수 있었습니다. 연출가와 작가의 역할을 하면서 소수의 입장을 헤아리며 그들의 생각에 귀 기울여야 한다는 것을 깨달았습니다. 앞으로 초등교사가 되면 뒷자리에 앉아 활동에 적극적으로 참여하지 못하는 소수의 아이들의 입장을 공감하며 그들의 의견에 귀 기울여주는 소통하는 교사가 되겠습니다."

첨삭 본문에서는 소수의 입장보다 성격의 다름이 문제였다. 또 초등교사에 대한 다짐보다는 본문에 근거해 배우고 느낀 점을 충실히 써야 한다.

★완성★ 음악 수행평가로 자체 뮤지컬을 제작한 적이 있습니다. 작가와 연출가를 맡은 저는 어떤 뮤지컬을 만들 것인지 조원들과 토의한 후 로맨틱코미디 대본을 쓰기로 했습니다. 외향적인 친구가 주인공을 맡고 나머지 조원들은 조연을 하게 되면서 자연스럽게 역할이 분담되었고, 관객들에게 웃음을 선사하고 싶었던 저는 과장된 표정과 행동이 필요한 대본을 완성했습니다.

연습 첫날, ⓢ주인공을 맡은 친구가 제게 와서 책을 읽듯이 연기하는 친구에 대해 불만을 토로했습니다. 주연뿐 아니라 조연들도 돋보이며 조화를 이루는 무대를 만들고 싶어 조연들의 대사에 많은 유머요소를 더했지만, 소심한 친구의 연기는 어색했습니다. 저는 조연친구에게 연습 중 힘든 점이 있냐고 물어봤고, ⓣ친구는 과장된 연기가 필요한 것이 고민이라고 했습니다. 친구의 말을 듣고 생각해 보니 제가 관객들을 즐겁게 하는 것에만 초점을 맞추어 배역을 맡은 친구들의 성향을 충분히 고려하지 않았다는 것을 깨달았습니다. 이 문제를 어떻게 해결할까 고민하다가 Ⓐ조원들과 함께 다양한 개그 프로그램을 시청하기로 했습니다. Ⓐ시청 후 각자의 느낀 점과 의견을 나누었고 그 결과 밋밋한 표정연기와 행동에 신나는 배경음악이 들어가면 재밌는 분위기가 연출된다는 걸 알게 되었습니다. Ⓐ저는 음악감독에게 대사에 맞는 경쾌한 노래를 찾아달라고 부탁했습니다. 노래를 틀어 연습해 보니 조연친구도 부담을 느끼지 않게 되었고, 주연친구들도 재밌는 분위기에 만족해했습니다. Ⓡ덕분에 유머감각이 더해진 대사와 코믹한 노래로 관객에게 큰 호응을 받았고, 바라던 대로 주연뿐만 아니라 조연들의 대사에 웃음 포인트가 더해져 Ⓡ모두가 돋보일 수 있는 조화로운 무대를 연출할 수 있었습니다.

Ⓒ뮤지컬의 책임자로서 당장의 목표보다 팀원의 성향을 파악하고 이해하는 것이 우선임을 깨달았고, 소수의 의견도 조율하며 공동의 목표를 향해 나아가야 함을 깨달았습니다. 더불어 문제가 생겼을 시에 구성원들과 함께 해결책을 찾고 모두가 만족할 만한 방안으로 나아가는 게 중요함을 느꼈습니다.

S T A R C	Ⓢ(상황) 주인공 맡은 친구가 다른 친구에 대한 불만을 이야기함.
	Ⓣ(역할, 목표) 소심한 친구는 과장된 연기가 고민.
	Ⓐ(행동) 개그 프로그램 시청 후 의견 나눔. 음악 중요성 깨달음.
	Ⓡ(결과) 관객에게 큰 호응, 모두가 돋보이는 조화로운 무대.
	Ⓒ(배우고 느낀 점) 팀원의 성향 파악이 중요함을 깨달음, 소수의 의견 조율, 문제시 구성원들과 함께 해결하는 방안의 중요성.

배경을 간단명료하게 바꾸었고, 갈등 해결을 구체적으로 썼으며, 본문에 기반한 배우고 느낀 점도 알차다. 팀원의 어려운 점을 함께 해결해 나가는 리더십도 멋지다. 더욱이 수행평가 과제를 하면서 리더십을 보였다는 점이 아주 매력적이다.

"1학년 때, 수능을 앞둔 3학년을 배려하는 학교문화를 이해하며 3학년 교실 쪽을 지날 때면 정숙하고 걸어갔습니다."

 학교문화에 대한 이해라는 말은 틀렸다. '학교문화가 있다.' 정도의 글이다.

"하지만 시간이 지나면서, 배려라고 하기에는 불편하게 느껴지는 일이 종종 발생했습니다. 가령 체육관에 3학년이 오면 운동 도중에 눈치를 보며 나와야 했습니다. 또 먼저 배식을 받는 3학년이 맛있는 반찬을 많이 받아가면서 가장 나중에 먹는 1학년은 불이익을 보는 상황도 간혹 생겼습니다. 3학년을 둘러싼 악담이 오가며 그 불평불만의 소리가 커졌으나 정작 나서서 건의하는 친구는 없었습니다. 저 또한 학교에 의견을 내겠다고 마음먹었지만, 처음이었기에 긴장되어 망설이다가 아쉽게도 건의할 기회를 놓쳐 실패했습니다."

 '악담'이란 비방과 저주의 표현이다. 순화해야 한다. 또 학교에 의견을 내려다 망설이는 모습이 아니라 '건의했는데 무시당하거나 받아들여지지 않았다.'는 식의 주도적인 면모를 보여야 한다.

"2학년 때, 반장으로서 참여 기회를 얻은 교육공동체 대토론회가 토론을 통한 갈등 해소의 길이라고 생각하여 다시 도전했습니다. 이를 준비하며 친한 후배를 통해 이번에도 같은 갈등이 지속됨을 확인했고, 아래 학년 학생들의 의견을 듣고자 학생회 간부 친구들을 설득해 함께 조사해 보았습니다. 토론회에서 자유발언권을 얻어 문제 상황을 설명하고 학생들의 생각을 반영하여 그 대책으로 체육관에서는 시합하여 이긴 학년이 먼저 이용하기 등의 의견을 표출했습니다."

첨삭 밑줄 친 부분은 불필요한 글들이다. 빼는 게 좋다. 그리고 토론대회 준비는 친한 후배의 의견 때문이 아니라 공식적인 조사를 거치는 방식이어야 한다.

"예상대로 3학년 선배들의 반대 의견이 잇따랐습니다. 하지만 꿋꿋하게 저의 생각을 말하며 토론한 끝에, 많은 지지를 받아 저의 의견이 수용되었습니다. 학생들의 의견이 반영되자 3학년에 대한 불평불만이 줄어들었고 주춤했던 선후배 연계활동도 다시 활발해지며 서로 배려하는 분위기로 개선될 수 있었습니다."

첨삭 토론에서는 꿋꿋하게 말했다기보다 가져온 자료를 활용해 설득하는 모습을 보여야 한다. 아래 학년만이거나 혼자만의 불편함보다는 다수 학생이 불편해하면서 개선을 원했다는 이야기가 훨씬 더 타당성을 가진다.

"이를 통해 Ⓐ갈등이 생길 때면, 불평불만을 품고 누군가 해결해주기까지 기다리는 것이 아니라 상황을 직접 살피고 해결하기 위한 대책을 생각해보며 스스로 나서는 자세를 배웠습니다. 또 토론회에 참여해 용기 내어 저의 의견을 개진했던 과정에서 누구나 익숙지 않은 일에는 긴장하기 마련이라는 말을 떠올리며 자신감을 가질 수 있었습니다. 이를 계기로 어떠한 도전을 하게 되더라도 두려움을 덜고 시작할 수 있는 용기를 갖게 되었습니다. 덧붙여 이번에 겪은 문제의 원인은 학생들의 의견과 생각을 반영하지 못한 학교 문화라고 생각합니다. 제가 교사가 된다면 아이들이 언제든 건의할 수 있는 환경을 조성할 것입니다."

점삭 배우고 느낀 점을 용기, 긴장, 두려움, 자신감 등으로 표현했는데, 정작 본문은 공동체의 갈등을 해결하는 내용이다. 일관성에 어긋난다. Ⓐ와 같은 배우고 느낀 점이 필요하다.

✦완성✦ 1학년 때, 3학년 교실 쪽을 지나갈 때면 정숙보행을 해야 하는 등 Ⓢ3학년을 배려하는 학교문화가 있었습니다. 그러나 갈수록 Ⓢ배려라기에는 불편하게 느껴지는 일들이 눈에 들어왔습니다. 가령 방과 후 체육관에서 운동을 하는 도중에 3학년이 오면 눈치를 보며 나와야 했고, 또 먼저 배식받는 3학년이 맛있는 반찬을 많이 받아가는 날에는 마지막 차례인 저희의 반찬이 부족하곤 했습니다. 이는 배려를 넘어선 부당함이라는 불만의 목소리가 커져 친구들과 함께 담임선생님께 건의해 보았지만, 선생님께서는 저희의 단순 불평으로 간주하셨습니다.

그리하여 2학년 때, 공개석상의 토론 형태를 가진 Ⓣ교육공동체 대토론회에서 이 문제를 공식적으로 제기해야겠다고 생각했습니다. Ⓐ아래 학년 학생들에게 조사해 본 내용을 바탕으로 토론회에서 작년에 이어 반복되는 Ⓐ문제 상황을 설명하였고 그 해결방안을 이야기했습니다. 이를테면 체육관 동시 이용 시 시합하여 이긴 학년이 먼저 쓰기, 학년별로 급식 순서를 번갈아 가고 적당량 받기 등 학생들의 의견을 반영한 대책을 제시했습니다. 예상대로 3학년들의 반대가 잇따랐으나 이는 저 혼자만이 아닌 많은 학생들이 불만을 표출하는 문제이기에 개선되어야 한다고 주장했습니다. 1학년에게 실시한 Ⓐ설문지와 의견 수렴 자료를 근거로 토론을 이어갔고 많은 지지를 얻어 의견이 수용될 수 있었습니다. ⓡ학교문화가 개편된 초반에는 일부 반발이 있었지만 점차 자리 잡으면서 학년 사이의 갈등이 사그라들었고 자연스레 서로 배려하는 분위기로 바뀌어 갔습니다.

이를 통해 ⓒ공동체에서 갈등이 생기면 해결될 때까지 기다리는 것이 아닌 앞장서 해결해 나가는 자세를 배웠습니다. 아울러 학교에 의견을 표출하기 위해 교육공동체 대토론회와 같이 공식적인 자리를 찾아야 했던 것에 안타까움을 느끼며 ⓒ학생들이 언제든 자유롭게 의견을 펼 수 있는 수평적인 의사소통 체계가 활성화되어야 한다고 생각했습니다. ⓒ어떤 공동체든 갈등의 발생 자체를 막을 수는 없기에 저는 민주적인 방법으로 이를 관리해 나가고자 합니다.

S	ⓢ(상황) 3학년 배려하는 학교문화의 변질.
T	ⓣ(역할, 목표) 대토론회에서 공식적 문제 제기.
A	ⓐ(행동) 학생들의 의견 조사, 문제 상황 설명, 해결방안 제시.
R	ⓡ(결과) 학교문화 개편 성공! 서로 배려하는 분위기.
C	ⓒ(배우고 느낀 점) 갈등시 해결을 기다리기보다 앞장서 해결하는 자세.

공동체의 갈등, 특히 학년 간 갈등을 해결하는 모습이 멋지게 드러난다. 학교 안에서 관습적으로 행해지던 것들을 앞장서서 바꾸는 진취성이 돋보인다. 또 배려가 아닌 불편함에 대해 이렇게 구체적인 예를 들어줌으로써 입학사정관도 그것이 잘못된 관행이라는 점을 수긍할 수 있게 잘 쓴 글이다.

합격 자소서
3번 문항 STARK 분석하기

저희 학교에서는 일본 동경 국제고와 자매교류를 하면서 매년 축하공연을 개최합니다. 어렸을 때부터 취미로 바이올린을 해온 덕분에 친구들에게 음악적 감각을 인정받아 ⑤합주에서 지휘자를 맡게 되었습니다. 저는 학교를 위한 자매교류 축하공연이라는 말에 걸맞게 최우선으로 합주에만 집중했습니다. ⑤하지만 연주할 곡의 선곡부터 악기 배치까지 당연하다고 생각했던 것들에 대해 친구들 모두의 의견이 달라 서로의 마음이 맞지 않았습니다.

①마음이 맞지 않으면 화음 또한 서로 맞출 수 없다는 생각이 들었습니다. 그러기에 공연 준비를 위한 ④회의를 하며 친구들의 의견을 가감 없이 듣고 정리하였습니다. 가장 큰 문제는 각자 연주할 수 있는 능력이 다른 것이었습니다. 친구들은 각자의 연주 수준에 맞는 곡을 선택하길 원했습니다. 연주 능력이 부족한 친구는 짧으면서도 쉬운 곡을, 연주 능력이 좋은 친구는 어렵지만 웅장하면서도 멋있는 곳을 연주하고 싶어 했습니다.

이러한 ⓒ근본적인 문제를 알고 난 뒤 단순히 선곡이 중요한 게 아님을 깨달 았습니다. 단기간에 실력을 끌어올리기는 어렵기에 악보를 볼 수 있으나 Ⓐ연 주 실력이 부족한 조, 연주가 능숙한 조로 나누었습니다. 그리고 각자의 실력 에 맞게끔 곡의 Ⓐ파트를 분배하여 연주 실력이 부족한 친구도 부담을 느끼지 않고, 연주가 능숙한 친구는 자신의 실력을 뽐낼 수 있게 해주었습니다. 더불 어, Ⓐ연주를 잘하는 친구들 중 몇 명을 자발적으로 지원받아 실력이 부족한 친구들을 가르칠 수 있게 해주었습니다. 이렇게 Ⓡ지속적으로 연습을 거듭하 여 화음을 맞출 수 있었습니다. 이후, 축하공연에서 서로를 믿고 자신의 파트 를 훌륭히 연주하여 친구들, 선생님들뿐만 아니라 자매교류 학교의 환호를 받 을 수 있었습니다.

단순히 쉬운 곡 혹은 어려운 곡으로 선곡하여 연습을 했다면 이러한 결과를 얻을 수 없었을 것입니다. ⓒ획일적인 방법이 아닌 각자의 능력을 고려한 방 법으로 친구들 각자의 능력을 펼치는 데 도움을 주는 것이 리더의 자질이라는 것을 배울 수 있었습니다.

S	Ⓢ(상황) 합주의 지휘자, 친구들의 의견이 다 다름.
T	Ⓣ(역할, 목표) 마음을 맞게 해야 한다는 목표.
A	Ⓐ(행동) 회의로 근본적 문제를 알고 파트 배분.
R	Ⓡ(결과) 화음 맞추고 공연 성공.
C	ⓒ(배우고 느낀 점) 각자의 능력을 고려한 배분이야말로 리더의 자질.

합주 지휘자로서 친구들 실력에 맞추어 곡을 분배하고, 잘하는 친구들에게는 그 능력을 뽐낼 기회도 주는, 리더로서의 능력이 잘 드러나는 글이다.

친구들과 함께 '심봉사'를 통해 ⑤해운대 청소년 수련원에 가서 가정 형편이 어려운 중학생들의 수학, 과학을 가르치는 봉사를 했습니다. 학생들이 다른 과목은 잘 이해를 하는데 과학수업은 이해를 하지 못하는 경우가 많았습니다. 수업이 시각 자료 없이 글로만 이루어지는 방식이라서 학생들이 이해하기 어렵다고 표현을 했습니다. 그래서 ⑦중학생들의 눈높이에 맞추기 위해서 중학교 때 실험하던 리트머스 종이를 직접 가져와 산염기의 반응과 빛의 분산을 보여주는 프리즘 등 ④손쉽게 할 수 있는 실험들을 보여주었습니다. 이렇게 눈에 보이는 실험들을 접한 ⑧학생들은 신기해하며 과학 수업에 흥미를 보였습니다. 하지만 많은 학생들 중 한 학생만 집중하지 못하는 모습을 보였습니다. 그래서 이 학생을 지켜보다가 수학수업 때 질문을 했는데 잘 대답을 하며 또 대화가 잘 통하는 아이였습니다.

⑤하지만 수학문제를 풀면서 학생은 자신의 답이 틀림에도 불구하고 정답이라며 계속해서 우겼습니다. 서로의 주장을 내세우다 보니 말싸움으로 번지게 되었고 서로 자존심을 꺾지 않으려 했습니다. 해결책을 강구하던 중 저는 담당 선생님으로부터 ⑤그 아이가 주의력 결핍이라는 사실을 들었습니다. 그래서 저는 공부를 하다가 그 학생을 배려하는 마음에서 ④힘들 때 15분 정도 쉬는 방식으로 바꿨습니다. 또한, 가격계산을 하는 문제에서 ④일상생활에서 접하기 쉬운 예시를 들어가며 주의력이 흩어지지 않도록 스토리텔링을 해서 설명했습니다. 그리고 그 아이의 낮은 자존감을 높이기 위해 ④쉬운 문제를 풀어도 크게 칭찬했습니다. ⑧그랬더니 학생이 공부에 대한 이해도와 흥미를 둘 다 가져가는 일석이조의 효과를 보았습니다.

자연스럽게 학생과 다투는 일이 없어졌고 평소에 학업에 흥미가 없던 학생이 흥미 있는 학생으로 바뀐 것을 보고 ⓒ상대방을 배려하는 마음의 중요성을 깨닫게 되었습니다. 이 경험을 토대로 ⓒ항상 타인의 입장을 생각하고 눈높이에 맞추어 사람들이 필요로 하는 분야를 연구하여 사회에 이바지하고 싶습니다.

S	Ⓢ(상황) 중학생들 가르치는 봉사. 수학 문제 오답을 우기는 학생.
T	Ⓣ(역할, 목표) 눈높이에 맞춘 수업, 주의력 결핍 아이를 배려.
A	Ⓐ(행동) 쉬운 실험들, 쉬는 시간, 쉬운 예시, 큰 칭찬.
R	Ⓡ(결과) 수업에 흥미, 공부에 대한 이해도와 흥미가 늘어남.
C	Ⓒ(배우고 느낀 점) 상대방을 배려하는 마음의 중요성.

단순 봉사에서 끝났다면 아쉬웠을 내용인데, 주의력 결핍 학생을 배려해 맞춤형 수업을 진행함으로써 배려의 중요성을 깨달은 이야기가 들어가 좋은 글이 되었다.

핵심체크

배려를 행한 일뿐만 아니라 배려의 중요성도 함께!

교내 축제 때, ⓢ방송부의 가요제와 연극부의 연극제가 동일한 시간, 동일한 건물에서 진행되는 것으로 스케줄이 짜였습니다. 연극제는 연극에 집중할 수 있는 조용한 상태가 필요하지만, 가요제는 시끄러운 음악과 학생들의 함성소리가 나올 수밖에 없었기에 ⓢ두 공연의 진행에 앞서 마찰이 빚어졌습니다. 특히, 매년 가요제를 위한 음악이 연극실로까지 들렸고, 매번 연극부의 배려로 넘어갔었지만, 당시에는 동문까지 오셨던 상황이라 연극부원들의 항의가 거세졌습니다.

방송부장으로서 가요제의 총괄을 맡았기에 ⓣ이 문제를 신속하게 해결해야 했습니다. 이를 위해 Ⓐ연극부와 협의를 진행하였고, 양측 모두가 동의할 수 있는 방안을 찾아냈습니다. 바로, 방송부에서 가요제를 늦추는 대신 연극부에서는 연극제에 참가한 학생 중 가요제까지 관람한 학생들에게 경품 추첨 쿠폰을 주는 방법입니다. 하지만 막상 시간을 조정하려다 보니 밴드부 및 댄스부의 찬조공연의 시간까지 연기하며 해결해야 할 것이 꼬리에 꼬리를 물듯 이어왔습니다. 찬조공연은 공지된 시간에 맞춰 바쁘게 준비했던 터라 협의에 어려움을 겪었지만 '연습시간이 더 주어진 것이라 생각해 주고 더 멋진 무대를 위해 힘써줘.'라며 Ⓐ설득하려 노력했고 결국 제안을 수락해 주었습니다.

여러 준비를 마친 뒤 연극부와 협의된 시간을 학생회에게 제안했고, 학생회 역시 제안을 수락했습니다. Ⓡ이렇게 협의된 시간은 방송부, 연극부 모두에게 예상보다 더 많은 학생이 참가하는 결과를 가져다주었습니다.

갑작스러운 갈등으로 인해 많이 당황스러웠습니다. Ⓒ평소라면 이번 상황도 눈치를 보며 대충 넘기거나 해결하지 못해 어정쩡하게 진행할 것이라 생각했습니다. Ⓒ갈등을 피하려던 저는 근본적인 문제점을 찾고 서로에게 해가 되지 않는 방안을 적용할 때 더 큰 이점을 가져온다는 것을 배웠습니다. 책임감을 가지고 프로그램을 제작하는 PD는 이처럼 예측할 수 없는 갈등 상황으로 가득할 것입니다. 그때마다 갈등을 회피하기보단 올바른 해결책을 제시하기 위해 노력하겠습니다.

S T A R C	Ⓢ(상황) 방송부와 연극부의 갈등. Ⓣ(역할, 목표) 목표는 갈등 해결하기. Ⓐ(행동) 연극부와 협의 후 시간 조정 방안 찾아냄. Ⓡ(결과) 더 많은 학생이 참가. Ⓒ(배우고 느낀 점) 갈등을 피하지 않고 절충방안을 적용하니 좋은 결과를 낼 수 있음을 배움.

축제에서 가요제와 연극제의 공연 시간 때문에 일어난 갈등과 해결과정이 잘 나타나 있다. 특히, 배우고 느낀 점 부분에서 '평소라면 눈치를 보며 대충 넘기거나 해결하지 못했을 텐데 이번에는 문제점을 찾고 방안을 제시해 보면서' 성장했다는 이야기가 눈길을 끈다.

핵심체크

갈등 해결과정도 좋지만 배우고 느낀 점이 더 좋다.

2학년 때부터 관내에 있는 ⑤요양원에서 봉사활동을 했습니다. 3학년 때 요양원에 계시는 복지사님에게 ⑤"종이접기 프로그램을 진행해 보면 어떻겠니?"라는 제안을 받았습니다. 어르신들과 함께 소통하며 할 수 있는 활동이기에 다른 봉사활동보다 뜻깊은 활동으로 남을 것 같아 진행하기로 했습니다. 처음엔 종이접기 책자를 보며 '새 접기'를 연습해 갔습니다. 완성된 모습이 새와 꼭 닮아 모두들 좋아하실 것이라는 생각을 하며 진행을 했습니다. 그런데 진행을 하던 도중 ⑤한 할머니께서 "어려워서 못하겠다."며 종이접기를 포기하시고 더 이상 접으려 하지 않으셨습니다. 예상하지 못했던 상황에 저는 당황을 했고 어찌할 바를 몰랐습니다.

결국 '새 접기'는 완성도 하지 못한 채 흐지부지하게 끝나버렸고 ⓣ저는 이 상황의 문제점을 되짚어 보았습니다. 문제점은 복잡한 종이접기 과정이었습니다. ©종이접기 프로그램의 목적은 아름다운 종이접기가 아니라 어르신들의 손가락 소근육 사용을 도와 활동성을 유지하는 것인데, 저는 그 목적을 간과하고 단순히 결과물만 생각했기 때문이었습니다. 다음 프로그램 진행을 할 때는 Ⓐ'하트 접기'라는 쉬운 주제로 변경해 어르신들에게 할 수 있다는 의지를 일깨워드리며 Ⓐ종이접기를 과정을 차근차근 알려드렸습니다. Ⓡ모두가 종이접기를 완성해내셨고 할머님은 완성한 하트를 제게 주시며 소녀처럼 좋아하셨습니다. '처음부터 익히기 쉬운 종이접기로 진행할걸'이라는 후회도 들었지만 ©예쁜 결과물이 아닌 어떻게 접는지 궁금해하시며 생각하는 힘을 기르고, 손가락을 이용하며 함께하는 활동과정을 중요시해야 한다는 깨달음을 얻었습니다.

이 프로그램을 진행하는 동안에는 직접 시범을 보여드릴 뿐만 아니라 어르신들에게 과정을 알아듣기 쉽게 설명을 하였습니다. 이 과정 속에서 간호사가 되어서도 환자들에게 전문적인 용어만을 사용해 설명하는 것이 아니라 쉬운 용어를 사용해 이해하기 쉽도록 설명을 해야겠다는 배움을 얻었습니다.

S T A R C	⑤(상황) 요양원 봉사.
	⑦(역할, 목표) 봉사활동 중 할머니의 종이접기 포기라는 문제점이 생겼고, 이를 해결하기로 목표를 정함.
	ⓐ(행동) 쉬운 주제로 변경.
	ⓡ(결과) 모두가 완성하고 할머니도 좋아함.
	ⓒ(배우고 느낀 점) 결과물이 아닌 손가락 활동과정이 중요하다는 깨달음.

봉사를 통한 나눔과 프로그램을 쉽게 바꾸면서까지 할머니를 배려하는 모습이 잘 드러나 있고, 그 과정에서 배우고 느낀 점도 아주 좋다.

핵심체크

자소서 3번 항목을 지원학과와 연결하는 훌륭함!

어렸을 적부터 팀의 조장을 많이 맡으면서 '나는 완벽한 리더'라는 생각을 은연중에 가지고 있었습니다. 이것이 자만심이고 진정한 리더란 무엇인가에 대해 고민하고 깨닫게 된 건 ⓢ2학년 국어 조별활동이었습니다. ⓣ성적에 대한 욕심도 있었지만 국어선생님께 잘 보이고 싶다는 욕심에 완벽한 준비와 결과물로 조별활동을 해내고 싶었습니다. 팀의 조장으로서 수행평가에서 우수한 평가를 받기 위해 다른 팀보다 ⓐ더 풍부한 자료와 질적인 자료를 조원들에게 요구했습니다. 그리고 이를 위한 ⓐ세부계획을 세워 조원들에게 분담했습니다. 처음엔 열심히 하는 듯했던 조원들의 속도는 점점 느려졌고, 제가 바라고 계획했던 대로 진행되지 않았습니다. 그래서 강력한 리더십으로 조원들이 과제를 할 수 있게 만들어야겠다고 생각한 저는 ⓐ늦으면 독촉을 하고, 주말에는 틈틈이 문자를 보내 상황을 물어보았습니다. 또한, ⓐ마감시간을 지키지 못하면 불편한 마음을 그대로 드러냈습니다. 그러던 중 조원 한 명이 자꾸 마감시간을 지키지 않고, 조사도 충실히 하지 않은 것 같아 ⓐ화를 내게 되었습니다. 이후, ⓡ팀의 분위기는 어색하게 되었고, 한 친구가 저를 따로 부르더니 ⓡ제 의욕이 과해서 조원들이 힘들어하고 과제를 하기 싫어한다고 말해 주었습니다. 팀의 목표를 위해 리더로서 최선을 다하고 있다고 생각했던 저에게 큰 충격이었습니다.

이후 조원들을 한 명씩 찾아가서 ⓐ그동안의 행동들에 대해 사과를 하고 ⓐ과제를 할 때 힘든 점이 무엇인지 물어보았습니다. 이렇게 모두의 얘기를 들으면서 각자의 과제에 대한 생각이 다르고, 우선순위가 다르고, 시간계획이 다름을 알 수 있었습니다. 이 내용을 토대로 ⓐ조원들의 의견과 계획이 반영되도록 계획을 수정하여 모두가 이해하고, 자신의 상황 안에서 최선을 다할 수 있게 도와쳤습니다. Ⓡ모두가 자발적으로 최선을 다하니 발표에서 최우수 성적을 받을 수 있었습니다.

이번 수행평가를 통해 진정한 리더란 독단적으로 팀을 이끄는 게 아닌 구성원들이 자발적으로 팀의 목표를 향해 움직일 수 있도록 도와주는 것임을 깨달았습니다.

S	Ⓢ(상황) 국어 조별활동.
T	Ⓣ(역할, 목표) 완벽한 준비와 결과물을 원함.
A	Ⓐ(행동) 양질의 자료 조원들에게 분담, 독촉, 화, 사과, 의견 반영.
R	Ⓡ(결과) 팀 분위기 엉망, 발표에서 최우수 성적.
C	Ⓒ(배우고 느낀 점) 완벽한 리더라는 자만심 깨짐, 진정한 리더 고찰.

스스로 완벽한 리더라고 생각하고, 조별 과제를 하면서 친구들에게 독촉하고 화를 내다가 친구들의 의견을 듣고 깨달음을 얻는 과정이 잘 나타나 있다. 잘한 행위도 좋지만 이렇게 잘못에서 깨달음을 얻고 어떻게 성장했는지 쓰는 것 또한 좋은 전략이다. 진정한 리더에 대한 고민이 뚝뚝 묻어난다.

핵심체크

잘못한 일도 자소서 내용이 된다!

2학년 때부터 2년 동안 영어부장을 맡아 선생님의 수업 준비와 진행 그리고 영어를 어려워하는 친구들을 도왔습니다. 그중 가장 기억에 남는 경험은 친구들과 선생님 사이의 의견을 조율하는 것이었습니다. 선생님께서 매일 교과서 본문에 나오는 문장을 해석하는 ⓢ과제를 내주셨는데 안 하는 친구들이 있어 제출하는 데 어려움이 있었습니다. 그래서 일단 친구들이 ⓣ과제를 내도록 격려하기 위해 ⓐ과제를 제시간에 내면 간식을 준다고 했습니다. 하지만 이 방법은 효과가 없었습니다. 그래서 친구들에게 ⓐ과제를 내지 않으면 100원씩 내는 벌칙을 제안했습니다. 그러자 친구들은 싫다며 반발했고, 과제를 안 내는 친구는 계속적으로 과제를 제출하지 않았습니다. 선생님께서는 과제를 빨리 가져오라고 하시는데 몇몇 친구들의 과제를 걷을 수 없으니 제 입장이 곤란하고 저 또한 친구들을 재촉하는 것도 미안했습니다.

친구들을 제출하게 격려하는 방법을 고민하다가 ⓒ친구들이 과제를 하지 않는 이유를 생각하지 못하고 물질적인 것을 통해서 제출만 독촉하는 제 모습을 보았습니다. 그래서 ⓐ친구들에게 한 명씩 가서 과제에 대해 어떤 생각을 하는지 물어봤습니다. 그 결과 대부분의 친구들은 고3임에도 불구하고 과제가 너무 많다고 생각하고 해석하는 것을 어려워한다는 것을 알게 되었습니다. 친구들의 의견을 바탕으로 양을 줄이는 것이 해결책이라고 생각하여 ⓐ선생님께 과제의 양을 줄여달라고 건의했습니다. 하지만 선생님께서는 다른 반에서도 같이 하는 과제이기 때문에 저희 반만 줄여줄 수 없다고 하셨습니다.

다른 반의 영어부장에게도 과제를 안 내는 친구가 많은지 물어보자 그 친구도 저와 같은 고민을 하고 있었습니다. ⓐ그래서 그 친구와 함께 선생님께 가서 단순히 양을 줄여달라는 말 대신 ⓐ과제를 좀 더 쉬운 문장으로 바꾸고 기한을 조금 더 늘려달라고 부탁드렸습니다. ⑧결국 선생님께서는 해석 과제를 대부분 짧고 간단한 문장으로 바꿔주셨습니다. 친구들은 매우 좋아했고 과제에 대한 부담이 줄었다고 저에게 고맙다고 하였습니다. ⑧그 이후 제때에 과제를 다 해서 내는 친구들이 늘었습니다.

의사소통을 통해 영어부장으로서 친구들의 고충을 덜어줄 수 있었고, 친구들의 문제를 알아보지 않은 채 ⑧표면적으로 해결하려 하고 과제 제출만 재촉한 제 모습을 반성했습니다. 보상이나 벌칙을 통해 강요하고 문제를 해결하는 것이 아니라 ⑧소통이 중요하다는 것을 깨달았습니다. 처음에는 선생님께 건의하는 것이 어렵게 느껴졌지만, 저를 포함한 친구들의 의견과 상황을 진심으로 전달하면 이해해 주신다는 것을 알 수 있었습니다.

S	⑤(상황) 친구들이 과제 제출을 하지 않는 상황.
T	⑤(역할, 목표) 과제 제출할 수 있도록 만들기.
A	⑥(행동) 보상과 벌칙도 효과 없어 친구들 의견 듣고 선생님께 건의.
R	⑧(결과) 선생님께서 바꿔주고, 친구들은 과제 제출을 잘함.
C	⑥(배우고 느낀 점) 표면적 해결 태도 반성, 소통의 중요성 깨달음.

리더십, 갈등관리로 볼 수도 있으나 해결과정을 보면 결국 소통이 핵심인 내용이다. 친구들, 선생님과의 소통을 통해 문제를 해결하면서 소통이 얼마나 중요한지를 보여준다.

대학이 3번에서 보려는 것은 인성이다. 배려, 나눔, 협력, 갈등 관리 등은 사람마다 정의하는 게 다를 수 있다. 누구에게는 배려지만 다른 누구에게는 배려가 아닐 수 있다는 말이다. 이때 4가지를 다 써야 한다고 오해하지 말자.

인성을 보여주는 사례의 소재들	친구와의 협력이나 갈등 중재 및 고민 상담. 선생님과의 갈등, 멘토 멘티 활동, 체육대회나 봉사활동 및 동아리 활동 등에서 솔선수범한 일, 교내 대회에서 리더십 발휘 및 협동해 성과를 거둔 경험 등.(앞의 소재 참조)

S 상황	학생부에 기재된 내용 중 위 사례와 관계된 활동은?
T 역할 목표	위의 활동에서 내 역할이나 목표는 무엇이었나?
A 행동	역할과 목표를 위해 나는 어떤 행동을 했나?
R 결과	내가 한 행동으로 인해 어떤 결과가 나타났나?
C 배운 점 느낀 점	이 활동을 통해 무엇을 배우고 느꼈나?

6장

대학을 바꾸는
자소서 4번 문항 쓰기

대입 자소서 1~3번 문항은 공통문항이지만 4번 문항은 대학마다, 해마다 달라질 수 있다. 대학의 자율성 때문이다. 따라서 먼저 지원하는 대학교 홈페이지에서 문항을 꼭 확인해야 한다. 하지만 찾아보면 많은 대학의 4번 문항이 아래처럼 비슷하다는 사실 또한 알 수 있다.

---

4. 해당 모집단위에 지원하게 된 동기와 지원하기 위해 노력한 과정을 구체적으로 기술해 주시기 바랍니다.(띄어쓰기 포함 1,500자 이내).

4. 해당 모집단위에 지원하게 된 동기와 이를 준비하기 위해 노력한 과정이나 지원자의 교육환경(가정, 학교, 지역 등)이 성장에 미친 영향 등을 경험을 바탕으로 구체적으로 기술하시오.

4. 자신의 성장환경(가정.학교)이 교직을 수행하기에 어떤 강점이 될 수 있는지 서술하시오.(1000)

4. 지원 전공을 선택한 이유와 대학 입학 후 학업 또는 진로계획에 대해 기술하기 바랍니다.(1000자)

4. 지원 모집단위에 대한 노력 과정 및 지원동기와 향후 진로계획에 대해 기술해 주시기 바랍니다.(1000자)

4. 고등학교 재학 기간(또는 최근 3년간) 읽었던 책 중 자신에게 가장 큰 영향을 준 책을 3권 이내로 선정하고 그 이유를 기술하여 주십시오.

앞에 열거한 항목들을 바탕으로 정리하면 대입 자소서 4번 문항의 질문은 크게 다음의 6가지로 나눌 수 있다.

1. 지원동기.
2. 지원을 위해 노력한 과정.(우리 대학교가 지원자를 선발해야 하는 이유)
3. 교육환경, 성장환경.(가정, 학교, 지역 등)이 성장에 미친 영향.
4. 대학 진학 후 학업계획.
5. 대학 졸업 후 진로계획.
6. 자신에게 영향을 준 책 3권.

보통 학생들이 공통문항 1~3번에는 많은 공을 들이지만 4번은 어떻게 써야 할지 몰라 헤맬 때가 많다. 또 적당히만 쓰려는 학생들도 종종 있다. 하지만 4번 문항도 중요하기는 마찬가지다. 하나하나 알아보자.

지원동기 쓰기

4번 문항에서는 보통 지원동기와 노력한 과정 혹은 지원동기와 학업계획, 진로계획 등을 물어보는데, 그중 빠지지 않는 게 지원동기다. 그리고 학생들 대부분은 지원동기를 '이 학과에 지원한 동기'라고 단순하게 생각한다. 즉, CEO가 되고 싶어 경영학과를 지원하고, 간호사가 되고 싶어 간호학과를 지원하고, 의사가 되고 싶어 의대를 지원한다는 식이다. 정말 이렇게 써도 될까? 당연히 안 된다. 경영학과 지원 동기에 'CEO가 되고 싶어서'라고 쓰면 아무도 뽑지 않는다.

내가 어떤 학과에 지원하는 이유는 이루고 싶거나 되고 싶은 뭔가가 있기 때문이다. 그리고 그걸 이루기 위해 대학엘 간다. 단순한 CEO가 아니라 '장애인에게 필요한 물품을 만드는 회사의 CEO가 되어 실제적 차별을 줄이는 데 보탬이 되겠다.'는 것처럼 말이다. 잘 모르겠으면 앞에 나온 동기, 비전, 학과목표, 직업목표 부분을 다시 보고 자신의 비전이 무엇인지에 대해 고민해 봐야 한다.

그렇게 보면 지원동기 또한 내 꿈을 이야기하는 공간이다. 어떤 꿈을 가졌고, 그 꿈을 갖게 된 계기는 무엇이고, 그 꿈을 이루기 위해 어떤 직업을 선택할 것이고, 그 직업에 다가가기 위해 ○○학과에서 무엇을 배우고 싶다. 이렇게 이어지는 것이다. 따라서 진로에 대한 관심과 고민의 과정이 적극적으로 드러나게 마련이다.

그럼 지원동기는 어떻게 써야 할까? 잘못 쓴 지원동기, 잘 쓴 지원동기, 중간에 진로가 바뀐 지원동기 쓰기의 예를 보자.

잘못 쓴 지원동기 4가지

① 주입식 공부에서 벗어나고 싶어서

"어렸을 때부터 학원을 다니며 영어를 쉽게 접하다 보니 자연스레 관심과 흥미를 갖게 되었고, 가장 좋아하는 과목이자 잘하고 싶은 마음이 넘치는 과목이 되었습니다. 그러나 교육과정 특성상 입시를 위주로 하는 주입식 교육이 대부분이었고, 저는 언어뿐만 아니라 영미문학 그리고 영미문화권에 대해 심도 깊은 학습을 하고 싶었기 때문에 가톨릭 대학교에 지원하게 되었습니다."

시작부터 잘못되었다. 학원을 다니며 영어에 흥미를 가졌다는 건 사교육 유발요인이다. 또 이 글에서는 '주입식 교육에서 벗어나 문학에 대해 깊이 학습하고 싶어서'가 지원동기로 보인다. 하지만 영문학과에서도 고전영어, 문법, 표현 등 주입식으로 배우고 암기해야 할 내용들이 많다. 또 시험을 보고 학점을 받으려면 많은 암기와 에세이, 리포트 등을 제출해야 한다. 고등학교 때보다 몇 배는 더 달달 외워야 할지도 모른다. 입학사정관들이 이런 지원동기를 보면 이 학생은 진학해도 공부하기 어렵다고 생각할 수 있다.

반면, 문학에 대한 열정은 좋은 지원동기로, 그렇다면 고등학교 때 영어에 관심이 컸음을 보여주어야 한다. 고등학교 영어에는 철학, 사회, 문학, 과학, 기술, 건강, 패션 등 다양한 지문이 나온다. 입시 위주의 수업이라도 관심만 있다면 공부하고 탐구할 게 많다는 뜻이다. 만약, 문학에 관심이 많다면 EBS 등의 자료에서 문학에 관한 지문을 읽고 그에 대해 더 찾아볼 수도 있고, 작품 일부만 본 게 아쉬워 직접 원서를 찾아 공부할 수도 있다. 이런 내용이 지원동기에 들어가야 한다.

② 적성검사를 받고 나온 진로에 따라서

"고등학교 2학년 때 직업 흥미검사, MBTI 직업검사를 하여 기계를 다루는 학과가 저의 진로임을 확신하였습니다. 또한, 진로시간에 커리어넷의 진로 프로그램으로 기계를 다루는 직업에 대한 정보를 얻었습니다."

이런 검사 결과는 참고자료일 뿐 지원동기로는 적합지 않다. 꿈을 선택하는 데 있어 확실한 계기라고 볼 수 없기 때문이다.

③ 외국에서 살고 싶어서

"중학교 시절부터 저의 진로희망은 외국 병원 간호사로 확실하게 굳어져 있었습니다. 외국어에 관심이 많고 한국이 아닌 새로운 환경에서의 삶을 항상 꿈꿔 온 저에게 해외로 나아갈 길이 많은 간호사는 굉장히 끌리는 직업이었습니다."

어떤가? 간호사로서의 목표나 비전이 확실하며, 제2의 나이팅게일이 될 것 같은가? 이 글에서의 지원동기는 간호사가 아니라 외국에서 살기 위함이다. 솔직할지는 모르나 합격할 만한 지원동기는 아니다. 특히, "외국어에 관심이 많고 한국이 아닌 새로운 환경에서의 삶을 항상 꿈꿔 온"이라는 문장은 치명적이다. 간호사를 택한 간절한 이유가 들어가야 한다.

④ 드라마를 보고, 소설을 읽고

"어릴 적 집안 문지방에서부터 야외까지 넘어지는 일이 하루의 일과처럼 지내던 날들이 있었습니다. 겨울 바지가 찢어질 정도로 넘어진 적도, 가족사진을 위해 입은 옷을 게시하지 못하고 갈아입은 적도, 양쪽 무릎에 큰 상처를 얻어 계곡물에 들어가지 못하고 친구들이 노는 모습을 지켜본 적도 있었습니다. 한번 넘어질 때마다 크게 넘어지는 터라 외상 치료를 위해 병원에 다니는 것도 일상이었으나 어렸을 적을 제외하곤 가보지 않은 곳이 있었는데, 바로 응급실이었습니다. 밤에 잠을 자다 귀에 벌레가 들어가는 일이 생겼던 날 기억 속에 첫 응급실을 경험했습니다. 응급실의 밤은 제 귀의 벌레의 상처보다 더 위급하고 큰 상처를 가진 환자가 많았습니다. 응급실 속 사람들은 모두 1분 1초를 다투어가며 환자를 살리기 위해 힘쓰는 모습을 보였고, 그런 응급실의 사람들을 보며 누군가의 생명을 살리고 외상을 치료하는 일은 위대하다는 것을 느꼈습니다. 성장해 갈수록 응급실 속의 모습은 더욱 생생해졌으며 의학 드라마와 추리 소설을 보며 의료계통 직업에서 일을 하고 싶다는 생각도 커져만 갔습니다."

'응급실에 실려 갔을 때 아픈 환자들을 치료하는 사람들을 보고 위대하다 느꼈고, 드라마와 소설을 보며 의료계통에서 일하고 싶은 마음이 커졌기 때문'이 지원동기다. 잘못 썼다. 의료계통에는 의학과, 간호학과, 물리치료과, 방사선과, 임상병리과 등 다양한 직업이 있다. 구체적이지 않고 의료계통이라고 쓴 건 아직 무엇을 할지 모른다는 사실만 보여준다. 게다가 '드라마와 소설을 보며'는 소설가나 드라마 작가 지원동기에 적합하지 의료인에 적합한 지원동기가 아니다. '드라마와 소설을 보다 의료계통에서 일하고 싶어졌습니다.'와 '암에 걸린 할머니를 보고 고통받는 환자들을 위한 삶을 살기로 결심했습니다.'라고 쓴 자소서가 있다면 어떤 글이 뽑힐까?

잘 쓴 지원동기 4가지

① 마음까지 치유하는 간호사

"간호사를 꿈꾸게 된 계기는 무료급식 봉사활동이었습니다. 처음 봉사활동을 했을 때 제 눈에 비친 노숙인들은 무능력자였습니다. 이들을 위해 더운 날씨에 뜨거운 국을 푸는 것이 불만스러웠습니다. 봉사 후 단장님은 평범한 사람들이 사업 실패, 가족 사망 등 삶의 어려움을 겪고 일자리도 구할 수 없어 어쩔 수 없이 이곳으로 오게 된 이야기를 해주셨습니다. 그러자 이들이 '세상으로 나갈 준비를 하는 사람들'로 다시 보였습니다. 그분들이 다시 힘을 얻어 세상으로 나가길 바라며 '힘내세요!' 말 한마디와 함께 밝게 웃었습니다. 그 후 봉사활동을 하면서 이분들의 상처를 함께 공감하고 치유해 주고 싶어 하는 저를 발견했습니다. 아픈 이들의 몸을 치료해 줄 수 있는 약을 만드는 연구원을 꿈꿔 왔었는데 마음까지 치유해 줄 수 있다면 얼마나 행복할까 생각했고 간호사가 되어 제 꿈을 실현해야겠다고 다짐했습니다." (연세대 간호학과 합격)

응급실 가보고, 드라마와 소설로만 꿈꾸던 학생과 실제 봉사활동을 하면서 노숙인에 대해 바뀐 생각과 자신을 발견하는 모습을 보여주는 학생! 둘의 성적이 비슷하다면 입학사정관은 누굴 뽑을까? 지원동기에는 이처럼 지원 학과나 직업에 대해 진지하게 고민한 흔적이 담겨야 한다. 실제로 봉사활동을 하면서 느낀 점이나 교과 수업, 동아리 활동을 통해 어떤 가치관을 형성하게 되었는지 쓰는 것도 좋다.

② 신체장애도 가상현실에선 뇌파로 자유롭게

"제 꿈은 뇌의 인지영역을 자유롭게 다루어 신체적, 공간적 제한 없는 자유로운 가상현실을 만드는 것입니다. 현재 VR, 증강현실에 대한 관심이 커지고 있으며 그에 관련된 기술이 발전하고 있지만 여러 장비를 착용해야 하며 신체를 움직여야 합니다. 이러한 이유 때문에 신체장애가 있는 분들에겐 제한이 있습니다. 진정한 가상공간은 신체와 상관없이 뇌파만으로 모든 것이 조종 가능해야 한다고 생각합니다. 이런 기술을 개발하여 신체적으로 불편한 분들도 가상현실 안에서는 건강하고 자유로움을 느낄 수 있게 하고 싶습니다." **(성균관대 공학부 합격)**

꿈이 잘 드러난다. VR, 증강현실에 관한 기술이 발전하고 있으나 손이나 발을 써야 하므로 장애가 있는 사람들은 접근이 어렵다. 사실, VR이나 증강현실이 절실한 사람들은 어쩌면 장애인들이라고 할 수 있다. 꿈은 좋은 지원동기가 된다.

③ 생명의 본질을 탐구하는 뇌과학자

"저는 죽음 후 더 이상 사고를 하지 못하고, 감정을 느끼지 못하는 게 두려웠습니다. 이에 철학을 통해 이러한 감정에서 벗어날 방법을 찾아보았습니다. 그러다 고등학교 교육과정 중 확실한 근거를 보이며 생명의 본질을 탐구하는 생명과학을 배우면서 생명과학이 이런 두려움의 해결책이 될 것이라 여겼습니다. 그러던 중 요양병원에서 항상 따뜻한 말씀을 해주시던 할머니께서 인사를 드리는 저에게 '누구냐'라며 치매증상을 보이셨습니다. 죽음에 이르지 않았지만 이러한 기억상실과 사고의 퇴행을 보고 그로 인한 주위 사람들의 고통을 느끼며 뇌에 관련된 병을 연구하는 뇌과학자가 되기로 마음먹었습니다. 이를 통해 인간의 사고 주체인 뇌를 탐구하여 생명의 본질에 알아가고 나아가 인류의 복지향상에 이바지하고 싶습니다." (숭실대 의생명시스템학부 합격)

죽음에 관한 철학적 사고가 생명과학에의 관심으로 이어졌고, 이후 봉사활동 경험을 통해 뇌과학자라는 꿈을 설정하게 된 이유가 잘 나타난다.

④ TV가 좋았던 아이

"'춤추는 신호등'이라는 광고를 보며 막연하게 광고에 대한 꿈을 꿨습니다. 하지만 학년이 오르며 그 꿈에 대한 확신을 잃었습니다. 무언가를 알리는 것은 즐겁지만 TV 광고를 만드는 것이 내가 과연 하고 싶은 게 맞을까? 하는 의구심이 들었습니다. 그러던 중 수학여행으로 JTBC 방송국을 견학했습니다. 역대 방송과 역사의 전시를 둘러보며 친구들과 달리 다수의 방송을 알고 있던 저를 발견했습니다.

초등학생 시절, 일주일의 모든 편성표를 꿰뚫고 있을 정도로 TV를 많이 보았습니다. 많은 방송을 봤기에 상대가 누구든 상관없이 대화거리를 가졌고, 가끔은 친구들에게 방송을 홍보하기도 하며 넓은 공감대를 형성했습니다. 그러던 저는 학업에 매진하는 시간이 점점 많아져 TV를 볼 시간이 부족해졌고, 인터넷에 올라오는 'TV캐스트'의 영상들과 공식 SNS에 올라오는 글들을 휴대폰으로 보며 TV에 대한 그리움을 달랬습니다. 저는 Q&A를 통해 이런 인터넷의 영상과 SNS에 대해 여쭸고, 홍보팀 내의 디지털 마케팅 담당의 역할임을 알았습니다. 초등학생 때 친구에게 방송을 추천해 주던 저를 보며, 이 일을 친구들이 아닌 시청자들에게, 대면이 아닌 온라인을 통해 홍보하면 좋겠다는 생각이 들었고 방송사 디지털 마케터라는 진로를 택했습니다.

이후 이 꿈을 가지고 방송 프로그램을 분석하고 예고편을 비교하며 시청자들은 자신들의 의견이 방송 프로그램에 반영되기를 바라고 있음을 깨달았습니다. 이를 깨달은 후 '시청자들과 소통하며 즐거움을 북돋아 주는 방송사 디지털 마케터'라는 명확한 꿈을 갖게 되었습니다." (중앙대 광고홍보학과 합격)

지원동기가 지원자의 교육환경과 잘 연결되어 있다. 광고라는 꿈에 대한 의구심이 들 무렵 방송국 견학을 가서 자신이 좋아했던 일이 디지털 마케팅임을 깨닫고, 소통하는 디지털 마케터를 구체적인 꿈으로 갖게 되는 과정이 잘 드러나 있다. 꿈에 대한 고민, 어린 시절 모습을 되돌아보며 자신이 정말 좋아했던 일을 구체적인 꿈으로 잘 보여주는 글이다.

중간에 진로가 바뀐 지원동기 3가지

희망 진로가 1학년 때부터 3학년 때까지 변하지 않았다면 상관없지만 중간에 바뀐 학생들도 많다. 혹은 학생부에 적힌 진로희망과 전혀 관련 없는 학과를 지원하는 학생들도 있다. 그러면 지원동기를 쓸 때 엄청 고민된다.

진로가 바뀌었는데, 진로희망과 상관없는 학과를 지원하는데 어떻게 써야 할까? 걱정할 필요 없다. 입학사정관이나 면접관들은 고등학생의 진로가 언제든 바뀔 수 있다는 걸 충분히 이해한다. 실제 입시 결과를 보면 진로희망이 달라지거나 진로희망과 상관없는 학과를 지원했어도 합격하는 사례가 많다.

그렇다면 이전의 이야기는 빼고 바뀐 진로에 대해서만 쓰는 게 맞을까? 그렇지 않다. 대학에서는 진로희망이 바뀌었다면 바뀐 이유를 써주기를 원한다. 꿈이 바뀔 수 있음을 인정하는 만큼 바뀌게 된 계기와 마침내 이 학과를 선택한 이유를 듣고 싶어 한다. 그러므로 '처음에는 이런 이유로 A라는 진로를 선택했는데, 저런 이유로 B라는 진로로 바뀌게 되었다.'처럼 간단하게라도 그 내용이 들어가야 한다.

만약, 4번 문항에 지원동기가 있는 대학이라면 그곳에, 4번 문항에 없는 대학이라면 전공 적합성을 보는 2번 문항에 써도 된다. 진로와 상관없는 학과 지원 시 입학사정관을 설득한다는 생각으로 '이 전공을 선택한 이유'를 구체적으로 적어야 한다.

① 문학평론가에서 시사평론가로

"고등학교 진학 후 독서토론동아리에서 문학책을 다양한 분야와 연관 지어 생각하면서 문학평론가의 꿈을 가졌습니다. 하지만 점점 책의 내용보다도 책 속에서 나타나는 사회현상에 대해 더 흥미를 느꼈고, 여러 시사를 공부하면서 사회를 보다 깊이 연구하고 싶었습니다. 이를 계기로 저의 꿈은 시사평론가로 바뀌었습니다." (연세대 사회학과 합격)

간단하지만 명료하게 꿈을 가진 계기와 꿈이 바뀐 과정을 보여주었다. 이처럼 꿈이 바뀌었다면 그 이유에 대해 납득할 수 있게 써야 한다.

② 의과학 연구자에서 전기공학기술자로

"1학년 때, '가치를 묻다'라는 주제의 교내 강연을 듣고 아프리카 및 시리아 지역의 열악한 환경 속에서 병에 의해 장애를 가진 아이들에게 도움을 주고 싶어 막연히 의과학 연구자가 되고 싶었습니다. 이러한 관심은 과학축전에 참여함으로써 장애인의 생활을 돕는 전기공학기술자라는 확실한 진로로 발전했습니다. 장애인들을 위한 부스를 운영하면서 그들이 한 번의 체험과 놀이보다는 진짜 보통사람처럼 생활하고 싶어 한다는 것을 알았습니다. 특히, 자신의 장애를 극복하여 일상생활을 할 수 있는 제품들을 계속해서 체험하려고 하는 모습에 마음이 아팠습니다. 그래서 이들이 일반인처럼 일상생활을 할 수 있는, 자신의 장애를 인지하지 못하고 살 수 있는 그런 기계들로 장애인들의 삶을 윤택하게 해주고 싶습니다." (서울시립대 전자전기컴퓨터공학부 합격)

희망 진로가 바뀐 이유가 선명하다. 전기공학기술자라는 진로로 발전한 이유를 구체적인 스토리로 풀어내는 과정에서 진정성이 느껴진다.

③ 약사에서 생화학 연구원으로

"가족들과 주변 사람들의 건강에 도움을 주는 사람이 되고 싶어 막연히 약사의 꿈을 갖고 고등학교에 입학했습니다. 하지만 다양한 과학실험과 활동을 접하며 사람들에게 더욱 다양한 방법으로 도움을 줄 수 있는 분야가 '생명과학'임을 깨달았습니다. 그중에서도 제 마음을 사로잡은 것은 '단백질'이었습니다. 1학년 때 《달콤한 생명과학》이라는 책을 읽고 단백질이 여러 분자들과 공유결합을 했을 때 더욱 강력한 기능을 발휘할 수 있음을 배웠습니다. 또한, 탄수화물과 결합한 'O-글루넥' 당화가 당뇨, 암, 치매 등 다양한 질병들과 밀접한 관련이 있다는 사실이 관심을 끌었습니다.

이과에 진학한 후 생명과학 심화반에서 단백질의 구조와 기능에 대해 조사하면서 단백질의 구조가 결합 방법에 따라 1, 2, 3, 4차로 나뉘며, 그에 따라 각각 특징도 다르다는 것에 큰 호기심을 느꼈습니다. 이를 계기로 세포 속에서 다양한 구조로 자신의 역할을 다하는 단백질을 보며 우리가 아직 알지 못한 단백질의 모습이 많이 있을지도 모른다는 생각을 하였습니다. 이는 학문적으로 잠재성이 있어 연구할 가치가 크다고 느꼈습니다. 아직 해결되지 않은 질병 관련 단백질의 구조를 해석하고 새로운 치료 기술을 위해 집중적으로 연구하여 난치병으로 고생하는 사람들에게 이바지할 수 있는 '생화학 연구원'이라는 큰 꿈을 꾸게 되었습니다." (숭실대 화학과 합격)

노력한 과정과 지원동기가 잘 연결되었다. 특히, 생명과학 분야의 '단백질'이라는 키워드로 학교 수업에 충실함을 보여줌과 동시에 질병과 연관시켜 교과 외로 확장하는 모습도 잘 드러난다. 마지막에 질병 관련한 단백질의 구조를 해석하는 생화학 연구원이 되고 싶다는 꿈도 잘 썼다. 누구나 아는 '단백질'이라는 키워드로 지원동기를 잘 풀어낸 글이다.

핵심체크

지원동기는 나의 꿈, 꿈을 가지게 된 계기가 필수!

2

노력 과정 쓰기

4번 문항 지원동기와 함께 많이 나오는 내용이다. 지원을 위해 노력한 과정 또한 결국 꿈을 위해 고등학교 시절 어떤 노력을 했는지를 묻는 말이다. '우리 대학이 지원자를 선발해야 하는 이유'를 쓰라는 것도 마찬가지다.

편의점을 새로 오픈한 점주가 아르바이트를 구해야 하는 상황이라 이력서를 받고 면접을 보기로 했다.

첫 번째 지원자가 말했다.

"사장님, 뽑아만 주신다면 누구보다 열심히 하겠습니다. 24시간 근무하겠습니다. 뼈를 묻을 각오로 일하겠습니다."

두 번째 지원자가 말했다.

"사장님, 저는 다른 지역에서 영화관 아르바이트를 1년 동안 하면서 친절 직원에 세 번 뽑혔습니다. 이사를 하게 되어 집 근처에서 오래 할 수 있는 아르바이트를 구하려 지원했습니다."

누구를 뽑을까? 무조건 열심히 하겠다는 지원자일까? 전 직장에서 1년 근무하고 친절 직원으로도 뽑혔다는 지원자일까? 답은 정해져 있다.

자소서도 마찬가지다. '내가 이 학교, 학과에 들어가서 열심히 공부하겠다.'라는 다짐이 아니라 '이 학교, 학과에 들어가기 위해 내가 고등학교 때 어떻게 얼마나 준비했는지'를 보여주는 게 중요하다. 결국, 또 따라붙는 게 꿈과 목표이다. 꿈과 목표를 설정하지 않으면 노력 과정 쓰기가 막막해진다. 반면, 앞에서 자소서는 나열식으로 쓰면 안 된다고 했지만, 이 부분만큼은 노력한 여러 활동을 나열식으로 써도 괜찮다. 그럼 잘못 쓴 예와 잘 쓴 예를 비교하고 노력 과정을 어떻게 쓰는지 알아보자.

잘못 쓴 노력 과정 2가지

① 대학교재를 미리 보았다

"프로젝트에 적용된 수학개념을 정리해 보니 '대학 공학수학 과정에서 다루는 수학의 개념이 적용되는 사례는 없을까'라는 호기심이 생겨 공학수학의 목차를 살펴보게 되었습니다. 다양한 미분방정식이 존재했고 고등학교 과정인 미적분이 공학수학에 큰 비중을 차지하고 상미분방정식, 편미분방정식 등 다양하게 이용된다는 사실을 알게 되었습니다. 이러한 활동을 통해 수학을 통틀어 모든 학문이 특정 분야에만 적용할 수 있는 것이 아니라 다양한 분야에서 다양하게 활용할 수 있다는 것을 알게 되었습니다."

대학교재를 봤다거나 목차를 보았다는 말은 아무 의미가 없다. 자랑할 만한 일도 아니다. 입학사정관들이 좋아하지도 않는다. 고등학교 과정 안에서의 충실한 모습을 더 좋아한다. 또 위 글처럼 공학수학을 배웠다는 이야기는 초등학생이 미적분 이야기 들었다는 말이나 마찬가지다. 전혀 도움이 안 된다.

② 필요 없는 다짐

> "제가 대학에 입학한다면 글로벌 시대에 필수인 영어를 열심히 공부할 것이고, 대학을 빛내기 위해 열심히 노력할 것입니다. 저를 뽑아만 주신다면 대학을 빛내는 인물이 되기 위해 최선을 다할 것입니다."

이런 다짐은 있으나 마나 한 글이다. 썼다가는 오히려 마이너스가 될 가능성이 크다. 그 공간에 자신의 개성과 차별성을 더 드러내야 한다.

잘 쓴 노력 과정 7가지

① 공정한 회계사

> "신문과 뉴스에서 항상 분식회계와 부정감사라는 단어를 많이 접하면서 회계의 문제점을 많이 느꼈습니다. 그래서 이러한 회계감사제도를 어떻게 보완할 수 있을지 고민하며 우리나라의 외부감사제도의 역사를 살펴본 후, 자유수임제도를 바탕으로 현재 회계감리제도에 대한 개선점을 기사로 작성하여 친구들에게 알렸습니다.
> 기사를 작성하며 기업의 언어이자 회계의 집합체인 재무제표를 직접 배워야 할 필요성을 느꼈습니다. 그래서 2년에 걸쳐 독서와 온라인 강의를 통해 재무제표에 대해 공부하였습니다. 처음 공부를 하면서 전문용어를 이해하는 데 어려움을 느껴 회계용어들을 책을 통해 정리했습니다. 그러자 재무제표를 이해함과 동시에 분석도 해볼 수 있게 되었고, 경제기사나 칼럼을 읽으면서도 그

의미를 이해할 수 있었습니다. 더불어 K-MOOC '재무제표 작성법' 온라인 강의를 통해 기본적인 회계등식부터 분개, 전기, 시산표까지 구체적인 작성과정을 배웠습니다.

이 학습을 바탕으로 학급의 회계사를 자원하여 자체적인 학급 현금흐름표를 만들어 효율적이면서도 투명한 회계를 이루어냈습니다. 이렇게 회계에 대해 배우고 직접 참여하면서 회계의 매력을 느꼈고, 단순 사무직을 넘어 투명하고 공정하게 일을 하는 회계사를 꿈꾸게 되었습니다." (연세대 경영학과 합격)

신문과 뉴스를 언급하고 평소에 시사에 관심이 많으며, 그중에서도 회계에 대해 주의 깊게 보고 있음을 드러내고 있다. 그리고 문제점 보완을 위해 먼저 역사를 살펴본 후 개선점을 찾아 기사로 작성하는 과정에서 재무제표의 필요성을 느끼고 독학으로 공부한 모습도 잘 나타나 있다. 또한, 배운 것을 활용해 실제 고등학교 학급에서 적용하는 모습까지 보여주면서 이론뿐만 아니라 실천도 했음을 확인시켰다. 고등학교라는 울타리 안에서 할 수 있는 것들을 찾아 스스로 한 자기주도력을 잘 보여주는 글이다.

② 현실 대안 제시

"교내에서 SNS 사생활 침해 등을 탐구하며 사람들의 인식을 조사, 분석하고 표로 나타내는 모든 것이 통계와 깊은 관련이 있음을 알게 되었습니다. 또한, 통계를 통하지 않는 탐구는 찾기 힘들었습니다. 아무리 좋은 주제라도 통계를 통해 입증되지 않으면 그 결과는 무의미했습니다. 따라서 저는 사회를 이해하려면 어떤 것보다도 통계가 중요함을 느꼈고, 제가 추구하는 방향이 이론과 응용을 활용하여 현실적 문제를 해결하는 고려대학교 통계학과에 부합된다고 생각했습니다.

세상을 다양한 시각으로 바라보는 저의 소양은 통계를 해석하는 데 도움을 줄 것이라 생각합니다. 문학시간에 그림 '행복한 눈물'을 보며 논설문을 쓴 적이 있습니다. 주로 부정적으로 여겨왔던 눈물에 대해 카타르시스, 행복과 같은 눈물의 긍정적 의미를 생각해 보며 고정적이었던 관념을 다른 시선으로 바라볼 수 있었던 경험이었습니다. 이러한 저의 경험은 같은 통계에서도 다양한 분석을 할 수 있는 토대가 될 수 있을 것이라 생각합니다.

또한, 책《통계의 미학》을 읽고 표본, 질문의 내용을 의도적으로 조작한 통계에 대해서는 비판적으로 사고하는 능력이 필요함을 느꼈습니다. 이를 바탕으로 2학년 때 '인간소외'를 탐구하며 조사한 설문지에 답변을 유도하는 질문이 포함되어 있었음을 반성하기도 했습니다. 이처럼 저는 통계조사를 하고 통계에 필요한 자질을 공부하며 통계에 대한 무한한 애정을 쌓았습니다. 정확한 통계데이터를 기반으로 현실문제에 적합한 대안을 제시하고 싶습니다." (고려대 통계학과 합격)

보통 통계학과에 지원한다고 하면 수학과 연결해 많이 쓴다. 하지만 이 학생은 통계를 문학과 연결해 작성했다. 누가 문학시간의 활동을 통계와 연관시켜 쓰려고 생각할까? 이것이 가능했던 이유는 단순히 통계를 내는 방법이 아니라 주어진 통계를 어떻게 해석하느냐가 중요하다고 보았기 때문이다. 통계 해석을 위해 세상을 다양한 시각으로 보고, 비판적으로 사고하고 반성하는 모습을 보여준다. 통계에 대한 진지한 고민을 '통계 해석'이라는 키워드로 나타냄으로써 남과는 다른 차별화된 자소서가 되었다.

③ 생명공학자

"고등학교 시절에는 이들을 도울 수 있는 방법을 찾아 실천했습니다. 특히, '굿 네이버스'라는 후원사를 통해 아프리카의 한 아이의 의식주를 챙겨주는 활동을 하며 아이들의 삶이 조금이나마 나아질 수 있기를 바랐습니다. 이와 함께 우리 주변에서 아픈 환자들을 돕고 싶어 정기적으로 '그린 닥터스'라는 모임에서 활동하였습니다. 이들을 위해 약을 분류하거나 환자들의 생활을 도우면서 이들의 불편한 점과 어려운 점들을 함께 했습니다.

이들을 도우면서 지금 당장 돕는 것도 중요하지만 이를 근본적으로 치료해주기 위한 공부도 필수적임을 느꼈습니다. 이에 2학년 때는 모둠연구주제에서 생명 부분을 맡아 나노 기술과 게놈의 발전과정, 앞으로의 적용 등을 조사함으로써 생명공학에 관한 전반적인 지식을 배웠습니다. 또한, 배아줄기세포를 이용하는 것이 생명존중권과 윤리의식을 침해한다는 주장 등과 게놈유전자 조작 식품을 포함한 여러 생명공학의 산물들이 인간에게 주는 부정적인 측면을 조사해서 생명공학자로서 가져야 할 윤리적 문제에 대해 고민해 보았습니다." (고려대 생명공학부 합격)

봉사활동을 하면서 당장의 도움도 중요하지만, 환자들을 근본적으로 치료하기 위한 공부가 필수적임을 느꼈고, 이후에 나노 기술, 게놈 발전과정, 생명윤리 문제에 대해 고민했던 다양한 이야기들이 잘 들어가 있다.

④ 사회적 기업가

"노숙자 배식봉사를 통해서 사회 불평등 문제를 접할 수 있었습니다. 하지만

1년, 2년이 돼도 같은 노숙자분들이 계속 배식을 받는다는 것을 알게 되었고, 자립을 돕기 위해 격려를 했지만 달라지지 않았습니다. 참여했던 '빅이슈' 기업의 판매 도우미 활동은 조금 달랐습니다. 기업이 노숙자에게 잡지 판매 일을 맡김으로써 그들이 설 자리를 만들어주었고, 열심히 하는 노숙자분들을 보면서 일자리를 제공하여 동기를 부여하고 설 자리를 제공하는 것이 더 효과적임을 느꼈습니다. 이후《사회적 기업이란 무엇인가?》등의 책을 읽으면서 기업의 사회적 책임이 중요해지고 있지만 사회적 책임과 이윤 창출 간의 균형을 맞추는 일이 쉽지 않아 사회적 기업이 활성화되지 못한다는 것을 알게 되었습니다. 《착한 기업이야기》(권은정),《다르게 사는 사람들》(윤수종)을 읽으며 사회적 기업을 공부하고, 장애인을 고용하는 사회적 기업을 방문하여 인터뷰를 진행하였습니다. 인터뷰 진행 내용을 바탕으로 학교 내의 특수학급 선생님과 상의하여 장애 학생 현황을 조사하고, 장애인의 특성을 살려 고용 경쟁력을 확보할 수 있도록 장애별 맞춤형 교육을 특수학급에 제안도 하였습니다. 또한, 모의 기업을 창업하여 장애인 인식 개선과 관련한 배지를 제작하고, 코즈 마케팅을 활용해 판매하면서 학생들의 윤리적 소비의식을 함양시키고자 노력하였습니다." (성균관대 경영학과 합격)

노숙자 배식봉사를 시작으로 사회적 약자들을 위한 사회적 기업에 대해 파고드는 모습을 보여준다. 책을 읽고 기업을 방문하고 인터뷰를 했으며, 학교 내에서는 기업에 필요한 맞춤형 교육을 제안하고 모의 기업도 창업하는 등 적극적인 면이 잘 드러나 있다. 사회적 기업에 초점을 맞춰 노력한 과정을 잘 보여준다.

"부작용은 적고 효과적인 약을 연구하여 사람들이 안심하고 복용하도록 돕고 싶어 의약품 연구원의 꿈을 갖게 되었습니다. 그리고 의약품 연구의 기초는 화학이라고 생각했기 때문에 화학과로 진학을 결심했습니다. 고교 3년 동안 화학과 관련된 많은 책을 읽었습니다. 뉴턴 잡지의 약학과 유기물 편을 읽으면서 몇몇 약이 되는 유기물들의 구조식에서 벤젠고리를 발견할 수 있다는 것에 호기심을 갖고 조사하였습니다. 독성물질인 벤젠의 수소 원자가 치환된 방향족탄화수소유도체가 약의 성분이 될 수 있다는 것을 알게 되면서 의약품 연구를 할 때 화학을 잘 알아야 제대로 된 연구를 할 수 있다는 것을 깨달았습니다. 이후 화학시간에 '의약품의 성분이 되는 방향족탄화수소유도체'를 주제로 한 ppt를 발표하며 관심 분야를 친구들에게 소개하는 시간을 가졌습니다. 또한 《역사를 바꾼 17가지 화학 이야기》를 통해 아스피린이 개발된 동기에 관심을 갖게 되었고, 기존에 있던 약을 환자들이 먹기 쉽게 보완하는 것도 연구원이 해야 할 일임을 인식하게 되었습니다." (경희대 화학과 합격)

의약품 연구원이라는 꿈을 위해 화학과를 지원하는 이유가 잘 드러난다. 의약품 연구의 기초는 화학이라는 생각을 보완하는 방법으로 벤젠의 예를 들면서 의약품 연구에서 화학의 중요성을 깨달았음을 구체적으로 잘 보여준다. 만약 '의약품 연구의 기초는 화학이라고 생각합니다.'라고만 적고 벤젠과 같은 사례를 보여주지 않았다면 좋은 글이 아니었을 것이다. 하지만 구체적 예를 통해 진로에 대해 진지하게 고민하고 공부했다는 모습을 보여줌으로써 좋은 글이 되었다.

"막연히 PD가 꿈이었던 저는 2학년 때 우연히 유튜브에서 접한 'UV 신드롬' 이라는 예능 프로그램을 통해 예능 PD를 꿈꾸게 되었습니다. 'UV 신드롬'의 페이크 다큐를 활용한 예능 연출은 너무나 새롭고 흥미로웠습니다. 기존 예능 과 달리 새로운 방식으로 웃음을 선사하는 이 프로그램을 보며 '나도 색다르게 시청자들을 즐겁게 해주고 싶다'라는 생각을 하게 되었습니다. 페이크 다큐 예 능이라는 신선한 충격을 받은 뒤 예능 PD가 되어 예능이라는 장르에 다양한 색을 입혀 새로운 장르를 개척하는 것이 저의 궁극적인 목표가 되었습니다.

트렌드에 민감한 예능 PD에게 가장 중요한 능력은 시대의 흐름을 읽는 통찰 력이라고 생각했기에 뉴스 주제 연구 자율동아리에 가입해 활동했습니다. 동 아리에서 부원들과 최근 이슈가 되는 시사문제를 토론하기 위해 매주 1회 30 분씩 정치, 경제, 사회분야를 나눠 인터넷 기사를 정독했습니다. 요즘 이슈되 는 새로운 방송의 트렌드인 1인 미디어에 대한 기사를 본 후 이에 대해 뉴스 기사를 분석하고 부원들과 토론을 진행했습니다. 부원들의 생각을 모아 1인 미디어 시장의 성장비결은 시청자들이 원하는 니즈를 충족시켜 주는 시청자 들과의 '의사소통'이라고 결론지을 수 있었습니다. 나아가 예능 PD 또한 성공 적인 예능 프로그램을 만들기 위해선 시청자들과 의사소통하며 트렌드를 파 악해 시청자들이 원하는 프로그램을 만들어야 한다는 것을 깨달았습니다.

이후에도 시사 이슈에 대한 다양한 뉴스 기사를 꾸준히 분석하며 타인의 생각 을 비판적으로 수용하는 의사소통능력을 기를 수 있었습니다. 저만의 생각을 나타내는 기사를 작성하기 위해 뉴스, SNS, 동영상 등 다양한 매체를 활용해 자료를 수집했습니다. 다양한 자료를 수집하고 분석하며 여러 매체를 활용한 자료수집은 많은 자료를 얻을 수 있지만 거짓된 자료도 많이 유입된다는 것을 알게 되었습니다. 이에 기사를 작성하기 전 자료들의 출처를 확인하고 그 출처가 신빙성이 있는지, 자료들에 담긴 내용이 저에게 필요한 내용인지 등을 확인하며 유의미한 자료들을 추려가는 작업을 했습니다. 이후 추려낸 자료들을 활용해 기사를 작성하며 자료를 나만의 것으로 만드는 방법을 터득할 수 있었습니다. 여러 매체의 자료들을 해석하는 활동을 통해 뉴미디어 시대의 다양한 미디어 매체를 올바르게 이해하고 활용하는 능력인 '미디어 리터러시'의 중요성을 깨달았습니다. 여러 매체들을 수용해 미디어 리터러시를 신장시켜 올바른 정보만을 활용해 시청자들에게 제공하고 의사소통하는 '믿을 수 있는 예능 PD'가 되기 위해 노력할 것입니다.

뉴미디어 시대의 PD는 사람들과 소통하는 여러 매체들을 다방면적으로 이해하고 활용할 수 있어야 한다고 생각합니다. 주요 대중매체의 기능 및 역할을 다각적으로 이해하는 데 주목적을 두고 있는 경희대학교 언론정보학과의 교육목표는 이러한 저의 신조와 일맥상통합니다. 경희대학교에 입학하여 미디어에 대한 이해와 커뮤니케이션 능력을 함양시켜 뉴미디어 시대의 준비된 예능 PD가 될 수 있기를 소망합니다." (경희대 언론정보학과 합격)

키워드가 보이는가? '통찰력→의사소통→비판적 능력→미디어 리터러시'로 진행되고 있다. 이 학생은 처음에 통찰력이 중요하다고 생각하고 동아리 활동을 시작했고, 그 과정에서 의사소통, 비판적 능력에 대해 배우고 깨닫게 되었다. 노력한 과정을 보여주면서 예능PD에 대한 자신만의 가치관이 형성되고 있음을 보여준다. 이렇게 활동을 해 나가면서 성장하는 모습을 자소서에 보여주는 것도 좋은 방법이다.

⑦ **교육정책가**

> "꿈을 위한 노력으로 동아리 또래상담반에서 어려움을 호소하는 <u>친구에게 상담을 해주었습니다</u>. 가령, 늘 타인과의 경쟁에서 이기고자 조급하여 나다운 삶이 뭔지 모르겠다는 친구에게 <u>온전히 나에 대한 고민의 시간을 갖도록 도와주었습니다</u>. 이러한 비교, 경쟁의 원인은 삶을 수치화했기 때문이며 진정한 가치는 숫자로 측정되지 않는다는 생각이 들었습니다. 이를 훗날 학생들에게도 전해 주며 나다운 삶에 대해 알려주고 싶습니다.
>
> 이 밖에도 《교육은 바꿀 수 있습니다》라는 책을 읽고 덴마크의 '에프터스콜레'에 대한 팀 프로젝트를 진행해 보았습니다. 에프터스콜레는 <u>일상생활 바탕의 교육원리로 삶의 깨달음을 주는 교육체제</u>였고, 한국에도 이를 최초로 도입한 <u>오디세이학교가 있음을 알았습니다</u>. 이러한 교육과정이 한국 교육문화에 맞는지, 보편화될 수 있는지 고민해 보았습니다. 교육학부에서도 이 고민을 이어나가 다른 사람들과 생각을 나눌 것입니다." (숙명여대 교육학부 합격)

친구를 상담하고 혼자만의 시간을 갖게 해준 것만 썼다면 아쉬웠을 수 있다. 평범하고 일반적이기 때문이다. 하지만 뒤에 나만의 가치에 관한 책을 읽고 덴마크의 교육체제 관련 프로젝트를 진행했다는 것, 한국에도 이를 적용한 학교가 있다는 사실을 쓰면서 구체적으로 고민하고 공부한 흔적을 잘 나타냈다. 이렇게 구체적인 예가 나와야 한다. 꿈에 대해 진지한 고민이 남들은 잘 모르는 것들까지 탐구하는 과정으로 이어지는 이야기. 바로 이런 내용을 담아야 한다.

3

성장환경 쓰기

교육환경이나 성장환경을 물어볼 때는 보통 학교, 가정, 지역사회 정도로 괄호 안에 범위를 정해 주므로 그에 따라 작성하면 된다. 환경을 물어보는 이유는 각자 처한 환경이 다르므로 어떤 환경에서 어떻게 자랐는지, 그 속에서 어떻게 성장했는지를 보고 싶기 때문인데, 여기에서 나올 수 있는 이야기로는 다음의 몇 가지가 대표적이다.

어려운 환경 속에서 역경을 극복하는 이야기.
어떤 사건으로 인해 가치관이 변하게 된 이야기.
선생님이나 친구 영향으로 진로, 인생 방향 등을 설정한 이야기.

교육환경 부분은 지원하기 위해 노력한 과정처럼 어떤 교육환경에서 무엇을 했는지를 써도 괜찮다. 하지만 이때 주의해야 할 점은 부모님이나 친인척 등의 직업, 직종을 직접 또는 간접적으로라도 언급해서는 안 된다는 사실이다. 한국대학교육협의회에서는 아래와 같은 금지사항 관련 가이드 라인을 정해 놓고 있다.

"평가의 공정성과 객관성을 유지하기 위하여 지원자의 인적사항이 노출되지 않은 상태에서 평가하게 되므로 '지원자 인적사항' 이외에 본인의 성명이나 재학/출신 고등학교 명칭 등을 기록해서는 안 됩니다. 또한 지원자 부모(친인척 포함)의 실명을 포함한 사회적·경제적 지위(직종명, 직업명, 직장명, 직위명 등)를 암시하는 내용을 기재할 경우 평가에 불이익을 받을 수 있으니 작성을 금지합니다."

우리나라의 대학입시에서는 이 가이드 라인을 준수해야 한다. 교육환경이나 성장환경을 쓰면서 부모나 가까운 친인척에게 큰 영향을 받는 경우가 비일비재함에도 공정한 입시를 위해 이런 제한을 둔다. 혹시 '저런 건 유명한 사람들에게나 해당하겠지.', '우리 부모님은 평범한 분이니까 괜찮을 거야.', '직접적으로 언급하지만 않으면 되겠지.'라고 생각하다가는 고생해서 쓴 자소서가 바로 휴지통으로 들어가 버릴 수도 있다. 단순히 이름이나 직장명 등 단어가 아니라 문맥이나 상황 속에서 드러나는 것 또한 금지하고 있다. 중앙대 입학처 자료를 바탕으로 실제 예들을 보자.

쓰면 안 되는 4가지 성장환경

① 직접적인 부모님의 직업 언급

"지역에서 부동산업을 하시는 부모님의 영향을 받아 부동산 가격이 오르내리는 데 미치는 영향이 무엇인지에 대해 여러 구조적 문제를 체계적으로 고민하게 되었습니다."

"국어교사이신 어머니의 영향으로 어렸을 적부터 집안의 책꽂이에 항상 꽂혀 있는 많은 문학책을 접했습니다. 국내외 다양한 문학책을 섭렵하면서 자연스레 문학과 국어에 대한 관심을 가지게 되었습니다."

"빌딩의 <u>환경미화원으로 일하고 계신 어머니</u>의 고단한 삶을 보면서 우리 사회가 사회적 약자에 대해서 얼마나 후진적인 사고를 하고 있는지를 알게 되었습니다. 사회문제 토론대회에서 '사회적 약자에 대한 인식 변화'를 주제로 발제문을 작성하게 되었습니다."

이렇게 직업이 드러나면 바로 블라인드 처리된다. 보통은 대학입시에 영향을 끼칠 수 있는 부모님 직업으로 대학교수, 국회의원, 판사, 검사 등뿐 평범한 직업은 괜찮다고 여길 수도 있다. 하지만 그렇지 않다. 입시의 공정성을 위해 어떤 직업이든 언급을 금지한다.

② 부모님의 대학 전공을 언급하거나 직업 유추가 가능한 경우

"저는 <u>교직을 중시하는 집안</u>에서 태어나서 남을 가르치는 것을 항상 꿈꿔왔습니다. 영어교육과를 지원하게 된 데에는 <u>영어교육을 전공하신 어머니</u>의 영향이 컸습니다. 학생들에게 제가 정말 좋아하는 영어와 문학을 가르치고 싶다는 마음이 점점 커졌습니다."

어머니의 직업이 교사인지 아닌지 드러나지는 않았으나 교직을 중시하는 집안, 어머니의 대학 전공 등 금지사항이 들어가 있다. 이를 보면 영어교육을 전공한 어머니나 어머니의 동기 또는 선후배 중 누군가가 대학교수 또는 입학사정관이 되었을지도 모른다고 생각할 수 있다.

③ 부모님이 종사하는 직종을 언급한 경우

> "아버지께서는 저에게 항상 꿈을 크게 가져야 한다며 호연지기를 강조하셨습니다. 중앙대학교 경영학과에 입학하여 경영학 전반을 체계적으로 배우고 실전 경험을 익혀서 아버지처럼 사업체를 경영하는 꿈을 가지게 되었습니다."

> "제인 구달의 《희망의 씨앗》을 읽으면서 GMO에 대해 부정적인 견해를 갖게 되었습니다. 관련 업계에 종사하시는 아버지와 토론하면서 GMO의 사회적 필요성에 대해서 새로운 시각을 알게 되었고, 아버지의 도움을 받아 다양한 자료들을 읽을 수 있으면서 나의 시각을 정교화할 수 있었습니다."

'이 정도는 괜찮겠지.' 혹은 '구체적으로 언급하지 않았으니 괜찮겠지.' 하는 생각으로 썼다가는 큰일 난다. 관련 업계에 종사한다는 표현도 금지임을 명심해야 한다.

④ 부모님의 과거 직업을 언급한 경우

> "종합병원 간호사로 근무하시다 퇴직하신 어머니의 영향으로 어려서부터 병원과 간호에 대해 많은 관심을 갖게 되었습니다. 이렇게 간호에 대한 꾸준한 관심을 토대로 여러 책을 읽으면서 간호에 대한 꿈을 키우게 되었습니다."

어머님이 간호사였으니 어렸을 때부터 영향을 많이 받았을 것이다. 하지만 퇴직했어도 쓰면 안 된다. 인맥이 남아 있을 수도 있기 때문이다.

써도 되는 3가지 성장환경

쓰면 안 되는 내용들을 보고 나서 혹시 '교육환경, 성장환경에 부모님과의 이야기가 들어가야 하는데 그럼 도대체 어떡해야 하지?'라는 생각이 드는가? 실제로 어떤 이야기들을 쓸 수 있는지 사례를 보자.

① 부모님의 사고 이력

"저에게는 사고로 인해 실어증과 몸을 못 움직이시는 어머니가 계셨습니다. 예전처럼 어머니와 말과 몸짓으로 소통할 수 없게 된 저는 어머니와 대화하기 위해 고민하다 눈을 통한 대화를 생각했습니다. 화이트보드에 질문에 예상되는 대답을 쓰고 눈을 깜빡거리는 횟수로 저와 어머니만의 소통하는 법을 만들었습니다. 이 경험으로 저는 사람들의 특성에 따라 소통하는 법을 배우게 되었습니다."

교대에 합격한 학생의 자소서 내용이다. 이 글을 보고 마음이 아팠다. 이처럼 직업이 아닌, 부모님과 관련된 이야기는 쓸 수 있다.

② 부모님의 가정교육 방식

"부모님은 제가 같은 질문을 수 없이 반복해도 귀찮아하는 기색 없이 늘 처음처럼 가르쳐주셨습니다. 뜨개질 코 잡는 방법을 이해하지 못해 순서를 계속 물어봐도 엄마는 제 스스로 방법을 통달할 수 있을 때까지 실을 풀고 되감으며 차근차근 설명해 주셨습니다. 부모님은 질문을 반복하는 저에게 '배우고 싶은 욕구가 있기 때문에 질문을 하는 것'이라며 배우고자 하는 마음가짐 자체가 기특하다고 칭찬해 주셨습니다. 질문을 배움의 욕구로 여기며 제 질문에 인내심을 갖고 답해 주시는 부모님을 보며 아직 어리고 미숙한 아이들을 가르치는 초등교사에게 필수적으로 요구되는 자질은 '인내심'임을 느꼈고, 아이들의 배움의 욕구를 충족시킬 수 있도록 모든 질문을 포용하는 인내심을 갖춘 교사가 되어야겠다고 다짐했습니다."

"선천적인 운동신경이 부족한 제가 가장 많은 노력을 기울인 수행평가는 '줄넘기 2단뛰기'입니다. 이 수행평가를 듣고 친구들은 간단하다며 좋아했지만, 여태껏 2단뛰기를 성공한 적이 없던 저는 친구들이 부럽기만 했습니다. 자꾸 걸리는 줄 때문에 의욕을 잃고 서 있던 저에게 지나가던 친구가 '너는 공부를 잘하니까 이런 것은 못해도 돼!'라며 위로했습니다. 순간, '내가 2단뛰기를 성공하지 못하면 나는 공부 외에 모든 것을 '이런 것'으로 여기는 사람이 되겠구나.'라는 생각에 오기가 발동했습니다. 그리고 다음 날부터 등교 전 엄마와 함께 공원에 가서 1시간 동안 2단뛰기 연습을 했습니다. 처음에는 뜻대로 되지 않아 포기하고 싶었지만, 성공할 때마다 옆에서 박수를 쳐 주는 엄마가 계셔서 끝까지 포기하지 않았습니다. 2주간의 노력 끝에 저는 2단뛰기 10번을 완벽하게 성공했습니다. 예체능을 포함한 모든 과목에 능숙해야 하는 초등교사로서 부족한 운동신경은 큰 약점이 될 수 있지만 제가 가진 장점인 '끈기'와 '인내심', '오기'를 통해 체육은 실력이 아니라 노력을 통해서도 극복할 수 있다는 것을 보여주고 싶습니다."

부모님의 교육방식, 즉 나를 가르쳤던 방식과 관련된 이야기, 가정교육에 관한 이야기는 써도 괜찮다. 부모님의 직업이 드러나는 게 아니므로 금지사항에 걸리지 않는다.

③ 부모님의 교육지원

"부모님은 어릴 때 공부 외의 다른 것도 많이 배우도록 하셨습니다. 그래서 피아노, 그림, 요가 등 다방면으로 많은 것을 배울 수 있었습니다. 그 덕에 학교에서 음악, 미술수업 시간에 선생님의 보조역할을 하며 뒤처지는 친구들을 도와줄 수 있었습니다."

"저는 어릴 때부터 어머니와 함께 영어 동화책을 읽고 팝송을 들으며 영어를 자주 접했습니다. 이때부터 영어는 제가 제일 자신 있고 좋아하는 과목이 되었습니다."

부모님이 여러 가지를 배울 수 있도록 해주었거나 배울 수 있도록 도와준 이야기는 써도 된다!

가끔 자소서 4번에는 "자신의 성장환경(가정, 학교)이 교직을 수행하기에 어떤 강점이 될 수 있는지 서술하시오."라는 문항이 나오기도 한다. 이럴 땐 어떻게 써야 할까? 뒤에 교대 지원 학생들에게 필요한 자소서 쓰기를 설명하는 장을 따로 두었으니 참고하자.

4

대학 진학 후
학업계획 쓰기

    학업계획? 학업계획이 뭘까? 도대체 뭘 써야 할까? 사실, 고등학교까지는 학업계획이 필요 없었다. 시간표를 마음대로 선택하지도 못하고, 정해진 수업 다 받아야 하고, 보충학습과 자율학습 등 학교 커리큘럼을 그대로 따를 뿐이다.

    계획표를 써봤다고 해도 중간고사 전까지 어떤 과목을 언제까지 끝내겠다, 수행평가를 언제까지 끝내겠다는 단순한 공부 계획표 정도일 뿐이다. 학업계획을 써본 적도 없고, 학업계획이 뭔지 감조차 안 잡힌다. 그런데 써야 한다. 답답할 따름이다. 고민에 고민을 거듭하다 지원 대학 홈페이지에 들어가 학과 커리큘럼을 본다. 봐도 뭘 써야 할지 모르기는 마찬가지다. 어쩔 수 없다. 학업계획을 써야 하니 커리큘럼에서 본 과목명을 쓴 다음 '이 수업 듣겠다, 토익 공부하고, 영어공부하고, 교환학생 갔다 오고, 취업하겠다.'고 쓴다. 그렇게 1번 문항에 문제집 1단원부터 열심히 풀었다고 쓰는 것처럼 평범하고도 식상한 자소서가 돼버린다.

    4번 문항 학업계획은 홈페이지의 커리큘럼을 보려는 게 아니다. 전공을 기반으로 장단기적으로 실현 가능한 내용을 써야 한다. 그러려면 또다시 앞의 동기, 비전, 직업목표, 학과목표 쪽으로 돌아갈 수밖에 없다. 역시 꿈을 정한 상태여야만 나만의 학업계획 쓰기가 가능하다.

학업계획은 장기계획 하나, 단기계획 하나 정도를 쓰는 게 좋다. 장기계획은 대학을 다니는 4년 동안 천천히 이루어 나갈 계획이며, 단기계획은 1년 동안 성취할 수 있는 계획을 말한다.

학업계획 소재들
-4년 동안 이루어나갈 장기계획. -1년 동안 성취할 수 있는 단기계획. -전공과 관련된 심화도서. -전공과 관련된 강좌, 세미나, 학회, 대회 등 외부활동. -전공과 융합해 할 수 있는 것들. -전공 중 한 분야를 깊게 파고드는 계획. -전공을 실생활에 활용하는 계획. -지원 대학의 동아리. -지원 대학의 특색 있는 프로그램 등.

큰 방향으로는 이런 것들이 있다. 세세한 내용, 예를 들면 국어교육과는 이런 학회, 강좌, 책들을 학업계획에 쓰는 게 좋다고 해서 따라 쓰게 되면 자칫 유사도에 걸릴 수도 있다. 같은 학과에 지원하더라도 학생마다 꿈꾸는 게 다르고, 가치관이 다르므로 그에 따라 스스로 조사해서 얻은 것들을 써야 한다. 자신의 꿈과 관련해 스스로 찾아보아야만 원하는 학과의 학업에 대해 고민한 흔적을 제대로 보여줄 수 있다.

쓰면 안 되는 학업계획 3가지

① 커리큘럼만 나열한 계획

"저는 수의예과에 진학하여 수의해부학, 수의발생학, 수의약리학 등을 공부하면서 동물용 의약품 개발이라는 목표를 이루기 위해 수의학에 관련된 탄탄한 기본기를 쌓아갈 것입니다."

학업계획은 4년 동안 이룰 장기계획 하나와 1년 동안 할 단기계획 하나를 쓰는 게 좋다. '과목 수업 듣는 계획'은 당연한 일일 뿐 학업계획이 아니다. 필수과목은 선택권도 없다. 당연히 듣는 수업 외에 할 것을 적어야 한다. 동물용 의약품 개발을 위해서 유기견 센터에서 봉사하면서 어떤 질병이 많은지 볼 수도 있고, 동물용 의약품 개발하는 곳을 견학 혹은 방문해 정보를 쌓을 수도 있다. 학교 실험실에서 의약품 개발을 직접 해볼 수도 있다. 또 동물용 의약품의 부작용에 대해 알아볼 수도 있고, 해외의 동물 의약품은 어떤 게 있는지 알아볼 수도 있다. 이처럼 꿈을 이루기 위해 대학을 다니면서 해야 할 것들을 생각해 보고 다시 써야 한다.

② 누구나 배우는 계획

"저는 영어를 배울 것입니다. 제 전공에 대해서 말하고 듣고 쓰는 것이 가능하도록 영어를 배울 것입니다. 환경오염은 정작 우리나라만의 문제가 아니라고 생각합니다. 전 지구적으로 일어나는 심각한 문제이며 국가끼리의 협업도 필요하다고 생각합니다. 이러한 상황에 흔히 만국 공통어라고 불리는 영어를 배운다면 큰 도움이 될 것이라고 생각합니다."

학업계획으로 영어를 배울 것이라고 썼다. 영어는 초등학교 때부터 누구나 배운다. '대학에 가서 영어를 배우겠다.'는 말은 그동안 영어공부를 안 했다는 생각을 갖게 한다. 전공과 관련된 걸 써야 한다. 환경오염에 대해서라면 세계의 지리적 특성과 발전과정 또는 환경오염과 정치적 관계, 환경오염에 관한 국제적 협약 등 공부할 거리가 많다.

③ 전공자로서 당연히 해야 하는 계획

> "저는 일어일문·문화학과에 진학하여 일본에 대한 이해를 바탕으로 <u>일본어를 보다 정확한 억양과 발음으로 구사하기 위해 노력할 것입니다.</u>"

일어일문 전공자가 일본어를 정확히 구사하기 위해 노력하는 건 반드시 해야 하는 당연한 일이다. 쓸 필요가 없다. 전공과 관련된 꿈 혹은 일본의 문화, 정치, 사회, 역사, 과학 등 관심 분야의 공부 계획이 들어가야 한다.

잘 쓴 학업계획 3가지

지금까지는 잘못 쓴 예를 통해 학업계획을 어떻게 써야 하는지 알아보았다. 이제부터는 잘 쓴 학업계획의 예를 분석해 보자.

① 장애인을 위한 전기공학기술자

> "과학축전에 참여하면서 청각장애인을 위한 골전도 스피커와 몸이 불편한 장

애인을 위한 VR기기 등의 다양한 아이디어와 기술을 보고 생각해 보았습니다. 이러한 아이디어들을 고려대학교에서 구체화 및 발전시키고 싶습니다. 이를 위해 전자회로, 디지털신호처리 과목 등의 수업을 듣고, 장애인들의 불편한 점을 이해하기 위한 사회복지 수업도 들을 예정입니다.

이후, 선진국에서 장애인들을 위한 복지와 시스템이 어떻게 이루어지고 있는지, 어떤 기계가 상용화되었고, 어떤 기술이 발달되어 있는지 등을 알아보려고 합니다. 특히 스웨덴, 핀란드는 북유럽에서 장애인들의 행복지수가 가장 높다고 알고 있습니다. 이 밑바탕에는 차별 없는 인식도 있겠지만, 장애인들이 일반인과 다르지 않게 일상생활을 하고 일을 하면서 자존감이 높아졌기 때문이라고 생각합니다. 이렇게 일을 할 수 있게 도와주는 기계를 탐구하여 우리나라에도 도입하고 싶습니다. 고려대학교를 통해 장애인의 삶의 질을 끌어올려 주는 전기공학기술자로 나아가고 싶습니다." (고려대 전기전자공학부 합격)

고등학교 시절 꿈을 가지게 된 경위와 그 꿈인 장애인을 위한 전기공학기술자가 되기 위한 학업계획이 보이는가? '선진국의 장애인들을 위한 복지와 시스템을 살펴본다.'면서 그 이유를 정말 잘 썼다. 단순히 선진국이라서가 아니라 '장애인들의 행복지수'가 높기 때문이고, 행복지수가 높은 이유는 일할 수 있게 도와주는 기계가 있기 때문이므로 장애인들의 행복지수와 자존감의 근간은 '일을 할 수 있게 도와주는 기계'에서 나온다는 이야기는 정말 장애인을 위한 전기공학기술자가 되기 위해 고심한 흔적이 역력히 나타나는 글이다.

② 두 학과의 융합

"한동대에 지원한 동기 중 하나는 학과 선택입니다. 저는 전공을 선택할 때에

'언론정보학전공'을 선택하여 방송과 마케팅의 전반적인 이해와 '시각디자인전공'에서 편집디자인과 시각적인 영상 제작을 배우고 싶습니다. 디자인과 마케팅 방법을 이용해 대학교나 학과의 행사가 있을 시, 동기들과 영상을 직접 만들어 행사나 학교에 대하여 소개하는 영상을 만들며 편집 실력을 쌓고 싶습니다." (한동대 합격)

자신의 꿈을 이루기 위해 하나의 전공만 따라가도 될 때가 있고, 다른 전공의 수업이 필요할 때도 있다. 스티브 잡스도 대학 시절 '서체' 수업이 훗날 도움이 됐다고 한 것처럼 말이다. 자유전공이 아니더라도 복수전공, 이중전공, 다중전공, 부전공 등 자신이 지원한 학과 외의 공부를 할 방법은 많다. 꼭 수업을 듣는 형태가 아니라도 다양한 외부활동이나 세미나, 강연, 독서 등의 방법도 있다. 융합이 필요 없다면 자신이 선택한 학과에 대해 깊이 있는 계획을 쓰면 된다.

③ 꿈에 기초한 커리큘럼 및 고교시절과의 연계

"공주대학교에 입학한 후 장애아동이 주체적으로 사고할 수 있도록 2년간 다양한 장애교육을 통해 장애의 특성을 알아가겠습니다. 또한, '개별화교육론' 강의를 수강하며 장애아동에게 알맞은 개별화교육을 제공하는 법을 배우려 합니다. 이후 2학년 때 '특수아국어과지도' 강의를 들어 장애아동을 위한 국어교육에 대한 지식을 습득하고, 3학년이 되어서는 특히 관심 있는 '특수교육재활공학연구실습' 강의를 수강할 것입니다. 이 강의를 통해 고등학교 때 고안했던 교육 어플리케이션을 발전시켜 장애아동들이 능동적으로 참여해 문제를 해결할 수 있도록 '시뮬레이션 기법을 활용한 초등 국어교육 소프트웨어'를 제작하여, 이를 4학년 때 학교현장실습에 적용시키고 싶습니다." (공주대 특수교육과 합격)

얼핏 보면 커리큘럼의 나열로 보일 수 있으나 커리큘럼의 단순 나열이 아니다. 자신의 꿈에 기초한 커리큘럼이다. 대학 전공 중에는 필수로 들어야 하는 과목도 있고 선택해서 듣는 과목도 있다. 혹은 학과 안에서 세부전공이 나뉘기도 한다. 장애아동에게 국어교육을 제대로 하고 싶은 꿈을 이루기 위해 개별화교육 제공법, 장애아동에게 맞는 국어 수업방법을 공부하고, 어플을 발전시켜 장애아동에게 가르칠 국어교육 소프트웨어를 만들 계획까지 학업에 대한 열망이 잘 담겨 있다.

대학 졸업 후
진로계획 쓰기

진로계획은 단독으로 나오기보다 학업계획과 같이 나올 때가 많은데, 학업계획이 대학 재학 중 계획이라면 진로계획은 대학을 졸업한 후에 어떻게 할지에 대한 이야기다. '아직 입학도 안 했는데 졸업해서 무엇을 할지까지 쓰라고 하다니 너무하다.'고 생각할 수도 있다. 하지만 대학 4년은 금방 지나가며 진로계획 또한 꿈과 관련이 있다. 꿈을 정했다면 대학 졸업 후 어떤 일을 하고, 무엇을 더 배울지 충분히 쓸 수 있다.

예를 들어, 호텔경영인이 꿈이라고 치자. 졸업 후에 국내 호텔에 입사해 근무할 수도 있고, 어떤 부분에서 분명한 강점을 지닌 외국계 호텔에서 일할 수도 있다. 호텔경영에 대해 더 배우기 위해 대학원을 진학할 수도 있고 유학을 갈 수도 있다. 만약, 단순한 호텔경영인이 아니라 IT 기술을 접목한 최첨단 호텔경영인을 추구한다면 기술을 배우기 위해 IT를 공부할 수도 있고, IT와 호텔을 잘 접목한 호텔에서 일할 수도 있다. 또 IT 세계 콘퍼런스 등에 갈 수도 있다.

이 부분은 평소에 관심을 가졌던 분야라면 찾아본 내용을 중심으로 일반적인 것보다 좀 더 심화된 내용을 자소서에 보여주면 된다. 혹 자신의 진로가 늦게 정해졌거나 많이 찾아보지 못했다면 자소서를 쓰는 기간에라도 관심 분야에 대해 찾아보고 정보를 얻어야 한다.

진로계획은 많은 양이 필요 없다. 부담 갖지 말고 전공자의 인터뷰나 기사 등을 찾아보고 그들이 어떤 직업에 종사하고 어떤 일을 하는지, 어떻게 살고 무엇을 배웠는지, 일하면서는 어떻게 변했는지 등만 참고해도 충분하다.

① 대학원 진학 이야기

> "이후에도 수의학 학사과정에 만족하지 않고 대학원에 진학하여 기능수의학 분야의 연구를 통해 부작용이 적은 동물용 의약품 개발에 기여하고 싶습니다."

대학원 진학은 학생들이 많이 쓰는 내용이다. 위 글은 단순한 대학원 진학이 아니라 '기능수의학 분야 연구, 부작용이 적은 동물용 의약품 개발' 등 대학원 진학의 방향과 목적을 잘 보여준다. 대학원 진학 관련 내용은 이처럼 뚜렷한 목표를 씀으로써 진학의 진정성과 열정을 드러내야 한다.

② 세계교육포럼 참여 이야기

> "졸업 후 2025년에 열릴 세계교육포럼에 참여하여 세계 교육이 나아갈 방향에 대한 제 의견을 내겠다는 목표를 가지고 있습니다. 따라서 2015 인천선언을 연구하여 국내외 교육 동향과 모두를 위하는 지속 가능한 교육에 대해 알아갈 것입니다. 또한 KEDI 교육정책포럼에서 한국 교육 현안의 실제를 논의하며 우리나라 교육의 흐름도 놓치지 않고자 합니다. 이를 통해 교육으로 삶을 안내하고 변화를 이끄는 교육자가 되고 싶습니다."

졸업 후 2025년에 열리는 세계교육포럼에 참여하고 싶다는 포부를 잘 보여준다. 이렇게 자신의 꿈과 연관된 세계적인 포럼이나 대회, 세미나 등을 언급하는 글은 그만큼 꿈과 학과에 대해 치열한 고민을 했다는 흔적이기도 하다. 세계 포럼에 참가하기 위해 준비할 것들도 잘 썼다.

③ 자격증 취득, 취업 이야기

> "저는 ○○대학교에서 쌓은 지식과 배움을 바탕으로 공인회계사 면허증을 취득하여 회계사로서 실무경험을 쌓은 뒤 금융감독원 회계심사국에 입사할 것입니다. 이후 회계의 문제점들을 보완할 수 있는 방안과 회계 투명성을 제고하기 위한 제도적 개선에 앞장서려고 합니다."

공인회계사 면허 취득, 실무경험 쌓기, 금융감독원 입사, 회계 투명성 제고를 위한 제도적 개선 등 졸업 후 면허증 취득 및 취업의 목적과 취업하려는 곳까지 구체적으로 썼다. 이 내용이 의미하는 바가 무엇일까? 바로 '학과에 대해 진지한 고민이 있었음'을 보여준다.

자신에게 영향을 준
책 3권 쓰기

4번 문항에 독서가 나오는 학교도 있다. 서울대가 그렇다. 또 성균관대 및 다른 몇몇 대학에서도 자소서에 다음과 같이 학생에게 영향을 끼친 콘텐츠나 독서에 대해 서술하라는 문항을 넣기도 한다.

4. 고등학교 재학 기간(또는 최근 3년간) 읽었던 책 중 자신에게 가장 큰 영향을 준 책을 3권 이내로 선정하고 그 이유를 기술하여 주십시오.
   ▶ '선정 이유'는 각 도서별로 띄어쓰기를 포함하여 500자 이내로 작성
   ▶ '선정 이유'는 단순한 내용 요약이나 감상이 아니라 읽게 된 계기, 책에 대한 평가, 자신에게 준 영향을 중심으로 기술

그럼 서울대를 기준으로 독서 항목을 어떻게 써야 하는지 알아보자. 명심해야 할 것은 독후감처럼 줄거리를 쓰고 느낀 점을 쓰는 게 아니라는 점이다. 독서를 통해 대학에서 보고 싶은 내용은 '학생이 책을 선택한 이유', '책이 학생의 가치관이나 신념, 행동 등에 어떤 변화를 주었는지 혹은 책을 통해 학생이 어떤 부분에서 성장했

는지', '책이 학생에게 어떤 의미가 있는지' 등을 보려는 것이다. 책이 궁금한 게 아니라 책을 본 학생이 궁금하기 때문이라는 걸 잊어서는 안 된다.

그렇다면 나를 설명하기 위한 3권의 책은 어떻게 선정해야 할까? 한 권이라면 고민할 필요도 없겠으나 3권이므로 각각의 책을 통해 나의 어떤 점을 보여줄지 생각하고 전략적으로 선택해야 한다.

-꿈과 관련된 책.
-전공과 깊은 관련이 있거나 의미 있는 책.
-내적 성장, 인간적 성장, 가치관의 변화 등을 보여줄 수 있는 책.

이처럼 세 분야로 나누어 접근해야 한다. 그럼 서울대 지리교육과에 합격한 학생의 자소서를 통해 알아보자.

① 꿈과 관련된 책《교사와 학생 사이》| 하임 G. 기너트 | 양철북

"Ⓐ'학생을 사랑으로 가르치자.'는 목표를 가진 저로서 Ⓑ교육에 있어 사랑만으로는 부족하다고 말하는 저자에 대해 궁금해져 이 책을 읽게 되었습니다. Ⓑ'사랑에 학생들을 인격적으로 다루는 실전적 기술이 더해져야 한다.'는 것이 저자의 요지였습니다. 학생을 인격적으로 대하는 여러 방법 중 '현재만 다룬다.'라는 구절이 가장 기억에 남습니다. Ⓒ선생님이 학생의 평소 인격과 행실을 부정적으로 낙인찍고 처벌상황과는 무관한 질책을 하여 학생이 더 큰 반감을 갖는 것을 보았던 경험을 떠올리게 되었고, 바람직한 교사의 행동에 대해 고민했습니다. 진정한 교사는 현재의 잘못에 과거의 잘못이나 자신의 편견을 연결시키지 말아야 한다는 생각이 들었고, 저 또한 학생을 교육함에 있어 저의 선입관이 개입되는 것을 경계해야겠다고 다짐했습니다. ⓒ이처럼 사랑으로 가르치겠다는 막연한 목표에서 벗어나 사랑과 함께 교사가 가져야 할 구체적인 기술들에 대해 깊게 생각해보게 되었고 이를 잘 익혀 활용하자는 결심을 하게 된 책입니다."

Ⓐ에서는 자신의 교사상인 '학생을 사랑으로 가르치자.'를 앞에 제시하면서 책을 읽게 된 계기를 보여주었다. Ⓑ에서는 저자의 요지를 간단하게 한 줄로 표현했는데, 이렇게 줄거리 필요 없이 핵심 내용만 써도 충분하다. 또 실전적 기술에 대해서도 그다음 문장에서 "현재만 다룬다."고 구체적으로 밝히고 있다. ⓒ로는 자신의 경험을 토대로 어떤 고민을 했는지, 책을 읽고 나서 어떤 변화가 있었는지를 잘 드러냈다.

② 전공 관련 책《세계지리, 세상과 통하다 1, 2》/전국지리교사모임/사계절

"Ⓐ한국지리 수업시간에 배산임수, 한옥의 대청마루 등 전통가옥의 환경친화성에 대해 배운 후 외국의 예시를 알아보고자 이 책을 읽게 되었습니다. Ⓑ북극 지역 선주민인 네네츠족의 이동식 집 '춤', 척박한 자연으로 인한 몽골의 '게르', 건조한 기후인 서남아시아의 '바드기르'까지 지리적, 환경적 특성에 적응해 나가며 고유한 문화를 만들어나간 세계인들의 삶의 지혜를 엿볼 수 있었습니다. ⓒ장소에 대한 이해에서 시작한 지리적 풍토 및 문화에 대한 이해가 바탕이 되면 세계인이 다양한 지역의 문화를 존중하고, 인간과 환경이 조화롭게 공존할 것이라는 생각이 들었습니다. 또한, 다양한 문화를 배움으로써 이주민을 낯선 이방인이 아니라 문화교류와 소통의 매개자로 인식하는 자세를 기를 수 있을 것이라고 생각했습니다. Ⓓ이것이 지리교육의 의의임을 깨닫고, 학

생들이 지리적 지식을 바탕으로 세계를 끌어안을 수 있는 넓은 시야를 가질 수 있도록 돕고 싶다는 생각을 하게 되었습니다."

Ⓐ에는 수업을 충실하게 들은 후의 의문점을 해결하기 위해 책을 보았다는 책을 읽게 된 계기가 들어 있다. Ⓑ는 책 내용이 간단하지만 일목요연하게 쓰여 있다. Ⓒ에서는 책을 읽고 나서 이해한 점, 깨달은 점이 잘 나타난다. Ⓓ에는 지리교육과와 관련시켜 책을 통해 깨달은 지리교육의 의의를 서술함으로써 지리교육에 대한 자신의 신념을 잘 보여준다.

③ 내적 · 인간적 성장, 가치관 변화를 가져온 책《자살론》/에밀 뒤르껨/청아

"사회문화 심화학습에서 자살론을 처음 접했습니다. Ⓐ자살의 유형을 구분했다는 점이 흥미로워 전체 내용이 궁금해졌고 책을 읽게 되었습니다. 처음 읽었을 때, 자살이 생물학적 및 물리적 특성이 아닌 사회적 환경과 직접적 관련이 있음은 알 수 있었으나 Ⓑ단순 통계적 수치의 나열로 모든 내용을 이해하기는 어려웠습니다. 그러나 오기가 생겨 저자 및 책이 쓰인 당시 상황에 대한 Ⓑ자료를 조사하고, 이해가 되지 않는 부분은 반복해서 읽었습니다. 그러면서 Ⓒ한국사회 아노미 현상의 원인과 결부시켜 생각해 볼 수 있었습니다. 이러한 원인은 전통적 공동체주의와 현대적 개인주의의 혼란스러운 공존과 양극화된 사회경제구조로 인한 도덕적 가치의 부재 때문이라고 생각되어졌습니다. 이에 새로운 도덕적 가치를 위해서는 구성원들 간의 연대 회복이 선행돼야 한다고 생각합니다. Ⓓ이렇게 여러 번 읽으면서 이해의 폭을 넓히고 관련된 생각을 심화시킬 수 있었으며, 이를 통해 끈기 있게 학문을 탐구하는 자세를 기를 수 있었습니다."

Ⓐ로는 책을 읽은 계기를 썼고, Ⓑ에서는 어려웠음에도 여러 번 읽어보았다고 했다. 이 책과 같은 철학서들을 고등학생이 한 번 읽고 이해하기는 힘들다. 어려운 책을 선택했을 때는 이처럼 이해하려고 노력하는 모습을 보여주는 것이 좋다. Ⓒ에서는 책을 읽고 현실에 적용시켜 생각해 보는 모습이 잘 드러났으며, Ⓓ에서는 어려운 책을 읽어내려는 끈기, 자세를 보여주면서 잘 마무리했다.

책을 읽게 된 계기는 반드시 들어가야 하지만 내용은 핵심만 간단하게 쓰면 된다. 만약 누구나 알 만한 유명한 책이라면 내용은 필요 없이 감명받은 부분이나 인상 깊었던 부분을 써도 된다. 그리고 읽고 난 후의 이해나 깨달음, 내적 성장, 성찰 부분을 넣으면 완성된다.

같은 학교, 학과 지원자의
다르게 쓴 4번 문항 비교하기

자소서를 첨삭받다 보면 혹시 다른 자소서와 비슷해지지 않을까 걱정될 때가 있다. 그런 이유로 한 학과당 한 명씩만 첨삭을 봐주는 선생님들도 보았다. 하지만 한 선생님께 첨삭 도움을 받더라도 각자 꿈과 경험이 다르면 지원 학교, 학과가 같아도 같은 자소서가 나올 수 없다. 연세대 사회학과를 지망하는 두 학생의 자소서 4번 문항(모집단위에 지원하게 된 동기와 지원하기 위해 노력한 과정을 구체적으로 기술하시오.)을 비교해 보자.

① 정치부 기자

1학년 때 지역아동센터에서 급식배식봉사를 한 적이 있습니다. 성장기 아동의 급식이라 하기에는 턱없이 부족했던 양과 부실한 음식물은 제게 큰 충격이었습니다. 그런 급식을 먹는 아이들이 안타까워 배식하는 내내 마음이 불편해져서 그 이후로 한동안 봉사를 가지 않았습니다. 그러던 어느 날 보육원 아동 급식의 부족한 실태를 고발하는 뉴스를 접했고, 그 후 기자들의 끈질긴 취재에 정부가 보육원 아동 급식 지원비를 600원 이상 인상했다는 뉴스를 접했습니다. 사회의 어두운 단면을 계속 들춰내 좋은 방향으로 사회를 인도하는 기자들의 모습에 불편하다는 이유로 피했던 제 행동이 부끄럽게 느껴졌습니다. 그때 약자를 고려하는 기자가 될 것을 다짐했습니다.

이후로 소외되는 이들에 대해 관심을 가지고 그들이 받는 부당한 대우를 받는 것을 알리고자 노력했습니다. 그래서 2학년 때는 부명언론공모전에서 기자 역할을 맡아 다른 직업에 비해 복지혜택이 제대로 명시되지 않은 예술인의 생활고를 주제로 뉴스를 제작하여 발표했습니다. 연극배우를 만나 인터뷰하면서 현 예술인 생활고의 실정을 제대로 알게 되었고 그 문제 원인의 중심에는 예술인 복지법이 있음을 깨달았습니다. 부족한 복지의 우리나라와 달리 프랑스는 협회를 조직해 예술인을 국민사회보장제도에 가입하게 하는 복지제도를 운영하고 있어 예술산업이 진흥되고 있음을 비교하였습니다.

이때 정치제도가 개인의 삶 나아가 사회에 큰 파급력을 가진다는 것을 알게 되었습니다. 그래서 정치와 사회적 약자의 복지정책을 연결지어 탐구해 보고자 국어 발표 시간에 '우리나라 정치는 사회적 약자를 충분히 고려하는가?'라는 주제로 발표하였습니다. 보육원 퇴소 아동지원제도는 현재 물가를 제대로 반영하지 않아 미흡했고, 이동권을 요구하는 장애인의 방향은 복지 방향과 달랐습니다. 이때 복지에도 사각지대가 존재함을 깨달았습니다. 많은 수의 노인에 비해 실질적으로 투표권이 없는 보육원 아동들을 위한 지원은 크게 적었습니다.

정치란 사회 구성원 모두를 포용하는 힘이 있어야 한다고 생각합니다. 하지만 표 얻기에 급급한 정치계가 차별적인 복지정책을 통해 사회적 약자 간 상대적 박탈감을 조장하고 있다는 것에 부당함을 느꼈습니다. 또한, 이 문제의 책임이 사회적 약자에게 무관심한 대중, 언론인의 기본자세를 잊은 채 대중의 관심도에 따라 움직이는 매체에게도 있다고 생각했습니다. 지속적인 사회적 약자의 시위에도 차별적인 보도로 사회의 관심을 환기하지 않는 언론의 태도는 사회 속에서 이들을 더 약자로 만들고 있었습니다. 이 과정에서 정치의 본질이 국민을 모두 아우를 수 있는 '사회'에 있음을 깨달았습니다. 정치를 논하기 전 사회의 기본구조를 알고, 사회의 모순을 분석할 수 있는 자세가 선행되어야 한다고 생각했습니다. 따라서 사회학의 매력인 넓고 다양한 분야에 대한 공부를 통해 사회를 다층적으로 바라보고자 사회학과에 지원하였습니다.

사회의 모순을 파악하고 원인과 해결방안을 탐구하면서 모순을 해결할 수 있는 실질적인 정치적, 제도적 방안을 제시하는 기자, 약자에 대한 대중의 관심을 불러일으키는 기자, 사회에 어려움을 겪는 이들에게 귀가 열려 있는 정치부 기자가 되겠다는 큰 포부를 가지고 있습니다.

② 시사평론가

저는 사회의 부조리를 개선시키는 시사평론가가 되고 싶습니다. 고등학교 진학 후, 독서토론동아리에서 문학책을 다양한 분야와 연관 지어 생각하면서 문학평론가의 꿈을 가졌습니다. 하지만 점점 책의 내용보다도 책 속에서 나타나는 사회현상에 대해 더 흥미를 느꼈고 여러 시사를 공부하면서 사회를 보다 깊이 연구하고 싶었습니다. 이를 계기로 꿈이 시사평론가로 바뀌었습니다.

사회에 대한 관심은 봉사활동을 통해 구체화되었습니다. 장애인들과 함께 봉사활동을 하며, 일부 장애인들이 충분한 능력이 있는데도 불구하고 사회적 소수자라는 틀에서 벗어나지 못하는 이유는 그들에 대한 부정적인 사회 인식 때문임을 인지했습니다. 또한, 여러 환경정화 봉사를 하며 외적으로는 발전된 사회에서 살고 있지만 정작 내면의 시민의식은 성장하지 못했음을 느꼈습니다.

이처럼 다양한 봉사를 하며 사회의 부조리를 목격했고 이를 개선하기 위해 우선적으로 인간, 사회를 공부하며 '사회'라는 포괄적인 개념을 이해하고 싶었기에 사회학과에 지원하게 되었습니다.

저는 다른 사람들이 보지 못하고 지나치는 문제들을 발견하기 위해 노력했습니다. 학생회 진로부장을 맡으며 학교를 하나의 사회라 보았습니다. 저의 시선을 통해 바라본 구성원들의 모습은 마치 도착점을 모르는 마라토너 같았습니다. 진로에 대한 뚜렷한 방향 없이 공부하고 있는 모습이 정말 안타까웠습니다. 학교에서 배부하는 진로자료가 있었지만 이는 단순히 직업에 대한 설명이었고 실질적인 도움이 되지 않았습니다. 따라서 저는 매달 직업인과 인터뷰를 통해 진로신문을 만들며 생생한 정보를 주기 위해 노력했고, 학생들의 반응 또한 긍정적이었습니다. 이는 학교라는 사회 속 구성원들이 겪는 문제점을 파악하고 적합한 대안을 제시할 수 있었던 경험이었습니다.

또한, 책《스무 살의 사회학》을 읽고 사회학을 삶에 접목시키며 사회의 문제점을 생각해 보았습니다. 저는 특히 우리가 모두 '정상'인 척을 하고 있다는 고프먼의 낙인이론에 주목했습니다. 현대사회에서 '정상'이라고 생각되는 것들이 정말로 '정상'일까 의문이 들었습니다. 새로운 길을 개척하려는 사람을 '어리석다'라고 낙인을 찍는 사람들이 주장하는 정상은 단지 안정된 삶을 살기 위한 변명에 지나지 않는 것 같았습니다. 결국 지금껏 대부분이 '정상'에 대해 잘못 규정해 왔다는 것을 인지할 수 있었고 이를 바꾸기 위해서는 사람들의 의식개혁이 절실히 필요함을 느꼈습니다.

저는 사회학과에 진학한 후 '복지'에 관해 구체적으로 연구하고 싶습니다. 영화 〈나, 다니엘 블레이크〉를 보며 빠르게 흘러가는 사회에서 소외된 사람들을 위한 적합한 복지가 마련되어 있지 않은 복지국가의 우울한 이면을 파악할 수 있었습니다. 사회에 낙오된 사람들에게 기존의 복지를 적용하는 것이 아닌 지엽적인 부분까지 고려한, 그들을 위한 복지를 만들고 싶습니다. 사회학과에서 사회와 인간에 대해 탐구해 보며 사회 문제에 적합한 대안을 제시하는 시사평론가가 되어 연세대학교를 빛낼 수 있는 사람이 되겠습니다.

같은 학교, 같은 학과를 지원하지만 같은 내용이나 문장이 없다. 꿈이나 관심분야, 경험이 각자 다 다르기 때문이다.

대학마다 다른 4번 문항에서는 대개 지원동기, 성장환경, 학업계획, 졸업 후 진로 계획 등을 묻는다. 결국, 꿈과 연결되는 문항이다. 앞에서 정리한 내 꿈을 되새겨 연결하면서 지원 대학의 요구에 맞게 틀을 잡아보자.

지원 동기	내 꿈은 무엇? 학생부 중 지원학과와 꿈이 연결된 활동은?
노력 과정	학생부에 기재된, 꿈을 이루기 위해 노력한 행동은?
성장 환경	성장 과정 중 내 꿈을 정하는 데 영향을 미친 사건은?
학업 계획	꿈을 이루기 위해 진학 후 배우고 싶은 것들은 무엇?
진로 계획	꿈을 이루기 위해 대학 졸업 후 배우거나 하고 싶은 일은?
읽은 책	1. 꿈과 관련된 책 : 2. 전공과 관련된 책 : 3. 나를 성장시킨 책 :

7장

교대 자소서 쓰기

교대 자소서는
무엇이 다를까?

교사가 되려 교대를 지원하는 학생들이 많다. 교대 자소서도 1~3번까지는 공통 문항이다. 다만, 전공 적합성을 보여주어야 하는 2번 문항에 초등교사가 되기 위해 어떤 노력을 했는지가 들어가야 한다. 4번 문항의 경우, 교대 역시 각 학교에 따라 내용이 달라질 수 있으므로 어떤 문항이 있는지 확인하고 써야 한다. 뒤에 나오는 합격생들의 2번, 4번 내용을 읽어보는 정도만으로도 지원자들에게 큰 도움이 되리라 생각한다.

대학	전형	자기소개서 문항
경인교대	전체	①②③번 공통문항 ④번 초등교사에게 필요한 자질이 무엇이라고 생각하는지 쓰고, 그 자질을 갖추기 위해 어떤 노력을 해왔는지를 구체적으로 기술(1,500자 이내)
광주교대	전체	①②③번 공통문항

경인교대	고교성적 우수자 전형을 제외한 전체	①②③번 공통문항 ④공주교대가 지원자를 선발해야 하는 이유를 기술(1,000자 이내) *검정고시 출신자의 자기소개서 문항 내용 ① 고등학교 교육과정을 대체하는 대학 진학 준비기간 동안의 학습계획과 학습활동을 학습영역 별로 구분하여 기술(국어, 영어, 수학/수리, 사회, 과학, 기타) (2,000자 이내) ② 일상생활 중 배려, 나눔, 협력, 갈등관리 등을 실천한 사례를 들고, 그 과정을 통해 배우고 느낀 점을 기술(1,000자 이내) ③ 공주교대가 지원자를 선발해야 하는 이유를 기술(1,000이내)
대구교대	서해5도 전형을 제외한 전체	①②③번 공통문항
서울교대	학교장추천 전형을 제외한 전체	①②③번 공통문항 ④번 초등교사에게 필요한 자질이 무엇이라고 생각하는지 쓰고, 그 자질을 갖추기 위해 어떤 노력을 해왔는지를 구체적으로 기술(1,500자 이내)
전주교대	지역인재	①②③번 공통문항 ④번 자신의 성장과정과 환경이 자신의 삶에 미친 영향에 대해 기술(1,000자 이내)
진주교대	전체	①②③번 공통문항 ④번 초등교사에게 필요한 자질이 무엇이라고 생각하는지 쓰고, 그 자질을 갖추기 위해 어떤 노력을 해왔는지를 구체적으로 기술(1,500자 이내)
청주교대	전체	①②③번 공통문항

춘천교대	전체	①②③번 공통문항 ④번 초등교사에게 필요한 자질이 무엇이라고 생각하는지 쓰고, 그 자질을 갖추기 위해 어떤 노력을 해왔는지를 구체적으로 기술(1,500자 이내)
한국 교원대	전체	①②③번 공통문항 ④번 지원자 본인이 우리 대학에 합격해야 하는 당위성 및 강점에 대해 여러 근거(교직 적 · 인성 등)를 들어 자유롭게 기술(1,000자 이내)

교대 자소서 내용의 핵심은 '나만의 교사상'이 설정되어 있고, 그 교사상을 가지게 된 계기, 교사상이 중요하다고 생각하는 이유, 교사상을 실천하기 위해 고등학교 때 어떤 노력을 해왔는지 등이다. '나만의 교사상'이라는 건 결국 '나의 꿈'이다. 평범한 초등교사가 아니라 '아이들의 인성을 가르치는 교사가 되고 싶다.', '아이들의 재능을 발견하고 키워주는 교사가 되고 싶다.', '아이들이 생각하는 힘을 기를 수 있게 도와주는 교사가 되고 싶다.' 등 자신만의 가치관, 신념 등이 녹아들어 있어야 한다.

교사상이나 교사가 추구해야 할 가치들은 우열을 정할 수가 없으며, 그에 따라 교사가 갖춰야 할 자질은 정말 많다. 하나하나 써보라고 하면 수십 가지가 나올 것이다. 하지만 그중에서도 자기 생각에 가장 중요한 것들을 보여줌으로써 다른 지원자들과의 차별성을 드러내야 한다.

합격 자소서로 알아보는
교대 전공 적합성 쓰기

교대 2번 문항에 많이 쓰는 내용은 단연코 봉사활동에서 아이들을 가르친 경험이다. 소재는 같아도 경험은 다 다르므로 서로 다른 글이 나오게 되어 있다.

① 서울교대 합격 2번 문항

"방학 동안 취약계층 아이들을 돌봐야 하는 아동센터에서 일손이 부족하다는 소식을 듣고 도움이 되고자 봉사활동을 갔습니다. 제가 가르치게 된 아이들은 초등학교 고학년 아이들이었는데, 문제집을 보는 척하며 휴대전화를 보거나 다 했다고 거짓말을 하고 친구와 놀러 가는 등 수업에 집중하지 않았습니다. 처음엔 아이들이 수업에 관심이 없어서 집중하지 않는 듯해 답답함을 느꼈습니다.
하지만 어느 순간 강제성이 없는 센터에 취약계층의 아이들이 자발적으로 오는 것만으로도 대단하다는 생각이 들었습니다. 이런 아이들에게 학업적 지식 전달보다도 아이들의 잠재력을 발견하고 키워주는 것이 필요하다 여겼습니다.

그래서 아이들이 수업을 들으러 오는 것부터 시작하여 아이들이 노력할 때마다 칭찬을 해주었습니다. 이후 개인의 특성에 맞춘 스스로 활동하는 수업을 아이들에게 적용했습니다. 먼저 아이들이 서로 가르치게끔 멘토 멘티 활동을 진행하였고, 잠재력을 볼 수 있게 배운 내용 가지고 시와 그림 등으로 표현하는 활동을 진행했습니다. 단순히 가르치는 것만 좋아하는 줄 알았던 아이는 운율감 넘치는 시를 발표하고, 학습능력이 부족했던 아이는 그림을 통해 자신만의 창의적 상상력을 보여주었습니다. 이렇게 자신의 끼를 표현한 아이들을 칭찬해주자 아이들은 이런 칭찬은 처음이라며 기뻐했습니다. 활동 중심 수업으로 아이들의 잠재력을 발견할 수 있었고, 이를 키우는 칭찬으로 아이들은 자신의 잠재된 능력에 자신감을 가질 수 있었습니다. 아이들의 특성을 존중할 수 있는 수업의 중요성을 실감할 수 있었으며, 초등학교 교육에서 아이들 하나하나에 대한 인정과 칭찬만큼 좋은 수업교재와 수업방식은 없다고 느꼈습니다.

저는 4차 산업혁명 속에서도 학교가 존재해야 하는 이유는 사람과 사람 사이에서 필요한 인성을 배워야 하기 때문이라고 생각합니다. 아동센터 봉사활동 당시 아이들이 싸우고 친구를 따돌리는 등 잘못된 행동을 하는 것을 보았습니다. 이러한 행동을 보며 현재 초등학교에서 인성교육이 제대로 이루어지지 않는다고 여겼습니다. 그래서 현재 인성교육의 실태에 대해 알아보고 개선 방안에 관해 연구하기로 했습니다. 인성교육의 체계성과 시행방안을 알아보기 위해 현재 초등학교에 근무 중인 교사들을 대상으로 설문조사를 하고 관련된 자료를 찾아보기로 했습니다. 설문조사를 위해 학교에 찾아갔지만 교장 선생님의 승인을 받지 못했습니다. 그래서 설문을 대신하여 '초등학교 인성교육 실태 분석'이라는 보고서를 통해 인성교육이 제대로 이루어지지 않는 이유를 알아보았습니다. 또한, 교육부에서 발간한 인성교육 우수사례집을 통해 제 생각과 달리 많은 초등학교에서 학년별 인성교육을 교과와 연계하여 다양한 방식으로 시행하고 있음을 알았습니다. 다만, 그러한 교육이 중·고등학교로 이어지지 않는 점은 아쉬웠습니다.

보고서를 작성하며 아무리 좋은 교육도 가르치는 교사의 의지 없이는 실행되기 어렵다는 것을 느꼈습니다. 교사의 끊임없는 수업연구, 학생지도에 대한 열정과 노력이 뒤따른다면 우수사례처럼 좋은 인성교육이 가능하다는 것도 알게 되었습니다."

초등교사의 중요한 역할로 아이들의 잠재력 개발과 인성 가르치기 두 가지를 들었다. 여기서 인성교육 탐구 및 조사과정처럼 자기가 중요하다고 생각한 내용에 대해 쓴 보고서 등이 있다면 그걸 활용해 작성해도 좋다.

② 경인교대 합격 2번 문항

"지역아동센터에서 만난 아이는 초등학교 5학년이었지만 수학문제를 풀어보니 아직 구구단도 제대로 외우지 못했습니다. 저는 소수의 곱셈보다는 구구단을 외우는 게 우선이라고 생각해 공책에 구구단 문제를 냈습니다. 그러나 아이는 지우개 가루를 만지며 수업에 집중하지 않았습니다. 처음에는 아이에게 책상 위 물건을 못 만지게 주의를 주었지만 소용이 없었습니다. 어떻게 하면 수업집중도를 높일 수 있을까 고민하다 무엇을 계속 만지는 아이의 특성을 생각해 손으로 만지면서 학습하는 활동을 해야겠다고 생각했습니다.

저는 여러 색의 찰흙을 가져갔습니다. 예상대로 아이는 찰흙을 보자마자 만지며 좋아했습니다. 아이와 찰흙을 가지고 놀다가 찰흙으로 여러 개의 구슬을 만들어 구구단의 원리를 설명했습니다. 원리를 설명한 뒤 찰흙으로 숫자 모양을 만들었습니다. 예를 들어, 3×6을 만든 후 아이에게 찰흙으로 숫자를 만들어

풀도록 하며 수업을 진행했습니다. 공책 위의 숫자엔 관심도 없던 아이가 흥미를 가지고 수업에 참여하게 되면서 구구단의 기본 원리를 이해하게 되었습니다. 적극적으로 수업에 참여하는 아이를 보며, 교사는 아이의 특성에 맞는 다양한 수업방식을 고안해야 한다는 생각이 들었습니다. 그동안 다양한 성향을 가진 아이들에게 한 가지 수업방식만 고집했던 제 자신에 대해 반성했고, 그 후 다른 아이들의 성향을 파악하기 위해 아이들을 세심하게 관찰하여 아이마다 다른 수업방식을 적용해 수업참여도를 높였습니다.

진로체험의 날에 모교를 방문해 일일교사 체험을 했습니다. 만들기 시간에 가만히 앉아 있는 아이가 보였습니다. 완성된 그림에 예쁘게 색칠을 해보자는 제 말에 아이는 색연필이 없다고 했습니다. 저는 짝꿍에게 친구와 색연필을 사용할 수 있냐고 물었습니다. 망설이는 아이를 본 선생님이 제게 오셔서 "자리를 바꾼 지 얼마 안 됐는데 둘 다 내성적인 아이라 쉽게 친해지지 못하고 있다."고 귀띔해 주셨습니다.

신체적 접촉이 친밀감을 높인다는 말과 함께 초등학교 때 어색한 친구들과 꼬리잡기를 하며 친해졌던 경험이 떠올랐습니다. 서로 먼저 다가가지 못하는 두 아이가 자연스레 가까워질 수 있는 계기를 마련해주고 싶어서 만들기가 끝난 후 아이들에게 '신문지 게임'을 하자고 제안했습니다. 종소리가 울릴 때마다 좁아지는 신문지 위에서 두 발이 밖으로 나오지 않는 팀이 이기는 게임이었습니다. 최후의 세 팀은 선물을 주겠다고 했습니다. 처음에는 각자의 공간에서 서먹해하는 모습이었지만 신문지의 공간이 좁아질수록 신체적 거리가 좁아졌고, 두 아이는 자연스레 손을 잡았습니다.

승부욕이 생기는 협동게임 속에서 누가 먼저랄 것도 없이 서로에게 손을 내민 두 아이는 최후의 세 팀이 되었습니다. 게임이 끝난 후 제가 준 젤리를 함께 나눠 먹고 있는 아이들을 보며 초등교사는 지식전달이 목적인 수업뿐만 아니라 긍정적인 교우관계 형성을 위한 수업지도에도 노력을 기울여야 함을 깨달았습니다. 저는 아이들의 마음과 마음을 이어주는 징검다리가 되어 모든 아이들이 화목하게 어울리는 교실을 만들고 싶습니다."

아이들을 관찰해 개개인에 맞게 수업방식을 적용한 경험과 긍정적인 교우관계 형성을 위한 수업지도를 통해 자기만의 교사상을 확립한 모습을 잘 보여준다.

③ 부산교대 합격 2번 문항

"1학년 2학기 때부터 참여한 에크리튀르 활동은 생각의 틀을 넓혀주었습니다. 매주 선생님께서 주시는 글을 필사하고 주장과 근거를 찾아 요약하고, 저의 생각을 정리하여 짧은 글을 쓴 후 친구들과 토론하였습니다. 2학년 때 '성범죄자 신상공개는 합헌인가?'라는 주제로 토론을 한 적이 있습니다. 저는 늘어가는 성범죄를 근절하고 피해자를 줄이기 위해 합헌이라고 생각했습니다. 하지만 토론을 하면서 친구가 계속되는 감시와 통제는 인간의 존엄성에 어긋나서 정당하지 못하고 신상공개를 통해 사회적 비난을 받는다면 또 다른 문제를 야기할 수 있어서 위헌이라는 의견을 냈습니다. 친구의 주장과 근거를 들으니 그 입장에서는 그게 당연하다고 생각하게 되었습니다. 평소 스스로를 도덕적인 사람이며 나름 합리적인 판단을 할 수 있다고 믿어왔습니다. 하지만 토론과정에서 여러 친구들의 의견을 들으며 같은 상황이라도 관점에 따라 다양하게 해석될 수 있기 때문에 저의 생각이 항상 옳은 것만은 아니라는 것을 알게 되었습니다. 이 경험은 다양한 학생과 소통하는 교사를 꿈꾸는 저에게 다른 사람의 의견을 존중하고 이해하는 자세의 중요성을 알게 해주었습니다.

3학년 때 지역아동센터에서 아이들의 방과 후 학습을 돕는 프로그램을 운영하였습니다. 어린아이들을 대상으로 진행하는 프로그램이기에 아이들에 대한 이해를 높이기 위해 언어 수준을 먼저 파악했습니다. 아이들이 푸는 문제집이나 읽는 책들을 찾아보고 아동센터에 미리 방문하여 친해지는 시간을 가지기도 하였습니다. 하지만 막상 수업을 진행해 보니 한자어가 섞이거나 책에서나 쓰이는 단어를 쓰면 아이들이 잘 이해하지 못했습니다. 예를 들어 착용하다, 접하다 등 당연히 알 것이라고 여겼던 단어를 잘 모르는 것 같았습니다. 생각보다 아이들과 소통이 잘 안 되었고 아이들은 수업을 지루해했습니다. 문제를 해결하기 위해 방법을 찾다가 《아이들에게 배워야 한다》라는 책을 읽게 되었습니다. 아이들 수준에 맞지 않는 단어들의 사용은 학습에 흥미를 갖는 데 방해가 되고, 제대로 단어의 뜻을 모른 채 추측을 통해 학습하게 되면 아이에게 악영향을 미칠 수 있다는 것을 알게 되었습니다. 교사와 학생 간의 친밀감이 소통에 중요하다는 것 또한 알게 되었습니다. 그래서 다음 수업을 할 때 더 쉽고 이해하기 쉬운 표현들을 쓰려 하고, 아이들의 대화를 유심히 관찰하기도 하였습니다. 또 아이들과 더 많이 이야기하는 시간을 가지고 수업준비를 할 때 어려운 단어는 없는지 알아보고 설명하는 방법을 공부하기도 했습니다.

수업을 개선한 후 아이들과 소통하기가 수월해졌고, 수업을 잘 따라오고 이해도도 높아졌습니다. 아이들의 눈높이에 맞춘 수업을 위해 아이들과 끊임없이 소통하는 교사의 노력이 필요함을 알게 되었습니다. 그리고 소통을 위해선 학생들의 언어 수준에 대한 꼼꼼한 연구를 바탕으로 학생을 이해를 하는 것이 중요하고 이를 교사가 되어서도 실천하겠다고 다짐했습니다."

'소통하는 교사'를 핵심 키워드로 잡았다. 토론 동아리에서 다른 사람의 의견을 존중하는 법을 배웠고, 아동센터에서는 소통을 위해 언어 수준을 관찰해야 함을 배웠다. 아동센터에서 가르치는 능력이 아닌 아동센터에서 소통하는 방법, 그중에서도 '언어 수준'에 포커스를 맞추었다. 어쩌면 평범할 수도 있는 '소통'이라는 소재를 '언어 수준'으로 엮어내면서 차별성을 잘 드러낸다.

④ 대구교대 합격 2번 문항

"'선생님, 그동안 감사했습니다!' 이 말은 제가 초등학교 교사라는 꿈을 확고히 다지게 된 말입니다. 평소 소외계층인 아이들에게 많은 관심을 갖고 있었습니다. 아이들에게 직접적인 도움을 주고자 친구들과 모임을 조직해 지역아동센터에서 학습을 지원했습니다. 아이들을 가르치고 잘 따라와 주는 것에 대해 만족하고 있던 중 유독 한 아이만 수업은 듣지도 않고 저를 무시했습니다. 한 명의 아이도 포기할 수 없다고 생각하여 그 아이가 왜 그런 행동을 보이는지 알아볼 필요성을 느꼈습니다. 그래서 아이와 수업을 진행하기보다는 아이가 좋아하는 관심사로 흥미를 끈 후 학교생활 등 여러 가지 주제로 대화했습니다. 꾸준한 소통으로 아이가 저에게 마음을 열게 되어 수업에도 잘 따라오게 되었습니다. 대화를 통해 그 아이는 학습지진아인 걸 알게 되었습니다. 남들보다 느린 학습속도로 주위 사람들에게 무시를 받아 마음의 문을 닫게 된 것입니다. 제가 만약 그 아이를 그냥 지나쳤다면 아이의 사람들에 대한 상처는 커져 갔을 것입니다.

하지만 진솔한 대화를 통해 아이는 마음의 벽을 허물 수 있었고, 세상을 향해 나아갈 수 있는 첫걸음이 될 수 있었습니다. 저 역시 아이의 특성에 맞추어 수업할 수 있었습니다. 수업을 쉽게 이해할 수 있도록 쌓기블록이나 게임을 이용하여 아이가 즐겁게 참여했습니다. 제가 마지막으로 봉사하던 날에 저한테 선물을 주며 "선생님, 그동안 감사했습니다!"라고 여태껏 불러주지 않았던 존칭과 함께 감사 인사를 받았습니다. 그때 저는 진정한 교사란 단순히 지식전달을 하기보다는 소통을 통해 마음으로 다가가는 존재임을 깨달았습니다.

봉사모임이나 동아리를 통한 꾸준한 교육봉사로 잘 가르칠 수 있다는 자신감이 있었습니다. 2학년 영어시간에 그룹의 리더가 되어 영어지문들을 분석하고 설명했습니다. 지금까지 공부한 내용으로 설명하면 되겠다는 생각에 따로 준비를 하지 않았습니다. 하지만 막상 교탁 앞에 서니 머리에서 정리가 되지 않은 말들로 더듬거리고, 친구들도 이해를 못한 표정을 짓고 있어 부끄러웠습니다. 이 경험을 통해 제가 '자신감'이 아니라 '자만감'을 가지고 있었고, 그게 오히려 독이 되었다는 걸 깨달았습니다. 또한, 수업 이전에 미리 준비를 통해 교사도 학생처럼 꾸준히 배워나가야 함을 알았습니다. 그래서 이후에 있던 영어시간부터는 철저한 사전준비로 자신 있게 설명할 수 있었습니다.

이러한 배움은 한일 고교생 교류에서도 중요하게 작용했습니다. 다수의 일본인들 앞에서 한일 관계개선 방안에 대해 대표로 발표를 하게 되었습니다. 자연스럽지 않은 타국의 언어로 말해야 했고, 민감한 주제라 걱정이 되었습니다. 그렇지만 걱정이 될수록 친구들 앞에서 모의 실전연습을 더욱 거듭하였습니다. 결국 실제 발표에서 자신 있게 의견을 피력할 수 있었고, 기립박수를 받았습니다. 다수의 앞에 서본 경험으로 나중에 교사가 되어서도 당당히 학생들 앞에서 가르칠 수 있다는 확신이 생겼습니다. 또한, 빈틈없는 사전준비로 매끄러운 수업을 진행하고 싶습니다."

봉사활동을 통해 교사는 한 명의 아이도 포기하면 안 되며, 소통을 통해 마음으로 다가가는 게 필요하다는 것, 수업 준비도 소홀하면 안 된다는 교훈을 배웠음을 스토리를 통해 구체적으로 잘 보여준다.

합격 자소서를 알아보는
교대 4번 문항 쓰기

다음에는 4번 문항의 예를 보자. 교대 역시 4번 문항은 학교마다 다를 수 있으므로 지원하려는 학교의 요구에 맞게 써야 한다.

① 서울교대 합격 4번 문항

"초등교사에게 필요한 자질이 무엇이라고 생각하는지 쓰고, 그 자질을 갖추기 위해 어떤 노력을 해왔는지 구체적으로 기술하시오."

"아이들의 인성을 올바르게 함양시키는 교사가 되기 위해서는 제가 먼저 다른 사람에게 공감하고 상담해 줄 수 있는 능력이 필요하다고 생각합니다. 1학년 때 기초학력부진 학생 학습 도우미를 한 적이 있습니다. 친구에게 더 알려주고 싶어 모르겠다고 했던 부분들은 따로 설명하는 연습을 하고 선생님께 가르치는 방법에 대한 조언을 얻으며 학습 도우미를 준비했습니다. 이후 친구와 저는 같이 공부하며 가까워졌고, 친구에게 왜 기초학력부진 학생이 되었는지 물어봤습니다. 친구는 중학교 시절 친했던 친구들과 싸우면서 그들에게 소외되었고, 그렇게 힘든 시간을 보내다 보니 공부에 집중할 수 없었다고 했습니다. 친구를 이해하고 나니 친구가 수업에 임하는 태도도 좋아지고 수업도 훨씬 효과적으로 진행되었습니다. 이를 통해 무작정 성적만 올리려고 하지 않고 학습이 부진한 학생들의 진짜 이유가 무엇인지 이해하고 공감하는 자세를 배웠습니다. 이런 모습을 선생님으로서 먼저 보여주어 아이들도 타인에게 공감하는 자세를 배울 수 있도록 할 것입니다.

또한, 교사는 다양한 방식의 창의적인 수업을 기획하고 구성하는 노력을 해야 한다고 생각합니다. 2학년 때 예비교사 동아리에서 일일 교사가 되어 저만의 수업 프로그램을 진행한 적이 있습니다. 평소에 창의적 프로그램에 관심이 많아 기사, 책 등을 통해 새로운 관점에서 사고할 방법들을 익혀 왔습니다. 이를 프로그램에 적용하여 창의적으로 퀴즈를 푸는 수업을 계획했습니다. 골든벨처럼 암기가 필요한 게 아닌 발상의 전환을 해야만 맞출 수 있는 문제들을 만들었습니다. 새로운 문제의 형태에 친구들은 당황하면서도 재밌어했습니다. 당연하다고 생각했던 것들을 뒤집어야 답을 맞힐 수 있는 문제들을 대하며 친구들은 자유롭게 상상력을 마음껏 펼쳤습니다. 이 수업을 마친 후 아이들의 창의성과 참여도를 높일 수 있는 다양한 수업을 구성하여 아이들이 유연하게 관점을 바꿀 수 있도록 하는 교사가 되어야겠다고 다짐했습니다.

마지막으로, 교사는 정확한 발성과 효과적인 전달력으로 학생들이 수업에 집중할 수 있도록 해야 한다고 생각합니다. 교사가 아무리 유익한 수업을 준비해도 전달이 제대로 되지 않는다면 수업의 효과는 많이 줄어들기 때문입니다. 1학년 국어시간에 친구들에게 영화를 추천하는 말하기 수행평가를 했습니다. 발표를 두려워하던 저에게 선생님께서는 친구들의 눈을 천천히 맞추고 침착하게 하고 싶은 이야기를 하라고 하셨습니다. 발표를 시작했을 때는 긴장되고 떨렸지만, 친구들의 눈을 천천히 쳐다보니 저에게 집중하고 있다는 것이 느껴졌습니다. 저는 발표를 무사히 마칠 수 있었고 발표를 들은 친구들은 그 영화를 보고 싶은 생각이 든다며 칭찬을 해주었습니다. 그 이후로 발표하는 수업이나 토론하는 수업을 할 때마다 자신 있게 임하게 되어 호평을 받았습니다. 이러한 전달능력을 바탕으로 교사가 되었을 때 아이들에게 제 수업의 의도를 정확하게 전달해 줄 수 있을 것입니다."

교사에게 필요한 자질을 묻는 이유는 학생이 가진 교사상을 보기 위함이다. 따라서 자신이 생각하는 교사의 자질을 앞에 밝히고 그렇게 생각한 이유와 실제 적용한 사례를 스토리로 보여주면 된다.

② 경인교대, 춘천교대, 진주교대 3관왕 4번 문항

"초등교사에게 필요한 자질이 무엇이라고 생각하는지 쓰고, 그 자질을 갖추기 위해 어떤 노력을 해왔는지 구체적으로 기술해 주시기 바랍니다."

"꾸준히 성장하는 교사, 화합하는 교사라고 생각합니다.
사회문화 시간에 갈등론에 대해 배웠습니다. 갈등론에서는 학교 수업을 고정된 틀 안에서 같은 내용이 반복된다는 부정적인 측면으로 보았습니다. 그 수업을 들으면서 제가 교직생활을 할 때 녹음기처럼 반복되는 수업에 아이들보다 먼저 지루하다고 느낄 수도 있겠다는 생각을 했습니다. 하지만 제가 지친 모습을 보이면 아이들에게도 재미없는 수업이 될 것입니다. 학교가 아이들에게 지루한 공간으로 인식되면 안 됩니다. 학교는 배움의 공간입니다. 그 공간에서 교사 역시 기존의 틀에 멈춰 있지 않고 학생들처럼 배우며 성장해 나가는 것이 중요하다고 생각합니다.
그러한 교사가 되기 위해 다양한 교수법을 적용해 아이들을 가르쳐야겠다고 느꼈습니다. 봉사하던 지역아동센터에서 토론식 수업을 제안하여 아이들에게 흥미로운 소재로 토론을 진행했습니다. 아이들은 처음에는 그냥 수업을 나가 자고 했지만 이내 자신의 의견을 마음껏 배출할 수 있어 즐거워했습니다. 아이들의 사고의 폭을 넓힐 수 있다고 생각하여 저는 이 수업을 진행한 것을 토대로 토론식 수업에 관한 소논문을 작성했습니다. 또 학교폭력 UCC를 만들어 보며 직접 문제의 심각성에 대해 느껴보기도 했습니다. 아이들과 제 친구들끼리 역할분담을 하는 과정에서 협동도 배웠습니다. 이러한 수업은 더욱 기억에 남을 수 있었다고 아이들에게 호평을 받았습니다. 저 역시 함께 성장함을 느꼈고, 아이들이 강의식 수업을 할 때도 전보다 더욱 집중하는 모습을 볼 수 있었습니다. 저는 이와 같은 경험을 살려 학생들과 함께 꾸준히 배우며 성장하는 교사가 될 것입니다."

수업시간에 배운 내용에서 교사가 갖추어야 할 자질을 잘 끌어냈다. 이 글만의 장점이다. 다양한 교수법을 제시했는데 토론식 수업과 UCC만 나온 점이 아쉽다. 이런 경우 나열식이라도 몇 개를 더 쓰는 게 좋다.

③ 공주교대 합격 4번 문항

"공주교육대학교가 지원자를 선발해야 하는 이유를 기술해 주시기 바랍니다.(1000자)"

"'소통과 화합을 아는 교사'라고 자신을 정의하고 싶습니다. 저에게는 사고로 인해 실어증과 몸을 못 움직이시는 어머니가 계셨습니다. 예전처럼 어머니와 말과 몸짓으로 소통할 수 없게 된 저는 어머니와 대화하기 위해 고민하다 눈을 통한 대화를 생각했습니다. 화이트보드에 질문에 예상되는 대답을 쓰고 눈을 깜빡거리는 횟수로 저와 어머니만의 소통하는 법을 만들었습니다. 이 경험으로 저는 사람들의 특성에 따라 소통하는 법을 배우게 되었습니다. 3학년 또래도우미를 하면서 특수반 친구를 학급에 잘 적응시키고 싶었습니다. 그래서 쉬는 시간마다 반으로 데려와 다른 친구들과 함께 평범한 이야기를 나누어 장애인과 비장애인의 경계를 허물기도 했습니다.

저는 음악적 재능을 살려 1학년 때 오케스트라 동아리인 돌체에 들어갔습니다. 새로운 악기를 도전하기 위해 비올라를 선택했습니다. 하지만 연주법이 낯설어 아름다운 소리가 나지 않았습니다. 제가 곤경에 처한 표정으로 연습할 때마다 동아리 선배들이 차근히 알려주었고, 실수를 할 때면 괜찮다며 격려해 주셨습니다. 결국 완벽한 연주를 할 수 있게 되었습니다. 저는 오케스트라가 구성원 간의 신뢰를 바탕으로 화합하며 이루어져야 하는 것이라고 생각합니다. 선배들의 친절한 가르침이 있었기에 아름다운 선율을 자아낼 수 있었습니다. 오케스트라로 얻은 화합으로 아름다운 학교를 만들고 싶었습니다. 그래서 교육리더 동아리인 마루에서 비어 있는 학교 게시판을 칭찬게시판으로 활용하기로 했습니다. 제가 칭찬게시판의 담당을 맡아 칭찬쪽지를 받을 때 친구들이 부끄럽다고 했습니다. 하지만 게시판을 가득 채운 칭찬쪽지를 보며 화합과 우정을 다질 수 있었습니다. 또 학급의 스터디그룹을 조직해 구성원끼리 자신 있는 과목을 담당했습니다. 제가 잘 알려줄 수 있는 과목은 같이 공유하고, 약점인 부분은 다른 친구를 통해 보완해 나갈 수 있어서 서로 화합해 나갈 수 있었습니다. 다양한 경험을 밑거름 삼아 얻게 된 소통과 화합을 교사가 되어서 아이들에게 전달해 주고 싶습니다."

어머니와의 소통을 시작으로 특수반 친구를 학급에 적응시키려는 노력, 오케스트라 동아리에서 화합의 중요성을 깨닫게 된 이야기, 칭찬게시판을 만들어 소통과 화합의 학교를 만든 이야기, 스터디 그룹에서의 화합 등으로 '소통과 화합을 아는 교사'라는 정의에 맞게 이야기가 잘 구성되었다.

④ 부산교대 합격 4번 문항

"예비 초등교사가 되는 데 있어 자신의 성장과정과 환경이 삶에 어떠한 영향을 미쳤는지 기술하고, 교직수행에 도움이 된다고 여겨지는 다양한 재능을 실천사례와 더불어 서술하시기 바랍니다. 반대로 보완할 약점도 함께 기술하여 주시기 바랍니다.(1500자)"

"부모님은 어릴 때 공부 외의 다른 것도 많이 배우도록 하셨습니다. 그래서 피아노, 그림, 요가 등 다방면으로 많은 것을 배울 수 있었습니다. 그 덕에 학교에서 음악, 미술 수업시간에 선생님의 보조역할을 하며 뒤처지는 친구들을 도와줄 수 있었습니다. 미술시간에 종이를 접어 동물을 만든 적이 있었는데, 제가 처음 배울 때의 경험을 떠올리며 이해할 수 있게끔 설명해 주었습니다. 그래서 친구들이 저에게 배우는 것을 좋아했고, 저 또한 친구들에게 알려주는 것이 즐거웠습니다. 이러한 경험은 학생들의 눈높이에 맞춰 수업을 하는 교사가 되는 데 밑거름이 될 것입니다. 또 부모님은 사람들을 만나는 것을 통해 많은 것을 배우기를 바라셨습니다. 캠핑을 자주 갔는데 캠핑장마다 사람을 만나고 더불어 살아가는 경험을 많이 해서 사람을 대하고 사귀는 방법을 배울 수 있었습니다. 그래서 학교생활을 하면서 친구들과 쉽게 친해졌고, 내성적인 친구들에게 먼저 다가가 함께 어울리기도 하였습니다. 이는 여러 학생들을 만나고 소통하는 교사가 꿈인 저에게 큰 강점이 될 것입니다.
섬세한 관찰력이 교직수행에 도움이 되는 저의 재능 중 하나라고 생각합니다. 학급 부반장으로 활동하면서 친구들을 관찰하여 개성을 발견하고 각자의 이야기에 귀 기울여 친구들과 두루 잘 지낼 수 있었습니다. 친구의 머리가 바뀌거나 새로운 물건을 가지고 왔을 때 다가가 칭찬을 하면서 자연스레 대화를 하였습니다. 그리고 인내심과 여유 또한 저의 장점 중 하나라고 생각합니다. 교육봉사를 갔을 때, 유난히 이해속도가 느린 아이가 있었습니다. 다른 아이들은 집에 가고 한 아이가 과제를 다 하지 못해 남아 있었는데, 아이의 불안한 마음을 이해하고 봉사시간이 끝나도 기다려주었습니다. 집에 빨리 갈 수 있도록 제가 다 알려줄 수도 있었지만 스스로 해낼 수 있도록 다독였습니다. 과제를 끝내고 아이가 다 해냈다는 뿌듯함을 느끼는 것을 보면서 교사가 여유를 가지고 기다려주는 것이 학생의 성장에 많은 도움이 된다는 것을 알게 되었습니다. 저는 제 생활이 나름 바르다고 생각해서 제 상식에서 벗어난 사람들의 행동을 이해하지 못했던 것이 약점입니다. 특히 수업시간에 집중을 잘 하지 못하거나 소란스럽게 행동을 하는 친구들을 이해하지 못했습니다. 3학년 때 교육봉사 시간에 한 아이가 돌아다니고 친구들에게 계속 장난을 쳐 수업을 자꾸 중단하게 해서 혼내느라 수업을 제대로 진행하지 못한 적이 있습니다. 해결하기 위한 방안을 찾던 중 '학급 경영 멘토링'을 읽고 아이를 무조건 타이르기만 할 게 아니라 아이를 이해하려 하는 교사의 노력이 필요하다는 것을 깨달았습니다. 그래서 아이의 말에 공감하며 대화를 하였고, 수업 중간에 친구들과 이야기할 수 있는 시간을 주고 수업시간에는 참여하자는 약속을 했습니다. 이후 아이가 수업에 더 참여하고 저 또한 아이에게 싫은 소리를 덜 하게 되어 수업의 분위기가 좋아졌습니다. 아이들의 더 다양한 특성과 행동을 관찰, 이해하고 존중하려하며 약점을 보완하고 있습니다."

어릴 때의 다양한 경험을 고등학교 생활에서 활용하는 과정으로 이어가면서 학생과 눈높이를 맞추는 교사라는 지향점을 잘 보여준다. 또 소통하는 교사, 섬세한 관찰력, 인내심과 여유라는 장점을 설명하면서 남을 잘 이해하지 못했던 약점을 극복하려는 노력이 구체적으로 잘 드러난다.

⑤ 경인교대 합격 4번 문항

"초등교사에게 필요한 자질이 무엇이라고 생각하는지 쓰고, 그 자질을 갖추기 위해 어떤 노력을 해왔는지를 구체적으로 기술해 주시기 바랍니다(1,500자 이내)"

"현대사회에서 자신의 이익과 주장을 앞세워 상대방의 말을 경청하지 않고 배려하지 않아 많은 갈등과 충돌이 일어나고 있습니다. 본격적으로 사회생활을 시작하는 초등학교에서부터 공동체에서 더불어 살아가는 방법을 익힐 수 있도록 지도하는 것이 초등교사에게 필요한 자질이라고 생각합니다. 2학년 때 아동교육 동아리에서 봉사를 갔을 때였습니다. 블록놀이 시간이었는데 블록의 수가 아이들 각자가 원하는 모형을 만들기에는 부족하였습니다. 그래서 한 아이가 다른 아이의 블록을 가져갔고 둘은 싸우게 되었습니다. 저는 두 아이와 각각 대화하며 각자의 입장에서 상황을 이해해보려 하고 아이들의 말에 공감해 주었습니다. 그리고 나서 상대 친구가 어떤 놀이를 하고 싶은지를 각각 아이들에게 설명해 주었고 각자 원하는 놀이가 있다는 것을 이해하도록 이야기를 해주었습니다. 그랬더니 아이들의 화가 누그러졌고, 화해하고 서로 원하는 것을 돌아가면서 같이 만들어보는 해결책을 제시해 같이 놀 수 있도록 도와주었습니다. 놀이를 하면서 서로를 이해하고 이야기를 할 때 들어주는 모습을 보면서 어린아이들에게 상대를 이해하며 공감하는 것을 경험하게 하고 배우도록 하는 게 중요하다고 느꼈습니다. 다른 사람의 말을 경청하는 방법 또한 가르친다면 미래사회는 더 좋은 공동체가 될 것이라는 생각을 했습니다.

요즘에 다문화 가정의 아이들이 많아지고 있습니다. 서로 다른 문화를 가진 아이들이 함께 배우고 성장해 나가는 장소인 학교에서 교사는 진정한 소통을 위해 다양한 문화를 이해해야 한다고 생각합니다. 법과 정치 수업시간에 이주 아동 관련법에 대하여 토론을 한 적이 있습니다. 이주민에 대해서 부정적으로 생각했기 때문에 토론수업 전 개인적 의견은 반대였습니다. 하지만 토론을 준비하고 직접 하면서 이주 아동과 다문화 가정이 차별을 받고 있고, 그에 따른 서러움이 크다는 것을 알게 되며 그들의 입장을 이해하게 되었습니다. 다문화 가정에 대한 저의 인식이 부족했고 이기적으로 생각했다는 것을 깨닫기도 했습니다. 그래서 이 문제에 더 관심을 갖고자 관련 ebs 다큐멘터리와 책들을 찾아보면서 다문화 가정에 대한 차별과 우리가 가져야 할 인식에 대해 알아보았습니다. 그리고 이 내용을 바탕으로 3학년 때 사회문화 시간에 다문화 사회가 나아가야 할 방향이라는 주제로 글을 썼습니다. 그동안 보고 읽었던 자료들을 토대로 샐러드 볼 이론을 응용하여 글을 써서 친구들 앞에서 발표하였고 선생님께 좋은 평가를 받은 적이 있습니다. 제 발표를 듣고 몇몇 친구들은 자기들도 다문화에 대해 편견을 가지고 있었다며 앞으로 인식을 바꾸어 나가야겠다고 이야기했습니다.

저 또한 문화들이 공존하는 사회에서 잘 알지 못하거나 익숙하지 않은 문화를 배척하지 않고, 다양한 문화에 속한 사람들을 배려하며 서로 어울릴 수 있는 사회를 구성해 나가도록 예비교사로서 노력하겠다고 다시 한번 다짐하였습니다."

'공동체에서 더불어 살아가는 방법을 익히도록 지도'하는 게 교사에게 필요한 자질이라는 생각, 그런 가치관을 갖게 된 계기, 아이들이 상대에 대한 이해와 공감을 배우게 해야 한다고 느낀 점 등을 사례를 통해 잘 풀어내고 있다. 또 다문화 가정의 비중이 늘고 있는 지금 바람직한 공동체 생활을 위해서는 아이들이 다양한 문화를 이해해야 하는데, 그러려면 교사가 먼저 다문화를 이해하고 배려해야 하며, 그렇게 노력하겠다는 다짐도 설득력 있게 잘 보여준다.

부록

자소서
셀프 체크 리스트

1. GOOD 자기소개서 체크 리스트

① 학문에 대한 호기심, 열정이 있는가?   ☐

② 자신의 꿈을 실현하기 위해 학문을 배우려고 하는가?   ☐

③ 주위의 환경을 극복하고 혼자서도 잘 공부할 수 있는가?   ☐

④ 자신만의 가치관, 신념, 믿음, 소신이 드러나는가?   ☐

⑤ 전공에 관한 관심과 학업계획에 대해 고민한 흔적이 보이는가?   ☐

⑥ 진정성이 느껴지는가?   ☐

⑦ 생활기록부에 나타나지 않는 학생만의 차별점이 드러나는가?   ☐

⑧ 일반적인 활동이라도 자신에게 어떤 의미가 있었는지 서술했는가?   ☐

⑨ 자신의 경험을 구체적이면서도 진솔하게 표현했는가?   ☐

⑩ 자신의 단점, 약점, 어려움 등을 썼다면 어떻게 극복했는지 구체적으로 썼는가?   ☐

⑪ 학과 내에서 융화할 수 있는 사람인가?   ☐

2. BAD 자기소개서 체크 리스트

① 합당한 근거 없이 자기 자랑만 하는 글. ☐

② 장점을 너무 많이 써서 오히려 평범하게 보이는 글. ☐

③ 상투적인 표현을 남발하는 경우. ☐

④ 지나치게 소심해 자신을 제대로 드러내지 못하는 글. ☐

⑤ 전공에 대해 알아보지 않고 막연하게 생각하는 것만 드러내는 글. ☐

⑥ 글의 내용이 '자신'이 아닌 다른 사람, 학교를 소개하는 글. ☐

⑦ 비유가 적절하지 못하고 비유에 가려 본질이 보이지 않는 글. ☐

⑧ 일관성 없이 주제가 여러 가지인 글. ☐

⑨ 배우고 느낀 점 없이 자신의 경험만 나열한 글. ☐

⑩ 구체적 경험담이 아닌 일반적이고 형식적인 내용만 들어 있는 글. ☐

⑪ 대학 소개, 학과 홈페이지의 내용을 그대로 복사해 서술하는 글. ☐

⑫ 인터넷 검색 결과(블로그, 유튜브 등)를 그대로 복사해 붙여넣은 글. ☐

⑬ 진로의 동기에 대해 고민한 흔적이 없는 글. ☐

⑭ 고등학교 생활의 내용이 아닌 글. ☐

3. 자소서 유사도 비율 및 사례 확인하기

자소서 쓸 때 가장 걱정되는 부분 중 하나가 '유사도' 문제이다. '이런 표현은 유사도에 걸릴 것 같은데, 명언을 쓰면 유사도에 걸리지 않을까?' 등 고민될 수밖에 없다. 이 부분에 대해 명확하게 알아보자.

대학 진학을 위해 입력한 자소서는 한국대학교육협의회의 유사도 검색 시스템으로 검증한다. 2012년부터 유사도 검증을 했다고 하니 그 후의 모든 자소서가 입력된 상태라고 보면 된다. 따라서 인터넷이나 혹은 책에 나온 잘 쓴 자소서를 보고 그대로 베껴 쓰면 바로 걸리고 만다.

또 2014학년도 수시부터는 유사도 검색에 웹 검색기능을 추가했다. 이 말은 인터넷에 있는 문서나 글도 사용하면 안 된다는 뜻이다. 단, 프로그램은 본인의 주민등록번호를 기준으로 검색하기 때문에 재수생이나 삼수생이 자신이 예전에 제출했던 자소서라면 그대로 내더라도 유사도에 걸리지 않는다. 그리고 A대학에 지원한 자소서를 B대학에 똑같이 제출해도 본인의 자기소개서이므로 유사도에 걸리지 않는다.

유사도 비율에 따른 평가

표절 정도	자기소개서	진행 및 확인방법
위험수준(Red zone)	5% 이상 ~30% 미만	소명 절차 진행 소명자료, 본인 확인, 현장실사, 유선확인, 교사확인 등.
의심수준(Yellow zone)		
유의수준(Blue zone)	5% 미만	통상적인 서류평가 진행 서류평가 단계에서 검색된 문구 등에 유의하여 검토.

(출처 : 한국대학교육협의회)

통상적으로 유의수준은 따로 학생에게 통보하지 않고 자체적으로 확인하는데 속담이나 동아리명 등 충분히 겹칠 수 있는 부분들은 그냥 넘어가므로 유의수준은 걱정하지 않아도 된다. 문제가 되는 경우는 의심수준과 위험수준이다. 실제 사례들을 통해 알아보자. 다음은 한국대학교육협의회에서 공식적으로 발표한 유사도 사례이다.

자기소개서	진행 및 확인방법
한약은 그 어떤 학문에 비해 사회적 작용의 영향력이 크다고 생각합니다.	**언어는** 그 어떤 학문에 비해 사회적 작용의 영향력이 크다고 생각합니다.
대학에서는 저와 같이 **한약에** 대한 뜨거운 열정으로 같은 목표를 향해 공부하는 동료들과 **한약을** 통해 드러나는 사회현상까지 이해하며 다양한 맥락 속에서의 심화된 학문의 측면에서 공부하고 싶습니다.	대학에서는 저와 같이 **영어에** 대한 뜨거운 열정으로 같은 목표를 향해 공부하는 동료들과 **언어를** 통해 드러나는 사회현상까지 이해하며 다양한 맥락 속에서의 **영어를** 심화된 학문의 측면에서 공부하고 싶습니다.
고등학교까지의 공부가 흥미를 기반으로 한 공부였다면 대학에서는 이해를 기반으로 심화학문으로써의 **한약을** 학습하고 싶어 한약자원학과에 지원하고자 합니다.	고등학교까지의 **영어**공부가 흥미를 기반으로 한 **듣기와 독해** 위주의 공부였다면 대학에서는 이해를 기반으로 심화된 **표현으로써의** 영어를 학습하고 싶어 영문학과에 지원하고자 합니다.
고등학교 때 쉬운 원서를 몇 권 접해 보았지만, 깊이 있는 이해를 위해서는 원서 독해능력을 한 단계 높여야 한다고 생각하기 때문입니다.	고등학교 때 쉬운 원서를 몇 권 접해 보았지만, 깊이 있는 **문학작품의** 이해를 위해서는 원서 독해능력을 한 단계 높여야 한다고 생각하기 때문입니다.

(출처 : 한국대학교육협의회)

유사도에 걸릴 만하다는 생각이 들지 않는가? 한 학생이 다른 학생의 자소서를 단어만 몇 개 바꾸고 그대로 복사해서 붙여넣기를 한 글들이다. 이러면 유사도 검색 시스템에 다 걸려 감점 혹은 불합격 처리가 된다.

통상적으로 유의수준은 따로 학생에게 통보하지 않고 자체적으로 확인하는데 속담이나 동아리명 등 충분히 겹칠 수 있는 부분들은 그냥 넘어가므로 유의수준은 걱정하지 않아도 된다. 문제가 되는 경우는 의심수준과 위험수준이다. 실제 사례들을 통해 알아보자. 다음은 한국대학교육협의회에서 공식적으로 발표한 유사도 사례이다.

형제간 유사한 문구 사용(유사도 5%~30%) : 의심수준

모집단위 사회복지학부	모집단위 의학부
부모님과 함께 중학교 때부터 ○○복지원에 봉사활동을 다녔습니다. 주말마다 늦잠을 자고 싶었지만 부모님, 언니와 함께 다녔기에 꾸준히 봉사활동에 참여할 수 있었습니다. 봉사활동을 다니며 사회에 더 도움이 될 수 있는 방법은 없을까 고민하였고, 사회복지학부에 진학하여 제 꿈을 이루고 싶다는 다짐을 하게 되었습니다.	봉사활동을 통해 나눔과 배려를 배우는 것을 중요하게 여기시는 부모님과 함께 고등학교 때부터 ○○복지원에 봉사활동을 다녔습니다. 주말마다 늦잠을 자고 싶었지만 부모님, 동생과 함께 다녔기에 꾸준히 봉사활동에 참여할 수 있었습니다. 봉사활동을 하며 특히 건강이 안 좋으셔서 힘들어하시는 분들을 많이 보았습니다. 함께 봉사를 하셨던 의료진들을 보며 저도 의료인이 되어 도움을 드리고 싶다는 생각이 커졌습니다.

(출처 : 한국대학교육협의회)

언니가 먼저 합격하고 그 자소서를 동생이 살짝 고쳐 냈다가 걸린 경우처럼 보인다. 아무리 단어를 바꾸고 내용을 추가해도 유사도에 걸린다.

같은 학교에서 같은 활동을 유사하게 기술(유사도 5%~30%) : 의심수준

모집단위 생명과학과	모집단위 생명과학과
저는 신문기사에서 미세먼지로 인한 건강 질환이 증가한다는 사실을 접하고 실험동아리에서 주제로 선정하여 실험을 설계하게 되었습니다. 실험 과정에서 미세먼지 환경을 조성하는 일이 잘 되지 않아 바라던 결과가 나오지 않았습니다. 하지만 조원들과 머리를 맞대고 미세먼지 환경을 조성할 방법을 찾았고, 결국 저희 조에서 원하던 결과를 도출해 냈습니다. 이 실험을 통해 혼자 하기보다 협력을 통해 무슨 일이든 해결할 수 있다는 자신감을 얻게 되었습니다. 이런 경험 덕분에 다음번 실험에서도 시행착오를 줄일 수 있었고 제가 꿈꾸던 생명과학자가 될 수 있을 것이라 생각했습니다.	저는 교내 실험동아리에서 미세먼지로 인한 건강질환이 증가한다는 가설로 실험을 설계하게 되었습니다. 실험 중간에 공기정화식물이 시들어서 바라던 결과를 얻을 수 없었습니다. 이럴 때일수록 조원들과 똘똘 뭉쳐야겠다고 생각하여 책과 신문기사, 인터넷, 논문 등을 밤낮으로 찾아가며 팀원들과 의논을 통해 해결방법을 찾을 수 있었습니다. 이를 통해 혼자 하기보다 협력을 통해 무슨 일이든 해결할 수 있다는 자신감을 얻게 되었습니다. 이런 경험 덕분에 다음번 실험에서도 시행착오를 줄일 수 있었고 제가 바라는 연구원이 될 수 있을 것이라 생각했습니다.

(출처 : 중앙대 입학처)

같은 학교 친구와 같이 쓰거나, 한 명이 먼저 쓰고 다른 학생이 베낀 경우이다. 이럴 때는 소명절차를 진행해도 골치 아프다. 제출년도가 다르면 원본과 카피본을 확실히 구분할 수 있지만 같은 해라면 가려내기 어렵기 때문이다. 누구 하나가 잘못을 인정한다면 모르지만, 인정하는 순간 불합격되므로 서로 상대가 베꼈다고 주장할 가능성이 크고, 그러면 둘 다 감점이나 불합격될 수도 있다. 여럿이 함께 쓰거나 공유할 때 조심해야 한다.

인터넷에서 발췌한 문구를 사용한 사례(유사도 30% 이상) : 위험수준

모집단위 영어교육과	모집단위 국어국문학과
저는 **한국지리를** 공부할 때 이 방법을 적극적으로 이용하였습니다. 기본개념을 이해하기 위해 **그림으로 그려가며** 문제를 풀고 개념을 정리하였습니다. 이 공부방법은 **영어**과목을 공부할 때도 적용하였습니다. 옆의 친구에게도 같은 방법으로 설명을 해주니 **친구의** 성적도 같이 향상되었습니다.	저는 **윤리와 사상을** 공부할 때 이 방법을 적극적으로 이용하였습니다. 기본개념을 이해하기 위해 **도식화하며** 문제를 풀고 개념을 정리하였습니다. 이 공부방법은 **국어**과목을 공부할 때도 적용하였습니다. **동급생 멘티에게도** 같은 방법으로 설명을 해주니 **멘티의** 성적도 향상되고 가르침에 뿌듯함을 느낄 수 있었습니다.

(출처 : 중앙대 입학처)

서로 모르더라도 이렇게 인터넷의 글을 보고 단어만 바꿔 쓰면 유사도에 걸린다. 따라서 합격한 선배들의 자소서는 참고만 해야 한다. 만약 그것에서 한 문장을 따오거나 단어를 바꾼다든가 하면 걸릴 수밖에 없다. 자소서 쓰기 책을 보면 간혹 문장의 틀을 만들어놓고 단어만 바꿔서 쓸 수 있게 된 것도 있다. 편할지는 모르지만 결과까지 좋을 수는 없다.

내게 첨삭을 받으며 자소서를 잘 완성해 가던 학생이 있었다. 자소서가 거의 완성될 즈음 학교 선생님과 자신이 다니는 학원 강사에게 검토를 받고 싶어 보여주었는데, 학원 강사가 자소서를 잘 썼다면서 복사해 그해 지원하는 다른 학생들에게도 참고하라고 나누어주었다고 했다. 자소서는 이렇게 써야 한다고 알려주기 위해서였겠지만, 받아본 학생들은 그렇게 생각하지 않을 수도 있다. 합격생도 아닌 지원자의 자소서를 복사해 나눠준 것 자체가 잘못이다. 학생이 울먹이면서 전화를 하는데 무척이나 참담했다. 열심히 공부해 내신성적 올리고 수시 준비해 대학에 지원했는데 이런 이유로 떨어진다면 얼마나 억울하겠는가!

나는 오랫동안 학생들의 자소서를 첨삭해 왔지만 한 번도 유사도에 걸린 적이 없다. 어떻게 그럴 수 있었을까? 학생들이 스스로 썼기 때문이다. 본인이 직접 쓴 자소서는 유사도 검색에 걸릴 수가 없다. 첨삭은 학생이 자소서를 스스로 쓰도록 큰 틀에서 방향을 잡아주고, 불필요한 부분을 쳐내면서 부족한 부분은 채울 수 있도록 해주는 일이다. 이를 가볍게 생각하거나 간과하면 뉴스의 주인공이 될 수도 있음을 명심해야 한다.

4. 자기소개서 유의사항 확인하기

1. 자기소개서는 지원자 본인이 작성하여야 하고, 사실에 입각하여 정직하게 지원자 자신의 능력이나 특성, 경험 등을 기술하여야 합니다.
2. 자기소개서에 기술된 사항에 대한 사실 확인을 요청할 경우 지원자는 적극 협조하여야 합니다.
3. 제출된 자기소개서는 표절, 대리 작성, 허위사실 기재, 기타 부정한 사실 등의 검증을 위해 유사도 검색을 실시하고, 해당 사실이 발견될 경우 불합격 처리되며 합격 이후라도 입학이 취소될 수 있습니다.
4. 자기소개서에 다음 사항을 기재할 경우 서류평가에서 "0점"(또는 불합격) 처리됩니다.

공인어학성적

영어(TOEIC, TOEFL, TEPS), 중국어(HSK), 일본어(JPT, JLPT), 프랑스어(DELF, DALF),독일어(ZD, TESTDAF, DSH, DSD), 러시아어(TORFL), 스페인어(DELE), 상공회의소한자시험, 한자능력검정, 실용한자, 한자급수자격검정, YBM 상무한검, 한자급수인증시험, 한자자격검정

수학 · 과학 · 외국어 교과에 대한 교외 수상

수학	한국수학올림피아드(KMO), 한국수학인증시험(KMC), 온라인 창의수학 경시대회, 도시대항 국제 수학토너먼트, 국제수학올림피아드(IMO)

과학	한국물리올림피아드(KPHO), 한국화학올림피아드(KCHO), 한국생물올림피아드(KBO), 한국천문올림피아드(KAO), 한국지구과학올림피아드(KESO), 한국뇌과학올림피아드, 전국정보과학올림피아드, 국제물리올림피아드, 국제지구과학올림피아드, 국제생물올림피아드, 국제천문올림피아드, 한국중등과학올림피아드
외국어	전국 초중고 외국어(영어, 중국어, 일본어, 프랑스어, 독일어, 러시아어, 스페인어) 경시대회, IET 국제영어대회, IEWC 국제영어글쓰기대회, 글로벌리더십 영어 경연대회, SIFEC 전국영어말하기대회, 국제영어논술대회

* 위에서 열거된 항목 외에도, 대회 명칭에 수학·과학(물리, 화학, 생물, 지구과학, 천문)·외국어(영어 등) 교과명이 명시된 학교 외 각종 대회(경시대회, 올림피아드 등) 수상실적을 작성했을 경우 '0점'(또는 불합격) 처리.

** '교외 수상실적'이란 학교 외 기관이 개최한 대회 수상실적을 의미하며, 학교장의 참가 허락을 받은 교외 수상실적이라도 작성시 '0점'(또는 불합격) 처리.

5. 학생부 위주 전형의 자기소개서는 공교육 내에서 이루어진 활동을 작성하는 취지이므로 학교생활기록부에 기재할 수 없는 주요 항목(논문, 학회지 등재나 도서출간, 발명특허 관련 내용, 해외활동실적, 교외 인증시험 성적 등)은 작성할 수 없고, 어학연수 등 사교육 유발요인이 큰 교외활동의 경우에도 작성이 제한되므로 이를 준수하지 않았을 경우 평가에 불이익을 받을 수 있으니 작성을 금지합니다.

6. 학생부 위주 전형의 자기소개서는 지원자 본인의 강점을 부각시키기 위해 작성하는 것으로 지원자 성명, 출신고교, 부모(친인척 포함)의 실명을 포함한 사회적·경제적 지위(직종명, 직업명, 직장명, 직위명 등)를 암시하는 내용을 기재할 경우 평가에 불이익을 받을 수 있으니 작성을 금지합니다.

7. 표준 공통원서접수서비스를 활용하는 경우, 자기소개서 작성 시 입력 허용 가능한 문자는 영문자, 숫자, 한글만 가능하며, 특수문자는 아래의 특수문자 및 기호

만 입력이 가능합니다.

* 허용 문자 및 기호 : ~ ! @ # ^ ( ) - _ + / { } [ ] : " ' , . ?
* 한컴 오피스 한글에 문자표 및 윈도우 한자키를 이용한 특수문자는 입력이 허용되지 않습니다.

본인은 자기소개서 작성에 관한 유의 사항을 숙지했으며, 유의 사항 위반에 따른 조치에 대해서는 이의를 제기하지 않겠습니다. (동의 : ☐)

대학을 바꾸는 자소서

목표 대학 업그레이드 프로젝트!
대학을 바꾸는 자소서

초판1쇄 발행 2020년 8월 10일

지은이 주현식
펴낸이 정광진

펴낸곳 (주)봄풀출판
디자인 모아김성엽

신고번호 제406–3960100251002009000001호
신고년월일 2009년 1월 6일

주소 경기도 파주시 회동길 455–2, 4층
전화 031–955–9850
팩스 031–955–9851
이메일 spring_grass@nate.com

ISBN 978–89–93677–77–5 53370

＊잘못 만들어진 책은 구입처에서 바꾸어 드립니다.
＊책값은 뒤표지에 있습니다.